计算机科学丛

C程序设计语言

（第2版 · 新版）

（美）Brian W. Kernighan
Dennis M. Ritchie 著 徐宝文 李志 译 尤晋元 审校

The C Programming Lanaguage

Second Edition

机械工业出版社
China Machine Press

本书是由C语言的设计者Brian W. Kernighan和Dennis M. Ritchie编写的一部介绍标准C语言及其程序设计方法的权威性经典著作。全面、系统地讲述了C语言的各个特性及程序设计的基本方法，包括基本概念、类型和表达式、控制流、函数与程序结构、指针与数组、结构、输入与输出、UNIX系统接口、标准库等内容。本书的讲述深入浅出，配合典型例证，通俗易懂，实用性强，适合作为大专院校计算机专业或非计算机专业的C语言教材，也可以作为从事计算机相关软硬件开发的技术人员的参考书。

本书版权登记号：图字：01-1999-2347

图书在版编目（CIP）数据

C程序设计语言/（美）克尼汉（Kernighan, B. W.）（美）里奇（Ritchie, D. M.）著；徐宝文，李志译. —2版. —北京：机械工业出版社，2004.1（2018.8重印）
（计算机科学丛书）
书名原文：The C Programming Language
ISBN 978-7-111-12806-9

Ⅰ. C…　Ⅱ. ①克…　②里…　③徐…　④李…　Ⅲ. C语言－程序设计　Ⅳ. TP312

中国版本图书馆CIP数据核字（2003）第092753号

机械工业出版社（北京市西城区百万庄大街22号　邮政编码　100037）
责任编辑：温莉芳
三河市宏图印务有限公司印刷
2018年8月第2版第52次印刷
184mm × 260mm · 17.5印张
标准书号：ISBN 978-7-111-12806-9
定价：30.00元

凡购本书，如有倒页、脱页、缺页，由本社发行部调换
本社购书热线电话：（010）68326294

出版者的话

文艺复兴以降，源远流长的科学精神和逐步形成的学术规范，使西方国家在自然科学的各个领域取得了垄断性的优势；也正是这样的传统，使美国在信息技术发展的六十多年间名家辈出、独领风骚。在商业化的进程中，美国的产业界与教育界越来越紧密地结合，计算机学科中的许多泰山北斗同时身处科研和教学的最前线，由此而产生的经典科学著作，不仅擘划了研究的范畴，还揭示了学术的源变，既遵循学术规范，又自有学者个性，其价值并不会因年月的流逝而减退。

近年，在全球信息化大潮的推动下，我国的计算机产业发展迅猛，对专业人才的需求日益迫切。这对计算机教育界和出版界都既是机遇，也是挑战；而专业教材的建设在教育战略上显得举足轻重。在我国信息技术发展时间较短的现状下，美国等发达国家在其计算机科学发展的几十年间积淀和发展的经典教材仍有许多值得借鉴之处。因此，引进一批国外优秀计算机教材将对我国计算机教育事业的发展起到积极的推动作用，也是与世界接轨、建设真正的世界一流大学的必由之路。

机械工业出版社华章分社较早意识到"出版要为教育服务"。自1998年开始，华章分社就将工作重点放在了遴选、移译国外优秀教材上。经过多年的不懈努力，我们与Pearson，McGraw-Hill，Elsevier，MIT，John Wiley & Sons，Cengage等世界著名出版公司建立了良好的合作关系，从他们现有的数百种教材中甄选出Andrew S. Tanenbaum，Bjarne Stroustrup，Brain W. Kernighan，Dennis Ritchie，Jim Gray，Afred V. Aho，John E. Hopcroft，Jeffrey D. Ullman，Abraham Silberschatz，William Stallings，Donald E. Knuth，John L. Hennessy，Larry L. Peterson等大师名家的一批经典作品，以"计算机科学丛书"为总称出版，供读者学习、研究及珍藏。大理石纹理的封面，也正体现了这套丛书的品位和格调。

"计算机科学丛书"的出版工作得到了国内外学者的鼎力襄助，国内的专家不仅提供了中肯的选题指导，还不辞劳苦地担任了翻译和审校的工作；而原书的作者也相当关注其作品在中国的传播，有的还专程为其书的中译本作序。迄今，"计算机科学丛书"已经出版了近两百个品种，这些书籍在读者中树立了良好的口碑，并被许多高校采用为正式教材和参考书籍。其影印版"经典原版书库"作为姊妹篇也被越来越多实施双语教学的学校所采用。

权威的作者、经典的教材、一流的译者、严格的审校、精细的编辑，这些因素使我们的图书有了质量的保证。随着计算机科学与技术专业学科建设的不断完善和教材改革的逐渐深化，教育界对国外计算机教材的需求和应用都将步入一个新的阶段，我们的目标是尽善尽美，而反馈的意见正是我们达到这一终极目标的重要帮助。华章分社欢迎老师和读者对我们的工作提出建议或给予指正，我们的联系方法如下：

华章网站：www.hzbook.com

电子邮件：hzjsj@hzbook.com

联系电话：(010) 88379604

联系地址：北京市西城区百万庄南街1号

邮政编码：100037

HZ BOOKS
华章教育

Preface to the Chinese Edition

Since its original design and implementation by Dennis Ritchie in 1973, the C programming language has spread far beyond its origins at Bell Labs. It has become the common language for programmers throughout the world, and has given birth to two other major languages, C++ and Java, that build on its syntax and basic structure. C and its derivatives are the base upon which much of the world's software rests.

The spread of C required action to describe the language itself completely, and to accommodate changes in the way it was being used. In 1988, the American National Standards Institute (ANSI) created a precise standard for C that preserved its expressiveness, efficiency, small size, and ultimate control over the machine, while at the same time providing assurance that programs conforming to the standard would be portable without change from one computer and operating system to another. This standard was also accepted as an international standard under the auspices of the International Standards Organization (ISO), and thus brought the benefits of standardization to a worldwide user community.

The standards committee was aware of the multi-national use of the C language, and thus provided, both in the language itself and in the library, support for "wide characters", which are needed to represent text in Chinese as well as other languages that do not use the Roman character set.

In spite of these evolutionary changes, C remains as it was from its inception, a compact and efficient tool for programmers of all backgrounds.

The C language, and also the Unix technology from which it grew, have been present in China for many years, as we know from visits to universities and the Chinese Academy of Sciences. Students' learning has always been made more difficult by the lack of an authoritative translation of the material describing this work into a form convenient for study in China. We are delighted that Professor Xu has made this Chinese translation of "The C Programming Language" available so that C will be more readily accessible to our colleagues in the People's Republic of China.

Brian W. Kernighan
Dennis M. Ritchie

中文版序 C PROGRAMMING LANGUAGE

C程序设计语言最早是由Dennis Ritchie于1973年设计并实现的。从那时开始，C语言已经从其位于贝尔实验室的发源地传播到世界各地。它已经成为全球程序员的公共语言，并由此诞生了两个新的主流语言C++与Java——它们都建立在C语言的语法和基本结构的基础上。现在世界上的许多软件都是在C语言及其衍生的各种语言的基础上开发出来的。

C语言的传播需要我们对语言加以完整的描述，并适应它在使用过程中所进行的一些变化。1988年，美国国家标准协会（ANSI）为C语言指定了一个精确的标准，该标准保持了C的表达能力、效率、小规模以及对机器的最终控制，同时还保证符合标准的程序可以从一种计算机与操作系统移植到另一种计算机与操作系统而无需改变。这个标准同时也被国际标准化组织（ISO）接受为国际标准，使世界各地的用户团体都受益于这一标准。

标准委员会考虑到C语言在多民族使用的情况，在语言本身以及库中都提供了对“宽字符”的支持，这是以中文以及其他不使用罗马字符集的语言来表示文本所需要的。

除了这些渐进的变化外，C仍保持着它原来的样子——具有各种背景的程序员的一种紧凑而有效的工具。

在我们访问中国的大学和中国科学院时，我们获悉，C语言以及基于它发展起来的UNIX技术引入中国已经有很多年了。由于缺少把描述这一工作的素材翻译成在中国易于学习的形式的权威译本，学生们在学习时遇到了许多困难。我们欣喜地看到徐宝文教授完成《C程序设计语言》的中译本，我们希望它的出版有助于我们在中华人民共和国的同行更容易地理解C语言。

Brian W. Kernighan
Dennis M. Ritchie

译者序 C PROGRAMMING LANGUAGE

《*The C Programming Language*》不仅在C与C++语言界，而且在整个程序设计语言教学与研究界都是耳熟能详的经典著作。最主要的两点原因是：

其一，这部著作自第1版问世后就一直深受广大读者欢迎，畅销不衰，是计算机学术界与教育界著书立说的重要参考文献。可以说，几乎所有的程序设计语言著作以及C与C++著作的作者都把这部著作作为参考文献。早在20年前我国就翻译出版过这部著作的第1版。

其二，这部著作的原作者之一Dennis M. Ritchie是C语言的设计者，这样就保证了在著作中能完整、准确地体现与描述C语言的设计思想。本书讲述的程序设计方法以及各种语言成分的细节与用法具有权威性，这很有利于读者把握C语言的精髓。

《*The C Programming Language*》的第1版问世于1978年，第2版自1988年面世后一直被广泛使用，至今仍未有新的版本出版，由此可见该著作内容的稳定性。

本书英文原著叙述深入浅出、条理清楚，加之辅以丰富的例证，非常通俗易懂。无论对于计算机专业人员还是非计算机专业人员，也无论用于C语言教学还是用作参考书，她都是当之无愧的正确选择。这也许就是这部著作自第1版问世以来长期畅销不衰的原因之一。

机械工业出版社曾经于2000年出版过中文版。众多高校师生在使用过程中提出了大量的宝贵意见，出版社和我们悉心听取并总结了这些意见，更加深入地领会了原书的要旨，重新认真精读了原书中的每句话，在此基础上，我们推出了新版中文版。此新版中文版在语言、术语标准化、技术细节等方面都对原中文版本进行了更进一步的雕琢。希望本书能够更好地帮助您学习C语言！

本书由东南大学计算机系徐宝文教授和上海交通大学计算机系李志博士翻译，上海交通大学计算机系的尤晋元教授审校了全书内容。在本书出版之际，我们感谢所有曾经给予我们帮助的人们！

本书的原著是经典的C语言教材，我们在翻译本书的过程中，无时无刻不感觉如履薄冰，惟恐因为才疏学浅，无法正确再现原著的风范，因此，我们一直在努力做好每件事情。但是，无论如何尽力，错误和疏漏在所难免，敬请广大读者批评指正。我们的邮件地址是：lizhi_mail@263.net。随时欢迎您的每一点意见。如果您在阅读中遇到问题，或者遇到C语言的技术问题，可随时与我们联系，我们将尽力提供帮助。最后，感谢关心本书成长的每一位读者！

译　者

2003年6月

校译者简介 C PROGRAMMING LANGUAGE

译者简介

徐宝文，东南大学计算机科学与工程系教授，博士生导师，江苏省政协常委，江苏省计算机学会副理事长，江苏省软件行业协会副会长，中国计算机学会理事，中国软件行业协会理事。主要从事程序设计语言、软件工程等方面的教学与研究工作，负责承担过十多项国家级、部省级科研项目；在国内外发表论文130多篇，出版著译作10多部；担任《实用软件详解丛书》与《新世纪计算机系列教材》的主编，第五次国际青年计算机学术会议(ICYCS'99）大会主席；发起并主办过两次“全国程序设计语言发展与教学学术会议”；先后获航空航天部优秀青年教师、江苏省优秀教育工作者、江苏省优秀青年骨干教师、江苏省跨世纪学术带头人等称号。

李志，毕业于国防科技大学计算机学院，现于上海交通大学计算机科学与工程系攻读博士学位，主要从事网格计算、中间件技术等方面的研究。已经出版的译作有《IP技术基础：编址和路由》、《ISDN与Cisco路由器配置》等。

审校人简介

尤晋元，上海交通大学计算机科学与工程系教授、博士生导师、国务院学位委员会学科评议组成员。主要从事操作系统、分布对象计算、中间件技术等方面的研究。并长期担任操作系统及分布计算等课程的教学工作。主编和翻译了多本与操作系统相关的教材和参考书，包括《UNIX操作系统教程》、《UNIX环境高级编程》、《操作系统设计与实现》等。

序

C PROGRAMMING LANGUAGE

自从1978年《*The C Programming Language*》一书出版以来，计算机领域经历了一场革命。大型计算机的功能越来越强大，而个人计算机的性能也可以与十多年前的大型机相媲美。在此期间，C语言也在悄悄地演进，其发展早已超出了它仅仅作为UNIX操作系统的编程语言的初衷。

C语言普及程度的逐渐增加以及该语言本身的发展，加之很多组织开发出了与其设计有所不同的编译器，所有这一切都要求对C语言有一个比本书第1版更精确、更适应其发展的定义。1983年，美国国家标准协会（ANSI）成立了一个委员会，其目标是制定“一个无歧义性的且与具体机器无关的C语言定义”，而同时又要保持C语言原有的“精神”。结果产生了C语言的ANSI标准。

ANSI标准规范了一些在本书第1版中提及但没有具体描述的结构，特别是结构赋值和枚举。该标准还提供了一种新的函数声明形式，允许在使用过程中对函数的定义进行交叉检查。标准中还详细说明了一个具有标准输入/输出、内存管理和字符串操作等扩展函数集的标准库。它精确地说明了在C语言原始定义中并不明晰的某些特性的行为，同时还明确了C语言中与具体机器相关的一些特性。

本书第2版介绍的是ANSI标准定义的C语言。尽管我们已经注意到了该语言中已经变化了的地方，但我们还是决定在这里只列出它们的新形式。最重要的原因是，新旧形式之间并没有太大的差别；最明显的变化是函数的声明和定义。目前的编译器已经能够支持该标准的大部分特性。

我们将尽力保持本书第1版的简洁性。C语言并不是一种大型语言，也不需要用一本很厚的书来描述。我们在讲解一些关键特性（比如指针）时做了改进，它是C语言程序设计的核心。我们重新对以前的例子进行了精炼，并在某些章节中增加了一些新例子。例如，我们通过实例程序对复杂的声明进行处理，以将复杂的声明转换为描述性的说明或反之。像前一版中的例子一样，本版中所有例子都以可被机器读取的文本形式直接通过了测试。

附录A只是一个参考手册，而非标准，我们希望通过较少的篇幅概述标准中的要点。该附录的目的是帮助程序员更好地理解语言本身，而不是为编译器的实现者提供一个精确的定义——这正是语言标准所应当扮演的角色。附录B对标准库提供的功能进行了总结，它同样是面向程序员而非编译器实现者的。附录C对ANSI标准相对于以前版本所做的变更进行了小结。

我们在第1版中曾说过：“随着使用经验的增加，使用者会越来越感到得心应手”。经过十几年的实践，我们仍然这么认为。我们希望这本书能够帮助读者学好并用好C语言。

非常感谢帮助我们完成本书的朋友们。Jon Bentley、Doug Gwyn、Doug McIlroy、Peter Nelson和Rob Pike几乎对本书手稿的每一页都提出了建议。我们非常感谢Al Aho、Dennis Allison、Joe Campbell、G. R. Emlin、Karen Fortgang、Allen Holub、Andrew Hume、Dave Kristol、John Linderman、Dave Prosser、Gene Spafford和Chris Van Wyk等人，他们仔细阅读了本书。我们也收到了来自Bill Cheswick、Mark Kernighan、Andy Koenig、Robin Lake、

Tom London、Jim Reeds、Clovis Tondo和Peter Weinberger等人很好的建议。Dave Prosser为我们回答了很多关于ANSI标准的细节问题。我们大量地使用了Bjarne Stroustrup的C++翻译程序进行程序的局部测试。Dave Kristol为我们提供了一个ANSI C编译器以进行最终的测试。Rich Drechsler帮助我们进行了大量的排版工作。

真诚地感谢每个人！

Brian W. Kernighan
Dennis M. Ritchie

第1版序

C PROGRAMMING LANGUAGE

C语言是一种通用的程序设计语言，其特点包括简洁的表达式、流行的控制流和数据结构、丰富的运算符集等。C语言不是一种“很高级”的语言，也不“庞大”，并且不专用于某一个特定的应用领域。但是，C语言的限制少，通用性强，这使得它比一些公认为功能强大的语言使用更方便、效率更高。

C语言最初是由Dennis Ritchie为UNIX操作系统设计的，并在DEC PDP-11计算机上实现。UNIX操作系统、C编译器和几乎所有的UNIX应用程序（包括编写本书时用到的所有软件）都是用C语言编写的。同时，还有一些适用于其他机器的编译器产品，比如IBM System/370、Honeywell 6000和Interdata 8/32等。但是，C语言不受限于任何特定的机器或系统，使用它可以很容易地编写出不经修改就可以运行在所有支持C语言的机器上的程序。

本书的目的是帮助读者学习如何用C语言编写程序。本书的开头有一个指南性的引言，目的是使新用户能尽快地开始学习；随后在不同的章节中介绍了C语言的各种主要特性；本书的附录中还包括一份参考手册。本书并不仅仅只是讲述语言的一些规则，而是采用阅读别人的代码、自己编写代码、修改某些代码等不同的方式来指导读者进行学习。书中的大部分例子都可以直接完整地运行，而不只是孤立的程序段。所有例子的文本都以可被机器读取的文本形式直接通过了测试。除了演示如何有效地使用语言外，我们还尽可能地在适当的时候向读者介绍一些高效的算法、良好的程序设计风格以及正确的设计原则。

本书并不是一本有关程序设计的入门性手册，它要求读者熟悉基本的程序设计概念，如变量、赋值语句、循环和函数等。尽管如此，初级的程序员仍能够阅读本书，并借此学会C语言。当然，知识越丰富，学习起来就越容易。

根据我们的经验，C语言是一种令人愉快的、具有很强表达能力的通用的语言，适合于编写各种程序。它容易学习，并且随着使用经验的增加，使用者会越来越感到得心应手。我们希望本书能帮助读者用好C语言。

来自许多朋友和同事的中肯批评和建议对本书的帮助很大，也使我们在写作本书过程中受益匪浅。在此特别感谢Mike Bianchi、Jim Blue、Stu Feldman、Doug McIlroy、Bill Roome、Bob Rosin和Larry Rosler等人，他们细心地阅读了本书的多次修改版本。我们在这里还要感谢Al Aho、Steve Bourne、Dan Dvorak、Chuck Haley、Debbie Haley、Marion Harris、Rick Holt、Steve Johnson、John Mashey、Bob Mitze、Ralph Muha、Peter Nelson、Elliot Pinson、Bill Plauger、Jerry Spivack、Ken Thompson和Peter Weinberger等人，他们在不同阶段提出了非常有益的意见，此外还要感谢Mike Lesk和Joe Ossanna，他们在排版方面给予了我们很宝贵的帮助。

Brian W. Kernighan

Dennis M. Ritchie

引 言 C PROGRAMMING LANGUAGE

C语言是一种通用的程序设计语言。它同UNIX系统之间具有非常密切的联系——C语言是在UNIX系统上开发的，并且，无论是UNIX系统本身还是其上运行的大部分程序，都是用C语言编写的。但是，C语言并不受限于任何一种操作系统或机器。由于它很适合用来编写编译器和操作系统，因此被称为“系统编程语言”，但它同样适合于编写不同领域中的大多数程序。

C语言的很多重要概念来源于由Martin Richards开发的BCPL语言。BCPL对C语言的影响间接地来自于B语言，它是Ken Thompson为第一个UNIX系统而于1970年在DEC PDP-7计算机上开发的。

BCPL和B语言都是“无类型”的语言。相比较而言，C语言提供了很多数据类型。其基本类型包括字符、具有多种长度的整型和浮点数等。另外，还有通过指针、数组、结构和联合派生的各种数据类型。表达式由运算符和操作数组成。任何一个表达式，包括赋值表达式或函数调用表达式，都可以是一个语句。指针提供了与具体机器无关的地址算术运算。

C语言为实现结构良好的程序提供了基本的控制流结构：语句组、条件判断（`if-else`）、多路选择（`switch`）、终止测试在顶部的循环（`while`、`for`）、终止测试在底部的循环（`do`）、提前跳出循环（`break`）等。

函数可以返回基本类型、结构、联合或指针类型的值。任何函数都可以递归调用。局部变量通常是“自动的”，即在每次函数调用时重新创建。函数定义可以不是嵌套的，但可以用块结构的方式声明变量。一个C语言程序的不同函数可以出现在多个单独编译的不同源文件中。变量可以只在函数内部有效，也可以在函数外部但仅在一个源文件中有效，还可以在整个程序中都有效。

编译的预处理阶段将对程序文本进行宏替换、包含其他源文件以及进行条件编译。

C语言是一种相对“低级”的语言。这种说法并没有什么贬义，它仅仅意味着C语言可以处理大部分计算机能够处理的对象，比如字符、数字和地址。这些对象可以通过具体机器实现的算术运算符和逻辑运算符组合在一起并移动。 1

C语言不提供直接处理诸如字符串、集合、列表或数组等复合对象的操作。虽然可以将整个结构作为一个单元进行拷贝，但C语言没有处理整个数组或字符串的操作。除了由函数的局部变量提供的静态定义和堆栈外，C语言没有定义任何存储器分配工具，也不提供堆和无用内存回收工具。最后，C语言本身没有提供输入/输出功能，没有READ或WRITE语句，也没有内置的文件访问方法。所有这些高层的机制必须由显式调用的函数提供。C语言的大部分实现已合理地包含了这些函数的标准集合。

类似地，C语言只提供简单的单线程控制流，即测试、循环、分组和子程序，它不提供多道程序设计、并行操作、同步和协同例程。

尽管缺少其中的某些特性看起来好像是一个严重不足（“这就意味着必须通过调用函数来

比较两个字符串吗？”)，但是把语言保持在一个适度的规模会有很多益处。由于C语言相对较小，因此可以用比较小的篇幅将它描述出来，这样也很容易学会。程序员有理由期望了解、理解并真正彻底地使用完整的语言。

很多年来，C语言的定义就是《*The C Programming Language*》第1版中的参考手册。1983年，美国国家标准协会（ANSI）成立了一个委员会以制定一个现代的、全面的C语言定义。最后的结果就是1988年完成的ANSI标准，即“ANSI C”。该标准的大部分特性已被当前的编译器所支持。

这个标准是基于以前的参考手册制定的。语言本身只做了相对较少的改动。这个标准的目的之一就是确保现有的程序仍然有效，或者当程序无效时，编译器会对新的定义发出警告信息。

对大部分程序员来说，最重要的变化是函数声明和函数定义的新语法。现在，函数声明中可以包含描述函数实际参数的信息；相应地，定义的语法也做了改变。这些附加的信息使编译器很容易检测到因参数不匹配而导致的错误。根据我们的经验，这个扩充对语言非常有用。

新标准还对语言做了一些细微的改进：将广泛使用的结构赋值和枚举定义为语言的正式组成部分；可以进行单精度的浮点运算；明确定义了算术运算的属性，特别是无符号类型的
2 运算；对预处理器进行了更详尽的说明。这些改进对大多数程序员的影响比较小。

该标准的第二个重要贡献是为C语言定义了一个函数库。它描述了诸如访问操作系统（如读写文件）、格式化输入/输出、内存分配和字符串操作等类似的很多函数。该标准还定义了一系列的标准头文件，它们为访问函数声明和数据类型声明提供了统一的方法。这就确保了使用这个函数库与宿主系统进行交互的程序之间具有兼容的行为。该函数库很大程度上与UNIX系统的“标准I/O库”相似。这个函数库已在本书的第1版中进行了描述，很多系统中都使用了它。这一点对大部分程序员来说，不会感觉到有很大的变化。

由于大多数计算机本身就直接支持C语言提供的数据类型和控制结构，因此只需要一个很小的运行时库就可以实现自包含程序。由于程序只能够显式地调用标准库中的函数，因此在不需要的情况下就可以避免对这些函数的调用。除了其中隐藏的一些操作系统细节外，大部分库函数可以用C语言编写，并可以移植。

尽管C语言能够运行在大部分的计算机上，但它同具体的机器结构无关。只要稍加用心就可以编写出可移植的程序，即可以不加修改地运行于多种硬件上。ANSI 标准明确地提出了可移植性问题，并预设了一个常量的集合，借以描述运行程序的机器的特性。

C语言不是一种强类型的语言，但随着它的发展，其类型检查机制已经得到了加强。尽管C语言的最初定义不赞成在指针和整型变量之间交换值，但并没有禁止，不过现在已经不允许这种做法了。ANSI标准要求对变量进行正确的声明和显式的强制类型转换，这在某些较完善的编译器中已经得到了实现。新的函数声明方式是另一个得到改进的地方。编译器将对大部分的数据类型错误发出警告，并且不自动执行不兼容数据类型之间的类型转换。不过，C语言保持了其初始的设计思想，即程序员了解他们在做什么，惟一的要求是程序员要明确地表达他们的意图。

同任何其他语言一样，C语言也有不完美的地方。某些运算符的优先级是不正确的；语法

的某些部分可以进一步优化。尽管如此，对于大量的程序设计应用来说，C语言是一种公认的非常高效的、表示能力很强的语言。

本书是按照下列结构编排的：第1章将对C语言的核心部分进行简要介绍。其目的是让读者能尽快开始编写C语言程序，因为我们深信，实际编写程序才是学习一种新语言的好方法。这部分内容的介绍假定读者对程序设计的基本元素有一定的了解。我们在这部分内容中没有解释计算机、编译等概念，也没有解释诸如n＝n＋1这样的表达式。我们将尽量在合适的地方介绍一些实用的程序设计技术，但是，本书的中心目的并不是介绍数据结构和算法。在篇幅有限的情况下，我们将专注于讲解语言本身。 3

第2章到第6章将更详细地讨论C语言的各种特性，所采用的方式将比第1章更加形式化一些。其中的重点将放在一些完整的程序例子上，而并不仅仅只是一些孤立的程序段。第2章介绍基本的数据类型、运算符和表达式。第3章介绍控制流，如`if-else`、`switch`、`while`和`for`等。第4章介绍函数和程序结构——外部变量、作用域规则和多源文件等，同时还会讲述一些预处理器的知识。第5章介绍指针和地址运算。第6章介绍结构和联合。

第7章介绍标准库。标准库提供了一个与操作系统交互的公用接口。这个函数库是由ANSI标准定义的，这就意味着所有支持C语言的机器都会支持它，因此，使用这个库执行输入、输出或其他访问操作系统的操作的程序可以不加修改地运行在不同机器上。

第8章介绍C语言程序和UNIX操作系统之间的接口，我们将把重点放在输入/输出、文件系统和存储分配上。尽管本章中的某些内容是针对UNIX系统所写的，但是使用其他系统的程序员仍然会从中获益，比如深入了解如何实现标准库以及有关可移植性方面的一些建议。

附录A是一个语言参考手册。虽然C语言的语法和语义的官方正式定义是ANSI标准本身，但是，ANSI标准的文档首先是写给编译器的编写者看的，因此，对程序员来说不一定最合适。本书中的参考手册采用了一种不很严格的形式，更简洁地对C语言的定义进行了介绍。附录B是对标准库的一个总结，它同样是为程序员而非编译器实现者准备的。附录C对标准C语言相对最初的C语言版本所做的变更做了一个简短的小结。但是，如果有不一致或疑问的地方，标准本身和各个特定的编译器则是解释语言的最终权威。本书的最后提供了本书的索引。 4

目 录 C PROGRAMMING LANGUAGE

第1章 导 言

在本书的开篇，我们首先概要地介绍C语言，主要是通过实际的程序引入C语言的基本元素，至于其中的具体细节、规则以及一些例外情况，在此暂时不多做讨论。因此，本章不准备完整、详细地讨论C语言中的一些技术（当然，这里所举的所有例子都是正确的）。我们是希望读者能尽快地编写出有用的程序，为此，本章将重点介绍一些基本概念，比如变量与常量、算术运算、控制流、函数、基本输入/输出等。而对于编写较大型程序所涉及到的一些重要特性，比如指针、结构、C语言中十分丰富的运算符集合、部分控制流语句以及标准库等，本章将暂不做讨论。

这种讲解方式也有缺点。应当提请注意的是，在本章的内容中无法找到任何特定语言特性的完整说明，并且，由于比较简略，可能会使读者产生一些误解；再者，由于所举的例子并没有用到C语言的所有强大功能，因此，这些例子也许并不简洁、精炼。虽然我们已经尽力将这些问题的影响降到最低，但问题肯定还是存在。另一个不足之处在于，本章所讲的某些内容在后续相关章节还必须再次讲述。我们希望这种重复给读者带来的帮助效果远远超过它的负面影响。

无论是利还是弊，一个经验丰富的程序员应该可以从本章介绍的内容中推知他们自己进行程序设计所需要的一些基本元素。初学者应编写一些类似的小程序作为本章内容的补充练习。无论是经验丰富的程序员还是初学者，都可以把本章作为后续各章详细讲解的内容的框架。

1.1 入门

学习一门新程序设计语言的惟一途径就是使用它编写程序。对于所有语言的初学者来说，编写的第一个程序几乎都是相同的，即：

请打印出下列内容

hello, world

尽管这个练习很简单，但对于初学语言的人来说，它仍然可能成为一大障碍，因为要实现这个目的，我们首先必须编写程序文本，然后成功地进行编译，并加载、运行，最后输出到某个地方。掌握了这些操作细节以后，其他事情就比较容易了。 5

在C语言中，我们可以用下列程序打印出“hello, world”：

```
#include <stdio.h>

main()
{
```

```
    printf("hello, world\n");
}
```

如何运行这个程序取决于所使用的系统。这里举一个特殊的例子。在UNIX操作系统中，首先必须在某个文件中建立这个源程序，并以“.c”作为文件的扩展名，例如hello.c，然后再通过下列命令进行编译：

```
cc hello.c
```

如果源程序没有什么错误（例如漏掉字符或拼错字符），编译过程将顺利进行，并生成一个可执行文件a.out。然后，我们输入：

```
a.out
```

即可运行a.out，打印出下列信息：

```
hello, world
```

在其他操作系统中，编译、加载、运行等规则会有所不同。

```
#include <stdio.h>                              包含标准库的信息
main()                          定义名为main的函数，它不接受参数值
{                                   main函数的语句都被括在花括号中
    printf("hello, world\n");   main函数调用库函数printf以显示字符序列；
}                                                        \n代表换行符
```

第一个C语言程序

下面对程序本身做些说明。一个C语言程序，无论其大小如何，都是由*函数*和*变量*组成的。函数中包含一些*语句*，以指定所要执行的计算操作；变量则用于存储计算过程中使用的值。C语言中的函数类似于Fortran语言中的子程序和函数，与Pascal语言中的过程和函数也很类似。在本例中，函数的名字为main。通常情况下，函数的命名没有限制，但main是一个特殊的函数名——每个程序都从main函数的起点开始执行，这意味着每个程序都必须在某个位置包含一个main函数。

main函数通常会调用其他函数来帮助完成某些工作，被调用的函数可以是程序设计人员自己编写的，也可以来自于函数库。上述程序段中的第一行语句

```
#include <stdio.h>
```

用于告诉编译器在本程序中包含标准输入/输出库的信息。许多C语言源程序的开始处都包含这一行语句。我们将在第7章和附录B中对标准库进行详细介绍。

函数之间进行数据交换的一种方法是调用函数向被调用函数提供一个值（称为*参数*）列表。函数名后面的一对圆括号将参数列表括起来。在本例中，main函数不需要任何参数，因此用空参数表()表示。

函数中的语句用一对花括号{}括起来。本例中的main函数仅包含下面一条语句：

```
printf("hello, world\n");
```

调用函数时，只需要使用函数名加上用圆括号括起来的参数表即可。上面这条语句将"hello,

world\n"作为参数调用printf函数。printf是一个用于打印输出的库函数，在此处，它打印双引号中间的字符串。

用双引号括起来的字符序列称为*字符串*或*字符串常量*，如"hello, world\n"就是一个字符串。目前我们仅使用字符串作为printf以及其他函数的参数。

在C语言中，字符序列\n表示*换行符*，在打印中遇到它时，输出打印将换行，从下一行的左端行首开始。如果去掉字符串中的\n（这是个值得一做的练习），即使输出打印完成后也不会换行。在printf函数的参数中，只能用\n表示换行符。如果用程序的换行代替\n，例如：

```
printf("hello, world
");
```

C编译器将会产生一条错误信息。

printf函数永远不会自动换行，这样我们可以多次调用该函数以分阶段得到一个长的输出行。上面给出的第一个程序也可以改写成下列形式： 6~7

```
#include <stdio.h>

main()
{
    printf("hello, ");
    printf("world");
    printf("\n");
}
```

这段程序与前面的程序的输出相同。

请注意，\n只代表一个字符。类似于\n的*转义字符序列*为表示无法输入的字符或不可见字符提供了一种通用的可扩充的机制。除此之外，C语言提供的转义字符序列还包括：\t表示制表符；\b表示回退符；\"表示双引号；\\表示反斜杠符本身。2.3节将给出转义字符序列的完整列表。

练习1-1　在你自己的系统中运行“hello, world”程序。再有意去掉程序中的部分内容，看看会得到什么出错信息。

练习1-2　做个实验，当printf函数的参数字符串中包含\c（其中*c*是上面的转义字符序列中未曾列出的某一个字符）时，观察一下会出现什么情况。

1.2　变量与算术表达式

我们来看下一个程序，使用公式$^{\circ}C=(5/9)(^{\circ}F-32)$打印下列华氏温度与摄氏温度对照表：

```
0    -17
20   -6
40   4
60   15
80   26
100  37
120  48
140  60
160  71
```

```
180 82
200 93
220 104
240 115
260 126
280 137
300 148
```

此程序中仍然只包括一个名为main的函数定义。它比前面打印“hello, world”的程序长一些，但并不复杂。这个程序中引入了一些新的概念，包括注释、声明、变量、算术表达
8 式、循环以及格式化输出。该程序如下所示：

```
#include <stdio.h>

/* 当fahr= 0, 20, …, 300时, 分别
   打印华氏温度与摄氏温度对照表   */
main()
{
    int fahr, celsius;
    int lower, upper, step;

    lower = 0;       /*  温度表的下限  */
    upper = 300;     /*  温度表的上限  */
    step = 20;       /*  步长  */

    fahr = lower;
    while (fahr <= upper) {
        celsius = 5 * (fahr-32) / 9;
        printf("%d\t%d\n", fahr, celsius);
        fahr = fahr + step;
    }
}
```

其中的两行：

```
/* 当fahr = 0, 20, …, 300时, 分别
     打印华氏温度与摄氏温度对照表   */
```

称为**注释**，此处，它简单地解释了该程序是做什么用的。包含在/*与*/之间的字符序列将被编译器忽略。注释可以自由地运用在程序中，使得程序更易于理解。程序中允许出现空格、制表符或换行符之处，都可以使用注释。

在C语言中，所有变量都必须先声明后使用。声明通常放在函数起始处，在任何可执行语句之前。**声明**用于说明变量的属性，它由一个类型名和一个变量表组成，例如：

```
int fahr, celsius;
int lower, upper, step;
```

其中，类型int表示其后所列变量为整数，与之相对应的，float表示所列变量为浮点数(即，可以带有小数部分的数)。int与float类型的取值范围取决于具体的机器。对于int类型，通常为16位，其取值范围在-32768~+32767之间，也有用32位表示的int类型。float类型通常是32位，它至少有6位有效数字，取值范围一般在10^{-38}~10^{+38}之间。

除int与float类型之外，C语言还提供了其他一些基本数据类型，例如：

char	字符——一个字节
short	短整型
long	长整型
double	双精度浮点型 9

这些数据类型对象的大小也取决于具体的机器。另外，还存在这些基本数据类型的数组、结构、联合，指向这些类型的指针以及返回这些类型值的函数。我们将在后续相应的章节中分别介绍。

在上面的温度转换程序中，最开始执行的计算是下列4个赋值语句：

```
lower = 0;
upper = 300;
step = 20;
fahr = lower;
```

它们为变量设置初值。各条语句均以分号结束。

温度转换表中的各行计算方式相同，因此可以用循环语句重复输出各行。这是while循环语句的用途：

```
while (fahr <= upper) {
    ...
}
```

while循环语句的执行方式是这样的：首先测试圆括号中的条件；如果条件为真(fahr<=upper)，则执行循环体（括在花括号中的3条语句）；然后再重新测试圆括号中的条件，如果为真，则再次执行循环体；当圆括号中的条件测试结果为假（fahr>upper）时，循环结束，并继续执行跟在while循环语句之后的下一条语句。在本程序中，循环语句后没有其他语句，因此整个程序的执行终止。

while语句的循环体可以是用花括号括起来的一条或多条语句(如上面的温度转换程序)，也可以是不用花括号包括的单条语句，例如：

```
while (i < j)
    i = 2 * i;
```

在这两种情况下，我们总是把由while控制的语句缩进一个制表位，这样就可以很容易地看出循环语句中包含哪些语句。这种缩进方式突出了程序的逻辑结构。尽管C编译器并不关心程序的外观形式，但正确的缩进以及保留适当空格的程序设计风格对程序的易读性非常重要。我们建议每行只书写一条语句，并在运算符两边各加上一个空格字符，这样可以使得运算的结合关系更清楚明了。相比而言，花括号的位置就不那么重要了。我们从比较流行的一些风格中选择了一种。读者可以选择适合自己的一种风格，并养成一直使用这种风格的好习惯。

在该程序中，绝大部分工作都是在循环体中完成的。循环体中的赋值语句

```
celsius = 5 * (fahr-32) / 9;
```

用于计算与指定华氏温度相对应的摄氏温度值，并将结果赋值给变量celsius。在该语句中，之所以把表达式写成先乘5然后再除以9而不是直接写成5/9，其原因是在C语言及许多其他语言中，整数除法操作将执行舍位，结果中的任何小数部分都会被舍弃。由于5和9都是整数，

10 5/9相除后经截取所得的结果为0，因此这样求得的所有摄氏温度都将为0。

从该例子中也可以看出printf函数的一些功能。printf是一个通用输出格式化函数，第7章将对此做详细介绍。该函数的第一个参数是待打印的字符串，其中的每个百分号（%）表示其他的参数（第二个、第三个、……参数）之一进行替换的位置，并指定打印格式。例如，%d指定一个整型参数，因此语句

```
printf("%d\t%d\n", fahr, celsius);
```

用于打印两个整数fahr与celsius的值，并在两者之间留一个制表符的空间（\t）。

printf函数的第一个参数中的各个%分别对应于第二个、第三个、……参数，它们在数目和类型上都必须匹配，否则将出现错误的结果。

顺便指出，printf函数并不是C语言本身的一部分，C语言本身并没有定义输入/输出功能。printf仅仅是标准库函数中一个有用的函数而已，这些标准库函数在C语言程序中通常都可以使用。但是，ANSI标准定义了printf函数的行为，因此，对每个符合该标准的编译器和库来说，该函数的属性都是相同的。

为了将重点放到讲述C语言本身上，我们在第7章之前的各章中将不再对输入/输出做更多的介绍，并且，特别将格式化输入推后到第7章讲解。如果读者想了解数据输入，可以先阅读7.4节中对scanf函数的讨论部分。scanf函数类似于printf函数，但它用于读输入数据而不是写输出数据。

上述的温度转换程序存在两个问题。比较简单的问题是，由于输出的数不是右对齐的，所以输出的结果不是很美观。这个问题比较容易解决：如果在printf语句的第一个参数的%d中指明打印宽度，则打印的数字会在打印区域内右对齐。例如，可以用语句

```
printf("%3d %6d\n", fahr, celsius);
```

打印fahr与celsius的值，这样，fahr的值占3个数字宽，celsius的值占6个数字宽，输出的结果如下所示：

```
  0     -17
 20      -6
 40       4
 60      15
 80      26
100      37
...
```

另一个较为严重的问题是，由于我们使用的是整型算术运算，因此经计算得到的摄氏温度值不太精确，例如，与0°F对应的精确的摄氏温度应该为−17.8℃，而不是−17℃。为了得到更精确的结果，应该用浮点算术运算代替上面的整型算术运算。这就需要对程序做适当修改。

11 下面是该程序的又一种版本：

```
#include <stdio.h>

/*  当fahr=0，20，…，300时，打印华氏温度与摄氏温度对照表；
    浮点数版本   */
main()
{
    float fahr, celsius;
```

```
    int lower, upper, step;

    lower = 0;        /*  温度表的下限   */
    upper = 300;      /*  温度表的上限   */
    step = 20;        /*  步长   */

    fahr = lower;
    while (fahr <= upper) {
        celsius = (5.0/9.0) * (fahr-32.0);
        printf("%3.0f %6.1f\n", fahr, celsius);
        fahr = fahr + step;
    }
}
```

这个程序与前一个程序基本相同，不同的是，它把fahr与celsius声明为float类型，转换公式的表述方式也更自然一些。在前一个程序中，之所以不能使用5/9的形式，是因为按整型除法的计算规则，它们相除并舍位后得到的结果为0。但是，常数中的小数点表明该常数是一个浮点数，因此，5.0/9.0是两个浮点数相除，结果将不被舍位。

如果某个算术运算符的所有操作数均为整型，则执行整型运算。但是，如果某个算术运算符有一个浮点型操作数和一个整型操作数，则在开始运算之前整型操作数将会被转换为浮点型。例如，在表达式fahr−32中，32在运算过程中将被自动转换为浮点数再参与运算。不过，即使浮点常量取的是整型值，在书写时最好还是为它加上一个显式的小数点，这样可以强调其浮点性质，便于阅读。

第2章将详细介绍把整型数转换为浮点型数的规则。在这里需要注意，赋值语句

```
fahr = lower;
```

与条件测试语句

```
while (fahr <= upper)
```

也都是按照这种方式执行的，即在运算之前先把int类型的操作数转换为float类型的操作数。

printf中的转换说明%3.0f表明待打印的浮点数（即fahr）至少占3个字符宽，且不带
小数点和小数部分；%6.1f表明另一个待打印的数（celsius）至少占6个字符宽，且小数 12
点后面有1位数字。其输出如下所示：

```
  0  -17.8
 20   -6.7
 40    4.4
...
```

格式说明可以省略宽度与精度，例如，%6f表示待打印的浮点数至少有6个字符宽；%.2f指定待打印的浮点数的小数点后有两位小数，但宽度没有限制；%f则仅仅要求按照浮点数打印该数。

%d　按照十进制整型数打印

%6d　按照十进制整型数打印，至少6个字符宽

%f　按照浮点数打印

%6f　按照浮点数打印，至少6个字符宽

%.2f　按照浮点数打印，小数点后有两位小数
%6.2f　按照浮点数打印，至少6个字符宽，小数点后有两位小数

此外，printf函数还支持下列格式说明：%o表示八进制数；%x表示十六进制数；%c表示字符；%s表示字符串；%%表示百分号（%）本身。

练习1-3　修改温度转换程序，使之能在转换表的顶部打印一个标题。
练习1-4　编写一个程序打印摄氏温度转换为相应华氏温度的转换表。

1.3 for语句

对于某个特定任务我们可以采用多种方法来编写程序。下面这段代码也可以实现前面的温度转换程序的功能：

```
#include <stdio.h>
/*  打印华氏温度—摄氏温度对照表  */
main()
{
    int fahr;

    for (fahr = 0; fahr <= 300; fahr = fahr + 20)
        printf("%3d %6.1f\n", fahr, (5.0/9.0)*(fahr-32));
}
```

这个程序与上节中介绍的程序执行结果相同，但程序本身却有所不同。最主要的改进在于它去掉了大部分变量，而只使用了一个int类型的变量fahr。在新引入的for语句中，温度的下限、上限和步长都是常量，而计算摄氏温度的表达式现在变成了printf函数的第三个参数，它不再是一个单独的赋值语句。

13 以上几点改进中的最后一点是C语言中一个通用规则的实例：在允许使用某种类型变量值的任何场合，都可以使用该类型的更复杂的表达式。因为printf函数的第三个参数必须是与%6.1f匹配的浮点值，所以可以在此处使用任何浮点表达式。

for语句是一种循环语句，它是对while语句的推广。如果将for语句与前面介绍的while语句比较，就会发现for语句的操作更直观一些。圆括号中共包含3个部分，各部分之间用分号隔开。第一部分

```
fahr = 0
```

是初始化部分，仅在进入循环前执行一次。第二部分

```
fahr <= 300
```

是控制循环的测试或条件部分。循环控制将对该条件求值，如果结果值为真（true），则执行循环体（本例中的循环体仅包含一个printf函数调用语句）。此后将执行第三部分

```
fahr = fahr + 20
```

以将循环变量fahr增加一个步长，并再次对条件求值。如果计算得到的条件值为假（false），循环将终止执行。与while语句一样，for循环语句的循环体可以只有一条语句，也可以是用花括号括起来的一组语句。初始化部分（第一部分）、条件部分（第二部分）与增加步长部分（第三部分）都可以是任何表达式。

在实际编程过程中，可以选择while与for中的任意一种循环语句，主要要看使用哪一种更清晰。for语句比较适合初始化和增加步长都是单条语句并且逻辑相关的情形，因为它将循环控制语句集中放在一起，且比while语句更紧凑。

练习1-5 修改温度转换程序，要求以逆序（即按照从300度到0度的顺序）打印温度转换表。

1.4 符号常量

在结束讨论温度转换程序前，我们再来看一下符号常量。在程序中使用300、20等类似的“幻数”并不是一个好习惯，它们几乎无法向以后阅读该程序的人提供什么信息，而且使程序的修改变得更加困难。处理这种幻数的一种方法是赋予它们有意义的名字。#define指令可以把符号名（或称为符号常量）定义为一个特定的字符串：

```
#define 名字    替换文本
```

在该定义之后，程序中出现的所有在#define中定义的名字（既没有用引号引起来，也不是其他名字的一部分）都将用相应的替换文本替换。其中，名字与普通变量名的形式相同：它们都是以字母打头的字母和数字序列；替换文本可以是任何字符序列，而不仅限于数字。 14

```
#include <stdio.h>

#define   LOWER  0        /*  表的下限  */
#define   UPPER  300      /*  表的上限  */
#define   STEP   20       /*  步长  */

/*  打印华氏温度－摄氏温度对照表  */
main()
{
    int fahr;

    for (fahr = LOWER; fahr <= UPPER; fahr = fahr + STEP)
        printf("%3d %6.1f\n", fahr, (5.0/9.0)*(fahr-32));
}
```

其中，LOWER、UPPER与STEP都是符号常量，而非变量，因此不需要出现在声明中。符号常量名通常用大写字母拼写，这样可以很容易与用小写字母拼写的变量名相区别。注意，#define指令行的末尾没有分号。

1.5 字符输入/输出

接下来我们看一组与字符型数据处理有关的程序。读者将会发现，许多程序只不过是这里所讨论的程序原型的扩充版本而已。

标准库提供的输入/输出模型非常简单。无论文本从何处输入，输出到何处，其输入/输出都是按照字符流的方式处理。文本流是由多行字符构成的字符序列，而每行字符则由0个或多个字符组成，行末是一个换行符。标准库负责使每个输入/输出流都能够遵守这一模型。使用标准库的C语言程序员不必关心在程序之外这些行是如何表示的。

标准库提供了一次读/写一个字符的函数，其中最简单的是getchar和putchar两个函

数。每次调用时，getchar函数从文本流中读入下一个输入字符，并将其作为结果值返回。也就是说，在执行语句

```
c = getchar()
```

之后，变量c中将包含输入流中的下一个字符。这种字符通常是通过键盘输入的。关于从文件输入字符的方法，我们将在第7章中讨论。

每次调用putchar函数时将打印一个字符。例如，语句

```
putchar(c)
```

15 将把整型变量c的内容以字符的形式打印出来，通常是显示在屏幕上。putchar与printf这两个函数可以交替调用，输出的次序与调用的次序一致。

1.5.1 文件复制

借助于getchar与putchar函数，可以在不了解其他输入/输出知识的情况下编写出数量惊人的有用的代码。最简单的例子就是把输入一次一个字符地复制到输出，其基本思想如下：

```
读一个字符
while(该字符不是文件结束指示符)
        输出刚读入的字符
        读下一个字符
```

将上述基本思想转换为C语言程序为：

```
#include <stdio.h>

/*  将输入复制到输出；版本1  */
main()
{
    int c;

    c = getchar();
    while (c != EOF) {
        putchar(c);
        c = getchar();
    }
}
```

其中，关系运算符!=表示“不等于”。

字符在键盘、屏幕或其他的任何地方无论以什么形式表现，它在机器内部都是以位模式存储的。char类型专门用于存储这种字符型数据，当然任何整型（int）也可以用于存储字符型数据。因为某些潜在的重要原因，我们在此使用int类型。

这里需要解决如何区分文件中有效数据与输入结束符的问题。C语言采取的解决方法是：在没有输入时，getchar函数将返回一个特殊值，这个特殊值与任何实际字符都不同。这个值称为EOF（end of file，文件结束）。我们在声明变量c的时候，必须让它大到足以存放getchar函数返回的任何值。这里之所以不把c声明成char类型，是因为它必须足够大，除了能存储任何可能的字符外还要能存储文件结束符EOF。因此，我们将c声明成int类型。

EOF定义在头文件<stdio.h>中，是一个整型数。其具体数值是什么并不重要，只要它与任何char类型的值都不相同即可。这里使用符号常量，可以确保程序不需要依赖于其对应的任何特定的数值。

对于经验比较丰富的C语言程序员，可以把这个字符复制程序编写得更精炼一些。在C语言中，类似于

```
c = getchar()
```
16

之类的赋值操作是一个表达式，并且具有一个值，即赋值后左边变量保存的值。也就是说，赋值可以作为更大的表达式的一部分出现。如果将为c赋值的操作放在while循环语句的测试部分中，上述字符复制程序便可以改写成下列形式：

```
#include <stdio.h>

/*  将输入复制到输出；版本2  */
main()
{
    int c;

    while ((c = getchar()) != EOF)
        putchar(c);
}
```

在该程序中，while循环语句首先读一个字符并将其赋值给c，然后测试该字符是否为文件结束标志。如果该字符不是文件结束标志，则执行while语句体，并打印该字符。随后重复执行while语句。当到达输入的结尾位置时，while循环语句终止执行，从而整个main函数执行结束。

以上这段程序将输入集中化，getchar函数在程序中只出现了一次，这样就缩短了程序，整个程序看起来更紧凑。习惯这种风格后，读者就会发现按照这种方式编写的程序更易阅读。我们经常会看到这种风格。(不过，如果我们过多地使用这种类型的复杂语句，编写的程序可能会很难理解，应尽量避免这种情况。)

对while语句的条件部分来说，赋值表达式两边的圆括号不能省略。不等于运算符!=的优先级比赋值运算符=的优先级要高，这样，在不使用圆括号的情况下关系测试!=将在赋值=操作之前执行。因此语句

```
c = getchar() != EOF
```

等价于语句

```
c = (getchar() != EOF)
```

该语句执行后，c的值将被置为0或1（取决于调用getchar函数时是否碰到文件结束标志），这并不是我们所希望的结果（更详细的内容，请参见第2章的相关部分）。

练习1-6　验证表达式getchar()!=EOF的值是0还是1。

练习1-7　编写一个打印EOF值的程序。

1.5.2　字符计数

下列程序用于对字符进行计数，它与上面的复制程序类似。 17

```
#include <stdio.h>

/*  统计输入的字符数；版本1  */
main()
{
    long nc;

    nc = 0;
    while (getchar() != EOF)
        ++nc;
    printf("%ld\n", nc);
}
```

其中，语句

```
++nc;
```

引入了一个新的运算符++，其功能是执行加1操作。可以用语句nc=nc+1代替它，但语句++nc更精炼一些，且通常效率也更高。与该运算符相应的是自减运算符--。++与--这两个运算符既可以作为前缀运算符（如++nc），也可以作为后缀运算符（如nc++）。我们在第2章中将看到，这两种形式在表达式中具有不同的值，但++nc与nc++都使nc的值增加1。目前，我们只使用前缀形式。

该字符计数程序使用long类型的变量存放计数值，而没有使用int类型的变量。long整型数（长整型）至少要占用32位存储单元。在某些机器上int与long类型的长度相同，但在一些机器上，int类型的值可能只有16位存储单元的长度（最大值为32 767），这样，相当小的输入都可能使int类型的计数变量溢出。转换说明%ld告诉printf函数其对应的参数是long整型。

使用double（双精度浮点数）类型可以处理更大的数字。我们在这里不使用while循环语句，而用for循环语句来展示编写此循环的另一种方法：

```
#include <stdio.h>

/*  统计输入的字符数；版本2  */
main()
{
    double nc;

    for (nc = 0; getchar() != EOF; ++nc)
        ;
    printf("%.0f\n", nc);
}
```

对于float与double类型，printf函数都使用%f进行说明。%.0f强制不打印小数点和小数部分，因此小数部分的位数为0。

在该程序段中，for循环语句的循环体是空的，这是因为所有工作都在测试（条件）部分与增加步长部分完成了。但C语言的语法规则要求for循环语句必须有一个循环体，因此用
18 单独的分号代替。单独的分号称为空语句，它正好能满足for语句的这一要求。把它单独放在一行是为了更加醒目。

在结束讨论字符计数程序之前，我们考虑以下情况：如果输入中不包含字符，那么，在第一次调用getchar函数的时候，while语句或for语句中的条件测试从一开始就为假，程

序的执行结果将为0，这也是正确的结果。这一点很重要。while语句与for语句的优点之一就是在执行循环体之前就对条件进行测试。如果条件不满足，则不执行循环体，这就可能出现循环体一次都不执行的情况。在出现0长度的输入时，程序的处理应该灵活一些。在出现边界条件时，while语句与for语句有助于确保程序执行合理的操作。

1.5.3 行计数

接下来的这个程序用于统计输入中的行数。我们在上面提到过，标准库保证输入文本流以行序列的形式出现，每一行均以换行符结束。因此，统计行数等价于统计换行符的个数。

```
#include <stdio.h>

/* 统计输入中的行数 */
main()
{
    int c, nl;

    nl = 0;
    while ((c = getchar()) != EOF)
        if (c == '\n')
            ++nl;
    printf("%d\n", nl);
}
```

在该程序中，while循环语句的循环体是一个if语句，它控制自增语句++nl。if语句先测试圆括号中的条件，如果该条件为真，则执行其后的语句（或括在花括号中的一组语句）。这里再次用缩进方式表明语句之间的控制关系。

双等于号==是C语言中表示“等于”关系的运算符（类似于Pascal中的单等于号=及Fortran中的.EQ.）。由于C语言将单等于号=作为赋值运算符，因此使用双等于号==表示相等的逻辑关系，以示区分。这里提醒注意，在表示“等于”逻辑关系的时候（应该用==），C语言初学者有时会错误地写成单等于号=。在第2章我们将看到，即使这样误用了，其结果通常仍然是合法的表达式，因此系统不会给出警告信息。

单引号中的字符表示一个整型值，该值等于此字符在机器字符集中对应的数值，我们称之为字符常量。但是，它只不过是小的整型数的另一种写法而已。例如，'A'是一个字符常量；在ASCII字符集中其值为65（即字符A的内部表示值为65）。当然，用'A'要比用65好，因为'A'的意义更清楚，且与特定的字符集无关。

字符串常量中使用的转义字符序列也是合法的字符常量，比如，'\n'代表换行符的值， 19
在ASCII字符集中其值为10。我们应当注意到，'\n'是单个字符，在表达式中它不过是一个整型数而已；而"\n"是一个仅包含一个字符的字符串常量。有关字符串与字符之间的关系，我们将在第2章进一步讨论。

练习1-8　编写一个统计空格、制表符与换行符个数的程序。

练习1-9　编写一个将输入复制到输出的程序，并将其中连续的多个空格用一个空格代替。

练习1-10　编写一个将输入复制到输出的程序，并将其中的制表符替换为\t，把回退符替换为\b，把反斜杠替换为\\。这样可以将制表符和回退符以可见的方式显示出来。

1.5.4 单词计数

我们将介绍的第4个实用程序用于统计行数、单词数与字符数。这里对单词的定义比较宽松，它是任何其中不包含空格、制表符或换行符的字符序列。下面这段程序是UNIX系统中wc程序的骨干部分：

```
#include <stdio.h>

#define IN  1      /*  在单词内  */
#define OUT 0      /*  在单词外  */

/*  统计输入的行数、单词数与字符数  */
main()
{
    int c, nl, nw, nc, state;

    state = OUT;
    nl = nw = nc = 0;
    while ((c = getchar()) != EOF) {
        ++nc;
        if (c == '\n')
            ++nl;
        if (c == ' ' || c == '\n' || c == '\t')
            state = OUT;
        else if (state == OUT) {
            state = IN;
            ++nw;
        }
    }
    printf("%d %d %d\n", nl, nw, nc);
}
```

20 程序执行时，每当遇到单词的第一个字符，它就作为一个新单词加以统计。state变量记录程序当前是否正位于一个单词之中，它的初值是“不在单词中”，即初值被赋为OUT。我们在这里使用了符号常量IN与OUT，而没有使用其对应的数值1与0，这样程序更易读。在较小的程序中，这种做法也许看不出有什么优势，但在较大的程序中，如果从一开始就这样做，因此而增加的一点工作量与提高程序可读性带来的好处相比是值得的。读者也会发现，如果程序中的幻数都以符号常量的形式出现，对程序进行大量修改就会相对容易得多。

下列语句

```
nl = nw = nc = 0;
```

将把其中的3个变量nl、nw与nc都设置为0。这种用法很常见，但要注意这样一个事实：在兼有值与赋值两种功能的表达式中，赋值结合次序是由右至左。所以上面这条语句等同于

```
nl = (nw = (nc = 0));
```

运算符||代表OR（逻辑或），所以下列语句

```
if (c == ' ' || c == '\n' || c == '\t')
```

的意义是“如果c是空格，或c是换行符，或c是制表符”（前面讲过，转义字符序列\t是制表符的可见表示形式）。相应地，运算符&&代表AND（逻辑与），它仅比||高一个优先级。

由&&或||连接的表达式由左至右求值，并保证在求值过程中只要能够判断最终的结果为真或假，求值就立即终止。如果c是空格，则没有必要再测试它是否为换行符或制表符，这样就不必执行后面两个测试。在这里，这一点并不特别重要，但在某些更复杂的情况下这样做就有必要了，不久我们将会看到这种例子。

这段程序中还包括一个else部分，它指定当if语句中的条件部分为假时所要执行的动作。其一般形式为：

```
if (表达式)
    语句1
else
    语句2
```

其中，if-else中的两条语句有且仅有一条语句被执行。如果表达式的值为真，则执行语句$_1$，否则执行语句$_2$。这两条语句都既可以是单条语句，也可以是括在花括号内的语句序列。在单词计数程序中，else之后的语句仍是一个if语句，该if语句控制了包含在花括号内的两条语句。

练习1-11　你准备如何测试单词计数程序？如果程序中存在某种错误，那么什么样的输入最可能发现这类错误呢？

练习1-12　编写一个程序，以每行一个单词的形式打印其输入。 21

1.6 数组

在这部分内容中，我们来编写一个程序，以统计各个数字、空白符（包括空格符、制表符及换行符）以及所有其他字符出现的次数。这个程序的实用意义并不大，但我们可以通过该程序讨论C语言多方面的问题。

所有的输入字符可以分成12类，因此可以用一个数组存放各个数字出现的次数，这样比使用10个独立的变量更方便。下面是该程序的一种版本：

```
#include <stdio.h>

/* 统计各个数字、空白符及其他字符出现的次数 */
main()
{
    int c, i, nwhite, nother;
    int ndigit[10];

    nwhite = nother = 0;
    for (i = 0; i < 10; ++i)
        ndigit[i] = 0;

    while ((c = getchar()) != EOF)
        if (c >= '0' && c <= '9')
            ++ndigit[c-'0'];
        else if (c == ' ' || c == '\n' || c == '\t')
            ++nwhite;
        else
            ++nother;

    printf("digits =");
    for (i = 0; i < 10; ++i)
```

```
        printf(" %d", ndigit[i]);
    printf(", white space = %d, other = %d\n",
        nwhite, nother);
}
```

当把这段程序本身作为输入时，输出结果为：

```
digits = 9 3 0 0 0 0 0 0 0 1, white space = 123, other = 345
```

该程序中的声明语句

```
int ndigit[10];
```

将变量ndigit声明为由10个整型数构成的数组。在C语言中，数组下标总是从0开始，因此该数组的10个元素分别为ndigit[0]、ndigit[1]、…、ndigit[9]，这可以通过初始化和打印数组的两个for循环语句反映出来。

数组下标可以是任何整型表达式，包括整型变量（如i）以及整型常量。

22 该程序的执行取决于数字的字符表示属性。例如，测试语句

```
if (c >= '0' && c <= '9') ...
```

用于判断c中的字符是否为数字。如果它是数字，那么该数字对应的数值是

```
c - '0'
```

只有当'0'、'1'、…、'9'具有连续递增的值时，这种做法才可行。幸运的是，所有的字符集都是这样的。

由定义可知，char类型的字符是小整型，因此char类型的变量和常量在算术表达式中等价于int类型的变量和常量。这样做既自然又方便，例如，c-'0'是一个整型表达式，如果存储在c中的字符是'0'~'9'，其值将为0~9，因此可以充当数组ndigit的合法下标。

判断一个字符是数字、空白符还是其他字符的功能可以由下列语句序列完成：

```
if (c >= '0' && c <= '9')
    ++ndigit[c-'0'];
else if (c == ' ' || c == '\n' || c == '\t')
    ++nwhite;
else
    ++nother;
```

程序中经常使用下列方式表示多路判定：

```
if(条件₁)
    语句₁
else if(条件₂)
    语句₂
...
...
else
    语句ₙ
```

在这种方式中，各条件从前往后依次求值，直到满足某个条件，然后执行对应的语句部分。这部分语句执行完成后，整个语句体执行结束（其中的任何语句都可以是括在花括号中的若干条语句）。如果所有条件都不满足，则执行位于最后一个else之后的语句（如果有的话）。

类似于前面的单词计数程序，如果没有最后一个else及对应的语句，该语句体将不执行任何动作。在第一个if与最后一个else之间可以有0个或多个下列形式的语句序列：

```
else if(条件)
    语句
```

就程序设计风格而言，我们建议读者采用上面所示的缩进格式以体现该结构的层次关系。否则，如果每个if都比前一个else向里缩进一些距离，那么较长的判定序列就可能超出页面的右边界。 23

第3章将讨论的switch语句提供了编写多路分支程序的另一种方式，它特别适合于判定某个整型或字符表达式是否与一个常量集合中的某个元素相匹配的情况。我们将在3.4节给出用switch语句编写的该程序的另一个版本，与此进行比较。

练习1-13　编写一个程序，打印输入中单词长度的直方图。水平方向的直方图比较容易绘制，垂直方向的直方图则要困难些。

练习1-14　编写一个程序，打印输入中各个字符出现频度的直方图。

1.7　函数

C语言中的函数等价于Fortran语言中的子程序或函数，也等价于Pascal语言中的过程或函数。函数为计算的封装提供了一种简便的方法，此后使用函数时不需要考虑它是如何实现的。使用设计正确的函数，程序员无需考虑功能是如何实现的，而只需知道它具有哪些功能就够了。在C语言中可以简单、方便、高效地使用函数。我们经常会看到在定义后仅调用了一次的短函数，这样做可以使代码段更清晰易读。

到目前为止，我们所使用的函数（如printf、getchar和putchar等）都是函数库中提供的函数。现在，让我们自己动手来编写一些函数。C语言没有像Fortran语言一样提供类似于**的求幂运算符，我们现在通过编写一个求幂的函数power(m,n)来说明函数定义的方法。power(m,n)函数用于计算整数m的n次幂，其中n是正整数。对函数调用power(2,5)来说，其结果值为32。该函数并非一个实用的求幂函数，它只能处理较小的整数的正整数次幂，但这对于说明问题已足够了。(标准库中提供了一个计算x^y的函数pow (x,y)。)

下面是函数power(m,n)的定义及调用它的主程序，这样我们可以看到一个完整的程序结构。

```
#include <stdio.h>

int power(int m, int n);

/*  测试power函数  */
main()
{
    int i;

    for (i = 0; i < 10; ++i)
        printf("%d %d %d\n", i, power(2,i), power(-3,i));
    return 0;
}
/*  power函数：求底数的n次幂；其中 n >= 0  */
int power(int base, int n)
```

24

```
{
    int i, p;

    p = 1;
    for (i = 1; i <= n; ++i)
        p = p * base;
    return p;
}
```

函数定义的一般形式为：

```
返回值类型 函数名(0个或多个参数声明)
{
    声明部分
    语句序列
}
```

函数定义可以以任意次序出现在一个源文件或多个源文件中，但同一函数不能分割存放在多个文件中。如果源程序分散在多个文件中，那么，在编译和加载时，就需要做更多的工作，但这是操作系统的原因，并不是语言的属性决定的。我们暂且假定将main和power这两个函数放在同一文件中，这样前面所学的有关运行C语言程序的知识仍然有效。

main函数在下列语句中调用了两次power函数：

```
printf("%d %d %d\n", i, power(2,i), power(-3,i));
```

每次调用时，main函数向power函数传递两个参数；在调用执行完成时，power函数向main函数返回一个格式化的整数并打印。在表达式中，power(2,i)同2和i一样都是整数(并不是所有函数的结果都是整型值，我们将在第4章中讨论)。

power函数的第一行语句

```
int power(int base, int n)
```

声明参数的类型、名字以及该函数返回结果的类型。power函数的参数使用的名字只在power函数内部有效，对其他任何函数都是不可见的：其他函数可以使用与之相同的参数名字而不会引起冲突。变量i与p也是这样：power函数中的i与main函数中的i无关。

我们通常把函数定义中圆括号内列表中出现的变量称为*形式参数*，而把函数调用中与形式参数对应的值称为*实际参数*。

power函数计算所得的结果通过return语句返回给main函数。关键字return的后面可以跟任何表达式，形式为：

25

```
return 表达式;
```

函数不一定都有返回值。不带表达式的return语句将把控制权返回给调用者，但不返回有用的值。这等同于在到达函数的右终结花括号时，函数就“到达了尽头”。主调函数也可以忽略函数返回的值。

读者可能已经注意到，main函数的末尾有一个return语句。由于main本身也是函数，因此也可以向其调用者返回一个值，该调用者实际上就是程序的执行环境。一般来说，返回值为0表示正常终止，返回值为非0表示出现异常情况或出错结束条件。为简洁起见，前面的main函数都省略了return语句，但我们将在以后的main函数中包含return语句，以提醒大家注意，程序还要向其执行环境返回状态。

出现在main函数之前的声明语句

```
int power(int m, int n);
```

表明power函数有两个int类型的参数，并返回一个int类型的值。这种声明称为*函数原型*，它必须与power函数的定义和用法一致。如果函数的定义、用法与函数原型不一致，将出现错误。

函数原型与函数声明中参数名不要求相同。事实上，函数原型中的参数名是可选的，这样上面的函数原型也可以写成以下形式：

```
int power(int, int);
```

但是，合适的参数名能够起到很好的说明性作用，因此我们在函数原型中总是指明参数名。

回顾一下，ANSI C同较早版本C语言之间的最大区别在于函数的声明与定义方式的不同。按照C语言的最初定义，power函数应该写成下列形式：

```
/*  power函数：求底数的n次幂；n > = 0  */
/*  （早期C语言版本中的实现方法）  */
power(base, n)
int base, n;
{
    int i, p;

    p = 1;
    for (i = 1; i <= n; ++i)
        p = p * base;
    return p;
}
```

其中，参数名在圆括号内指定，参数类型在左花括号之前声明。如果没有声明某个参数的类型，则默认为int类型。函数体与ANSI C中形式相同。

在C语言的最初定义中，可以在程序的开头按照下面这种形式声明power函数： 26

```
int power();
```

函数声明中不允许包含参数列表，这样编译器就无法在此时检查power函数调用的合法性。事实上，power函数在默认情况下将被假定返回int类型的值，因此整个函数的声明可以全部省略。

在ANSI C中定义的函数原型语法中，编译器可以很容易检测出函数调用中参数数目和类型方面的错误。ANSI C仍然支持旧式的函数声明与定义，这样至少可以有一个过渡阶段。但我们还是强烈建议读者：在使用新式的编译器时，最好使用新式的函数原型声明方式。

练习1-15　重新编写1.2节中的温度转换程序，使用函数实现温度转换计算。

1.8　参数——传值调用

习惯其他语言（特别是Fortran语言）的程序员可能会对C语言的函数参数传递方式感到陌生。在C语言中，所有函数参数都是“通过值”传递的。也就是说，传递给被调用函数的参数值存放在临时变量中，而不是存放在原来的变量中。这与其他某些语言是不同的，比如，Fortran等语言是“通过引用调用”，Pascal则采用var参数的方式，在这些语言中，被调用的函数必须访问原始参数，而不是访问参数的本地副本。

最主要的区别在于，在C语言中，被调用函数不能直接修改主调函数中变量的值，而只能修改其私有的临时副本的值。

传值调用的利大于弊。在被调用函数中，参数可以看作是便于初始化的局部变量，因此额外使用的变量更少，这样程序可以更紧凑简洁。例如，下面的这个power函数利用了这一性质：

```
/*  power函数：求底数的n次幂；n>=0；版本2  */
int power(int base, int n)
{
    int p;

    for (p = 1; n > 0; --n)
        p = p * base;
    return p;
}
```

其中，参数n用作临时变量，并通过随后执行的for循环语句递减，直到其值为0，这样就不需要额外引入变量i。power函数内部对n的任何操作不会影响到调用函数中n的原始参数值。

27 必要时，也可以让函数能够修改主调函数中的变量。这种情况下，调用者需要向被调用函数提供待设置值的变量的地址（从技术角度看，地址就是指向变量的指针），而被调用函数则需要将对应的参数声明为指针类型，并通过它间接访问变量。我们将在第5章中讨论指针。

如果是数组参数，情况就有所不同了。当把数组名用作参数时，传递给函数的值是数组起始元素的位置或地址——它并不复制数组元素本身。在被调用函数中，可以通过数组下标访问或修改数组元素的值。这是下一节将要讨论的问题。

1.9 字符数组

字符数组是C语言中最常用的数组类型。下面我们通过编写一个程序，来说明字符数组以及操作字符数组的函数的用法。该程序读入一组文本行，并把最长的文本行打印出来。该算法的基本框架非常简单：

```
while (还有未处理的行)
if (该行比已处理的最长行还要长)
        保存该行
        保存该行的长度
打印最长的行
```

从上面的框架中很容易看出，程序很自然地分成了若干片断，分别用于读入新行、测试读入的行、保存该行，其余部分则控制这一过程。

因为这种划分方式比较合理，所以可以按照这种方式编写程序。首先，我们编写一个独立的函数getline，它读取输入的下一行。我们尽量保持该函数在其他场合也有用。至少getline函数应该在读到文件末尾时返回一个信号；更为有用的设计是它能够在读入文本行时返回该行的长度，而在遇到文件结束符时返回0。由于0不是有效的行长度，因此可以作为标志文件结束的返回值。每一行至少包括一个字符，只包含换行符的行，其长度为1。

当发现某个新读入的行比以前读入的最长行还要长时，就需要把该行保存起来。也就是说，我们需要用另一个函数copy把新行复制到一个安全的位置。

最后，我们需要在主函数main中控制getline和copy这两个函数。以下便是我们编写的程序： 28

```
#include <stdio.h>
#define MAXLINE 1000    /*  允许的输入行的最大长度  */

int getline(char line[], int maxline);
void copy(char to[], char from[]);

/*  打印最长的输入行  */
main()
{
    int len;              /*  当前行长度  */
    int max;              /*  目前为止发现的最长行的长度  */
    char line[MAXLINE];     /*  当前的输入行  */
    char longest[MAXLINE];  /*  用于保存最长的行  */

    max = 0;
    while ((len = getline(line, MAXLINE)) > 0)
        if (len > max) {
            max = len;
            copy(longest, line);
        }
    if (max > 0)    /*  存在这样的行  */
        printf("%s", longest);
    return 0;
}

/*  getline函数：将一行读入到s中并返回其长度  */
int getline(char s[], int lim)
{
    int c, i;

    for (i=0; i<lim-1 && (c=getchar())!=EOF && c!='\n'; ++i)
        s[i] = c;
    if (c == '\n') {
        s[i] = c;
        ++i;
    }
    s[i] = '\0';
    return i;
}

/*  copy函数：将from复制到to；这里假定to足够大  */
void copy(char to[], char from[])
{
    int i;

    i = 0;
    while ((to[i] = from[i]) != '\0')
        ++i;
}
```

29

程序的开始对getline和copy这两个函数进行了声明，这里假定它们都存放在同一个文件中。

main与getline之间通过一对参数及一个返回值进行数据交换。在getline函数中，两个参数是通过程序行

```
int getline(char s[], int lim)
```

声明的，它把第一个参数s声明为数组，把第二个参数lim声明为整型。声明中提供数组大小的目的是留出存储空间。在getline函数中没有必要指明数组s的长度，这是因为该数组的大小是在main函数中设置的。如同power函数一样，getline函数使用了一个return语句将值返回给其调用者。上述程序行也声明了getline函数的返回值类型为int。由于函数的默认返回值类型为int，因此这里的int可以省略。

有些函数返回有用的值，而有些函数（如copy）仅用于执行一些动作，并不返回值。copy函数的返回值类型为void，它显式说明该函数不返回任何值。

getline函数把字符'\0'（即空字符，其值为0）插入到它创建的数组的末尾，以标记字符串的结束。这一约定已被C语言采用：当在C语言程序中出现类似于

```
"hello\n"
```

的字符串常量时，它将以字符数组的形式存储，数组的各元素分别存储字符串的各个字符，并以'\0'标志字符串的结束。

h	e	l	l	o	\n	\0

printf函数中的格式规范%s规定，对应的参数必须是以这种形式表示的字符串。copy函数的实现正是依赖于输入参数由'\0'结束这一事实，它将'\0'拷贝到输出参数中。（也就是说，空字符'\0'不是普通文本的一部分。）

值得一提的是，即使是上述这样很小的程序，在传递参数时也会遇到一些麻烦的设计问题。例如，当读入的行长度大于允许的最大值时，main函数应该如何处理？getline函数的执行是安全的，无论是否到达换行符字符，当数组满时它将停止读字符。main函数可以通过测试行的长度以及检查返回的最后一个字符来判定当前行是否太长，然后再根据具体的情况处理。为了简化程序，我们在这里不考虑这个问题。

调用getline函数的程序无法预先知道输入行的长度，因此getline函数需要检查是否溢出。另一方面，调用copy函数的程序知道（也可以找出）字符串的长度，因此该函数不需要进行错误检查。

练习1-16 修改打印最长文本行的程序的主程序main，使之可以打印任意长度的输入行
30 的长度，并尽可能多地打印文本。

练习1-17 编写一个程序，打印长度大于80个字符的所有输入行。

练习1-18 编写一个程序，删除每个输入行末尾的空格及制表符，并删除完全是空格的行。

练习1-19 编写函数reverse(s)，将字符串s中的字符顺序颠倒过来。使用该函数编写一个程序，每次颠倒一个输入行中的字符顺序。

1.10 外部变量与作用域

main函数中的变量（如line、longest等）是main函数的私有变量或局部变量。由于

它们是在main函数中声明的，因此其他函数不能直接访问它们。其他函数中声明的变量也同样如此。例如，getline函数中声明的变量i与copy函数中声明的变量i没有关系。函数中的每个局部变量只在函数被调用时存在，在函数执行完毕退出时消失。这也是其他语言通常把这类变量称为自动变量的原因。以后我们使用“自动变量”代表“局部变量”。(第4章将讨论static存储类，这种类型的局部变量在多次函数调用之间保持值不变。)

由于自动变量只在函数调用执行期间存在，因此，在函数的两次调用之间，自动变量不保留前次调用时的赋值，且在每次进入函数时都要显式为其赋值。如果自动变量没有赋值，则其中存放的是无效值。

除自动变量外，还可以定义位于所有函数外部的变量，也就是说，在所有函数中都可以通过变量名访问这种类型的变量（这一机制同Fortran语言中的COMMON变量或Pascal语言中最外层程序块声明的变量非常类似）。由于外部变量可以在全局范围内访问，因此，函数间可以通过外部变量交换数据，而不必使用参数表。再者，外部变量在程序执行期间一直存在，而不是在函数调用时产生、在函数执行完毕时消失。即使在对外部变量赋值的函数返回后，这些变量仍将保持原来的值不变。

外部变量必须定义在所有函数之外，且只能定义一次，定义后编译程序将为它分配存储单元。在每个需要访问外部变量的函数中，必须声明相应的外部变量，此时说明其类型。声明时可以用extern语句显式声明，也可以通过上下文隐式声明。为了更详细地讨论外部变量，我们改写上述打印最长文本行的程序，把line、longest与max声明成外部变量。这需要修改这3个函数的调用、声明与函数体。 31

```
#include <stdio.h>

#define MAXLINE 1000      /*  允许的输入行的最大长度   */

int max;                  /*  到目前为止发现的最长行的长度   */
char line[MAXLINE];       /*  当前的输入行   */
char longest[MAXLINE];    /*  用于保存最长的行   */

int getline(void);
void copy(void);


/*  打印最长的输入行；特别版本   */
main()
{
    int len;
    extern int max;
    extern char longest[];

    max = 0;
    while ((len = getline()) > 0)
        if (len > max) {
            max = len;
            copy();
        }
    if (max > 0)      /*  存在这样的行   */
        printf("%s", longest);
    return 0;
```

```
}

/*  getline函数：特别版本  */
int getline(void)
{
    int c, i;
    extern char line[];

    for (i = 0; i < MAXLINE-1
        && (c=getchar()) != EOF && c != '\n'; ++i)
            line[i] = c;
    if (c == '\n') {
        line[i] = c;
        ++i;
    }
    line[i] = '\0';
    return i;
}
/*  copy函数：特别版本  */
void copy(void)
{
    int i;
    extern char line[], longest[];

    i = 0;
    while ((longest[i] = line[i]) != '\0')
        ++i;
}
```

32

在该例子中，前几行定义了main、getline与copy函数使用的几个外部变量，声明了各外部变量的类型，这样编译程序将为它们分配存储单元。从语法角度看，外部变量的定义与局部变量的定义是相同的，但由于它们位于各函数的外部，因此这些变量是外部变量。函数在使用外部变量之前，必须要知道外部变量的名字。要达到该目的，一种方式是在函数中使用extern类型的声明。这种类型的声明除了在前面加了一个关键字extern外，其他方面与普通变量的声明相同。

某些情况下可以省略extern声明。在源文件中，如果外部变量的定义出现在使用它的函数之前，那么在那个函数中就没有必要使用extern声明。因此，main、getline及copy中的几个extern声明都是多余的。在通常的做法中，所有外部变量的定义都放在源文件的开始处，这样就可以省略extern声明。

如果程序包含在多个源文件中，而某个变量在*file1*文件中定义、在*file2*和*file3*文件中使用，那么在文件*file2*与*file3*中就需要使用extern声明来建立该变量与其定义之间的联系。人们通常把变量和函数的extern声明放在一个单独的文件中（习惯上称之为头文件），并在每个源文件的开头使用#include语句把所要用的头文件包含进来。后缀名.h约定为头文件名的扩展名。例如，标准库中的函数就是在类似于<stdio.h>的头文件中声明的。更详细的信息将在第4章中讨论，第7章及附录B将讨论函数库。

在上述特别版本中，由于getline与copy函数都不带参数，因此从逻辑上讲，在源文件开始处它们的原型应该是getline()与copy()。但为了与老版本的C语言程序兼容，ANSI

C语言把空参数表看成老版本C语言的声明方式，并且对参数表不再进行任何检查。在ANSI C中，如果要声明空参数表，则必须使用关键字void进行显式声明。第4章将对此进一步讨论。

读者应该注意到，这一节中我们在谈论外部变量时谨慎地使用了定义（define）与声明（declaration）这两个词。“定义”表示创建变量或分配存储单元，而“声明”指的是说明变量的性质，但并不分配存储单元。

顺便提一下，现在越来越多的人把用到的所有东西都作为外部变量使用，因为似乎这样可以简化数据的通信——参数表变短了，且在需要时总可以访问这些变量。但是，即使在不 33 使用外部变量的时候，它们也是存在的。过分依赖外部变量会导致一定的风险，因为它会使程序中的数据关系模糊不清——外部变量的值可能会被意外地或不经意地修改，而程序的修改又变得十分困难。我们前面编写的打印最长文本行的程序的第2个版本就不如第1个版本好，原因有两方面，其一便是使用了外部变量；另一方面，第2个版本中的函数将它们所操纵的变量名直接写入了函数，从而使这两个有用的函数失去了通用性。

到目前为止，我们已经对C语言的传统核心部分进行了介绍。借助于这些少量的语言元素，我们已经能够编写出相当规模的有用的程序。建议读者花一些时间编写程序作为练习。下面的几个练习比本章前面编写的程序要复杂一些。

练习1-20 编写程序detab，将输入中的制表符替换成适当数目的空格，使空格充满到下一个制表符终止位的地方。假设制表符终止位的位置是固定的，比如每隔*n*列就会出现一个制表符终止位。*n*应该作为变量还是符号常量呢？

练习1-21 编写程序entab，将空格串替换为最少数量的制表符和空格，但要保持单词之间的间隔不变。假设制表符终止位的位置与练习1-20的detab程序的情况相同。当使用一个制表符或者一个空格都可以到达下一个制表符终止位时，选用哪一种替换字符比较好？

练习1-22 编写一个程序，把较长的输入行“折”成短一些的两行或多行，折行的位置在输入行的第*n*列之前的最后一个非空格之后。要保证程序能够智能地处理输入行很长以及在指定的列前没有空格或制表符时的情况。

练习1-23 编写一个删除C语言程序中所有的注释语句。要正确处理带引号的字符串与字符常量。在C语言中，注释不允许嵌套。

练习1-24 编写一个程序，查找C语言程序中的基本语法错误，如圆括号、方括号、花括号不配对等。要正确处理引号（包括单引号和双引号）、转义字符序列与注释。（如果读者想把该程序编写成完全通用的程序，难度会比较大。） 34

第2章 类型、运算符与表达式

变量和常量是程序处理的两种基本数据对象。声明语句说明变量的名字及类型，也可以指定变量的初值。运算符指定将要进行的操作。表达式则把变量与常量组合起来生成新的值。对象的类型决定该对象可取值的集合以及可以对该对象执行的操作。本章将详细讲述这些内容。

ANSI标准对语言的基本类型与表达式做了许多小的修改与增补。所有整型都包括`signed`（带符号）和`unsigned`（无符号）两种形式，且可以表示无符号常量与十六进制字符常量。浮点运算可以以单精度进行，还可以使用更高精度的`long double`类型运算。字符串常量可以在编译时连接。ANSI C还支持枚举类型，该语言特性经过了长期的发展才形成。对象可以声明为`const`（常量）类型，表明其值不能修改。该标准还对算术类型之间的自动强制转换规则进行了扩充，以适合于更多的数据类型。

2.1 变量名

对变量的命名与符号常量的命名存在一些限制条件，这一点我们在第1章没有说明。名字是由字母和数字组成的序列，但其第一个字符必须为字母。下划线“_”被看做是字母，通常用于命名较长的变量名，以提高其可读性。由于库例程的名字通常以下划线开头，因此变量名不要以下划线开头。大写字母与小写字母是有区别的，所以，`x`与`X`是两个不同的名字。在传统的C语言用法中，变量名使用小写字母，符号常量名全部使用大写字母。

对于内部名而言，至少前31个字符是有效的。函数名与外部变量名包含的字符数目可能小于31，这是因为汇编程序和加载程序可能会使用这些外部名，而语言本身是无法控制加载和汇编程序的。对于外部名，ANSI标准仅保证前6个字符的惟一性，并且不区分大小写。类似于`if`、`else`、`int`、`float`等关键字是保留给语言本身使用的，不能把它们用做变量名。所有关键字中的字符都必须小写。 35

选择的变量名要能够尽量从字面上表达变量的用途，这样做不容易引起混淆。局部变量一般使用较短的变量名（尤其是循环控制变量），外部变量使用较长的名字。

2.2 数据类型及长度

C语言只提供了下列几种基本数据类型：

`char` 字符型，占用一个字节，可以存放本地字符集中的一个字符

`int` 整型，通常反映了所用机器中整数的最自然长度

float　单精度浮点型

double　双精度浮点型

此外，还可以在这些基本数据类型的前面加上一些限定符。short与long两个限定符用于限定整型：

```
short int sh;
long int counter;
```

在上述这种类型的声明中，关键字int可以省略。通常很多人也习惯这么做。

short与long两个限定符的引入可以为我们提供满足实际需要的不同长度的整型数。int通常代表特定机器中整数的自然长度。short类型通常为16位，long类型通常为32位，int类型可以为16位或32位。各编译器可以根据硬件特性自主选择合适的类型长度，但要遵循下列限制：short与int类型至少为16位，而long类型至少为32位，并且short类型不得长于int类型，而int类型不得长于long类型。

类型限定符signed与unsigned可用于限定char类型或任何整型。unsigned类型的数总是正值或0，并遵守算术模2^n定律，其中n是该类型占用的位数。例如，如果char对象占用8位，那么unsigned char类型变量的取值范围为0~255，而signed char类型变量的取值范围则为-128~127（在采用对二的补码的机器上）。不带限定符的char类型对象是否带符号则取决于具体机器，但可打印字符总是正值。

long double类型表示高精度的浮点数。同整型一样，浮点型的长度也取决于具体的实现，float、double与long double类型可以表示相同的长度，也可以表示两种或三种不同的长度。

有关这些类型长度定义的符号常量以及其他与机器和编译器有关的属性可以在标准头文件<limits.h>与<float.h>中找到，这些内容将在附录B中讨论。

36 **练习2-1**　编写一个程序以确定分别由signed及unsigned限定的char、short、int与long类型变量的取值范围。采用打印标准头文件中的相应值以及直接计算两种方式实现。后一种方法的实现较困难一些，因为要确定各种浮点类型的取值范围。

2.3 常量

类似于1234的整数常量属于int类型。long类型的常量以字母l或L结尾，如123456789L。如果一个整数太大以至于无法用int类型表示时，也将被当作long类型处理。无符号常量以字母u或U结尾。后缀ul或UL表明是unsigned long类型。

浮点数常量中包含一个小数点（如123.4）或一个指数（如1e-2），也可以两者都有。没有后缀的浮点数常量为double类型。后缀f或F表示float类型，而后缀l或L则表示long double类型。

整型数除了用十进制表示外，还可以用八进制或十六进制表示。带前缀0的整型常量表示它为八进制形式；前缀为0x或0X，则表示它为十六进制形式。例如，十进制数31可以写成八进制形式037，也可以写成十六进制形式0x1f或0X1F。八进制与十六进制的常量也可以使用后缀L表示long类型，使用后缀U表示unsigned类型。例如，0XFUL是一个unsigned long类型（无符号长整型）的常量，其值等于十进制数15。

一个字符常量是一个整数，书写时将一个字符括在单引号中，如'x'。字符在机器字符集中的数值就是字符常量的值。例如，在ASCII字符集中，字符'0'的值为48，它与数值0没有关系。如果用字符'0'代替这个与具体字符集有关的值（比如48），那么，程序就无需关心该字符对应的具体值，增加了程序的易读性。字符常量一般用来与其他字符进行比较，但也可以像其他整数一样参与数值运算。

某些字符可以通过转义字符序列（例如，换行符\n）表示为字符和字符串常量。转义字符序列看起来像两个字符，但只表示一个字符。另外，我们可以用

'*ooo*'

表示任意的字节大小的位模式。其中，*ooo*代表1~3个八进制数字（0…7）。这种位模式还可以用

'\\x*hh*'

表示，其中，*hh*是一个或多个十六进制数字（0…9，a…f，A…F）。因此，我们可以按照下列形式书写语句：

```
#define VTAB '\013'    /*  ASCII纵向制表符  */
#define BELL '\007'    /*  ASCII响铃符  */
```

上述语句也可以用十六进制的形式书写为：

```
#define VTAB '\xb'    /*  ASCII纵向制表符  */
#define BELL '\x7'    /*  ASCII响铃符  */
```

37

ANSI C语言中的全部转义字符序列如下所示：

\a	响铃符	\\	反斜杠
\b	回退符	\?	问号
\f	换页符	\'	单引号
\n	换行符	\"	双引号
\r	回车符	*ooo*	八进制数
\t	横向制表符	\x*hh*	十六进制数
\v	纵向制表符		

字符常量'\0'表示值为0的字符，也就是空字符（null）。我们通常用'\0'的形式代替0，以强调某些表达式的字符属性，但其数字值为0。

*常量表达式*是仅仅只包含常量的表达式。这种表达式在编译时求值，而不在运行时求值。它可以出现在常量可以出现的任何位置，例如：

```
#define MAXLINE 1000
char line[MAXLINE+1];
```

或

```
#define LEAP 1   /*  闰年  */
int days[31+28+LEAP+31+30+31+30+31+31+30+31+30+31];
```

字符串常量也叫字符串字面值，是用双引号括起来的0个或多个字符组成的字符序列。例如：

```
"I am a string"
```

或

```
""   /*  空字符串  */
```

都是字符串。双引号不是字符串的一部分，它只用于限定字符串。字符常量中使用的转义字符序列同样也可以用在字符串中。在字符串中使用\"表示双引号字符。编译时可以将多个字符串常量连接起来，例如，下列形式：

```
"hello," " world"
```

等价于

```
"hello, world"
```

字符串常量的连接为将较长的字符串分散在若干个源文件行中提供了支持。

从技术角度看，字符串常量就是字符数组。字符串的内部表示使用一个空字符'\0'作为串的结尾，因此，存储字符串的物理存储单元数比括在双引号中的字符数多一个。这种表示方法也说明，C语言对字符串的长度没有限制，但程序必须扫描完整个字符串后才能确定字符
38 串的长度。标准库函数strlen(s)可以返回字符串参数s的长度，但长度不包括末尾的'\0'。下面是我们设计的strlen函数的一个版本：

```
/*  strlen函数：返回s的长度  */
int strlen(char s[])
{
    int i;

    i = 0;
    while (s[i] != '\0')
        ++i;
    return i;
}
```

标准头文件<string.h>中声明了strlen和其他字符串函数。

我们应该搞清楚字符常量与仅包含一个字符的字符串之间的区别：'x'与"x"是不同的。前者是一个整数，其值是字母x在机器字符集中对应的数值（内部表示值）；后者是一个包含一个字符（即字母x）以及一个结束符'\0'的字符数组。

枚举常量是另外一种类型的常量。枚举是一个常量整型值的列表，例如：

```
enum boolean { NO, YES };
```

在没有显式说明的情况下，enum类型中第一个枚举名的值为0，第二个为1，依此类推。如果只指定了部分枚举名的值，那么未指定值的枚举名的值将依着最后一个指定值向后递增，参看下面两个例子中的第二个例子：

```
enum escapes { BELL = '\a', BACKSPACE = '\b', TAB = '\t',
               NEWLINE = '\n', VTAB = '\v', RETURN = '\r' };
```

```
enum months { JAN = 1, FEB, MAR, APR, MAY, JUN,
              JUL, AUG, SEP, OCT, NOV, DEC };
                   /* FEB的值为2，MAR的值为3，依此类推 */
```

不同枚举中的名字必须互不相同。同一枚举中不同的名字可以具有相同的值。

枚举为建立常量值与名字之间的关联提供了一种便利的方式。相对于#define语句来说，它的优势在于常量值可以自动生成。尽管可以声明enum类型的变量，但编译器不检查这种类型的变量中存储的值是否为该枚举的有效值。不过，枚举变量提供这种检查，因此枚举比#define更具优势。此外，调试程序可以以符号形式打印出枚举变量的值。 39

2.4 声明

所有变量都必须先声明后使用，尽管某些变量可以通过上下文隐式地声明。一个声明指定一种变量类型，后面所带的变量表可以包含一个或多个该类型的变量。例如：

```
int  lower, upper, step;
char c, line[1000];
```

一个声明语句中的多个变量可以拆开在多个声明语句中声明。上面的两个声明语句也可以等价地写成下列形式：

```
int  lower;
int  upper;
int  step;
char c;
char line[1000];
```

按照这种形式书写代码需要占用较多的空间，但便于向各声明语句中添加注释，也便于以后修改。

还可以在声明的同时对变量进行初始化。在声明中，如果变量名的后面紧跟一个等号以及一个表达式，该表达式就充当对变量进行初始化的初始化表达式。例如：

```
char  esc = '\\';
int   i = 0;
int   limit = MAXLINE+1;
float eps = 1.0e-5;
```

如果变量不是自动变量，则只能进行一次初始化操作，从概念上讲，应该是在程序开始执行之前进行，并且初始化表达式必须为常量表达式。每次进入函数或程序块时，显式初始化的自动变量都将被初始化一次，其初始化表达式可以是任何表达式。默认情况下，外部变量与静态变量将被初始化为0。未经显式初始化的自动变量的值为未定义值（即无效值）。

任何变量的声明都可以使用const限定符限定。该限定符指定变量的值不能被修改。对数组而言，const限定符指定数组所有元素的值都不能被修改：

```
const double e = 2.71828182845905;
const char msg[] = "warning: ";
```

const限定符也可配合数组参数使用，它表明函数不能修改数组元素的值：

```
int strlen(const char[]);
```

40 如果试图修改const限定符限定的值，其结果取决于具体的实现。

2.5 算术运算符

二元算术运算符包括：+、-、*、/、%（取模运算符）。整数除法会截断结果中的小数部分。表达式

```
x % y
```

的结果是x除以y的余数，当x能被y整除时，其值为0。例如，如果某一年的年份能被4整除但不能被100整除，那么这一年就是闰年，此外，能被400整除的年份也是闰年。因此，可以用下列语句判断闰年：

```
if ((year % 4 == 0 && year % 100 != 0) || year % 400 == 0)
    printf("%d is a leap year\n", year);
else
    printf("%d is not a leap year\n", year);
```

取模运算符%不能应用于float或double类型。在有负操作数的情况下，整数除法截取的方向以及取模运算结果的符号取决于具体机器的实现，这和处理上溢或下溢的情况是一样的。

二元运算符+和-具有相同的优先级，它们的优先级比运算符 *、/和%的优先级低，而运算符*、/和%的优先级又比一元运算符+和-的优先级低。算术运算符采用从左到右的结合规则。

本章末尾的表2-1完整总结了所有运算符的优先级和结合律。

2.6 关系运算符与逻辑运算符

关系运算符包括下列几个运算符：

```
>   >=   <   <=
```

它们具有相同的优先级。优先级仅次于它们的是相等性运算符：

```
==  !=
```

关系运算符的优先级比算术运算符低。因此，表达式i < lim-1等价于i < (lim-1)。

逻辑运算符&&与||有一些较为特殊的属性。由&&与||连接的表达式按从左到右的顺序进行求值，并且，在知道结果值为真或假后立即停止计算。绝大多数C语言程序运用了这些属性。例如，下列在功能上与第1章的输入函数getline中的循环语句等价的循环语句：

```
for (i=0; i<lim-1 && (c=getchar()) != '\n' && c != EOF; ++i)
    s[i] = c;
```

在读入一个新字符之前必须先检查数组s中是否还有空间存放这个字符，因此必须首先测试条件
41 件i<lim-1。如果这一测试失败，就没有必要继续读入下一字符。

类似地，如果在调用getchar函数之前就测试c是否为EOF，结果也是不正确的，因此，函数的调用与赋值都必须在对c中的字符进行测试之前进行。

运算符&&的优先级比||的优先级高，但两者都比关系运算符和相等性运算符的优先级低。因此，表达式

```
i<lim-1 && (c = getchar()) != '\n' && c != EOF
```

就不需要另外加圆括号了。但是，由于运算符!=的优先级高于赋值运算符的优先级，因此，在表达式

```
(c = getchar()) != '\n'
```

中，就需要使用圆括号，这样才能达到预期的目的：先把函数返回值赋值给c，然后再将c与'\n'进行比较。

根据定义，在关系表达式或逻辑表达式中，如果关系为真，则表达式的结果值为数值1；如果为假，则结果值为数值0。

逻辑非运算符!的作用是将非0操作数转换为0，将操作数0转换为1。该运算符通常用于下列类似的结构中：

```
if (!valid)
```

一般不采用下列形式：

```
if (valid == 0)
```

当然，很难评判上述两种形式哪种更好。类似于!valid的用法读起来更直观一些（“如果不是有效的”），但对于一些更复杂的结构可能会难于理解。

练习2-2 在不使用运算符&&或||的条件下编写一个与上面的for循环语句等价的循环语句。

2.7 类型转换

当一个运算符的几个操作数类型不同时，就需要通过一些规则把它们转换为某种共同的类型。一般来说，自动转换是指把“比较窄的”操作数转换为“比较宽的”操作数，并且不丢失信息的转换，例如，在计算表达式f+i时，将整型变量i的值自动转换为浮点型（这里的变量f为浮点型）。不允许使用无意义的表达式，例如，不允许把float类型的表达式作为下标。针对可能导致信息丢失的表达式，编译器可能会给出警告信息，比如把较长的整型值赋给较短的整型变量，把浮点型值赋值给整型变量，等等，但这些表达式并不非法。

由于char类型就是较小的整型，因此在算术表达式中可以自由使用char类型的变量，这就为实现某些字符转换提供了很大的灵活性。比如，下面的函数atoi就是一例，它将一串数字转换为相应的数值： 42

```
/*  atoi函数：将字符串s转换为相应的整型数   */
int atoi(char s[])
{
    int i, n;

    n = 0;
    for (i = 0; s[i] >= '0' && s[i] <= '9'; ++i)
```

```
        n = 10 * n + (s[i] - '0');
    return n;
}
```

我们在第1章讲过，表达式

```
s[i] - '0'
```

能够计算出s[i]中存储的字符所对应的数字值，这是因为'0'、'1'等在字符集中对应的数值是一个连续的递增序列。

函数lower是将char类型转换为int类型的另一个例子，它将ASCII字符集中的字符映射到对应的小写字母。如果待转换的字符不是大写字母，lower函数将返回字符本身。

```
 /*  lower函数：把字符c转换为小写形式；只对ASCII字符集有效 */
int lower(int c)
{
    if (c >= 'A' && c <= 'Z')
        return c + 'a' - 'A';
    else
        return c;
}
```

上述这个函数是为ASCII字符集设计的。在ASCII字符集中，大写字母与对应的小写字母作为数字值来说具有固定的间隔，并且每个字母表都是连续的——也就是说，在A~Z之间只有字母。但是，后面一点对EBCDIC字符集是不成立的，因此这一函数作用在EBCDIC字符集中就不仅限于转换字母的大小写。

附录B介绍的标准头文件<ctype.h>定义了一组与字符集无关的测试和转换函数。例如，tolower(c)函数将c转换为小写形式（如果c为大写形式的话），可以使用tolower替代上述lower函数。类似地，测试语句

```
c >= '0' && c <= '9'
```

可以用该标准库中的函数

```
isdigit(c)
```

替代。在本书的后续内容中，我们将使用<ctype.h>中定义的函数。

将字符类型转换为整型时，我们需要注意一点。C语言没有指定char类型的变量是无符号变量（signed）还是带符号变量（unsigned）。当把一个char类型的值转换为int类型
43 的值时，其结果有没有可能为负整数？对于不同的机器，其结果也不同，这反映了不同机器结构之间的区别。在某些机器中，如果char类型值的最左一位为1，则转换为负整数（进行“符号扩展”）。而在另一些机器中，把char类型值转换为int类型时，在char类型值的左边添加0，这样导致的转换结果值总是正值。

C语言的定义保证了机器的标准打印字符集中的字符不会是负值，因此，在表达式中这些字符总是正值。但是，存储在字符变量中的位模式在某些机器中可能是负的，而在另一些机器上可能是正的。为了保证程序的可移植性，如果要在char类型的变量中存储非字符数据，

最好指定signed或unsigned限定符。

当关系表达式（如i>j）以及由&&、||连接的逻辑表达式的判定结果为真时，表达式的值为1；当判定结果为假时，表达式的值为0。因此，对于赋值语句

```
d = c >= '0' && c <= '9'
```

来说，当c为数字时，d的值为1，否则d的值为0。但是，某些函数（比如isdigit）在结果为真时可能返回任意的非0值。在if、while、for等语句的测试部分中，“真”就意味着“非0”，这二者之间没有区别。

C语言中，很多情况下会进行隐式的算术类型转换。一般来说，如果二元运算符（具有两个操作数的运算符称为二元运算符，比如+或*）的两个操作数具有不同的类型，那么在进行运算之前先要把“较低”的类型提升为“较高”的类型。运算的结果为较高的类型。附录A.6节详细地列出了这些转换规则。但是，如果没有unsigned类型的操作数，则只要使用下面这些非正式的规则就可以了：

- 如果其中一个操作数的类型为long double，则将另一个操作数转换为long double类型；
- 如果其中一个操作数的类型为double，则将另一个操作数转换为double类型；
- 如果其中一个操作数的类型为float，则将另一个操作数转换为float类型；
- 将char与short类型的操作数转换为int类型；
- 如果其中一个操作数的类型为long，则将另一个操作数也转换为long类型。

注意，表达式中float类型的操作数不会自动转换为double类型，这一点与最初的定义有所不同。一般来说，数学函数（如标准头文件<math.h>中定义的函数）使用双精度类型的变量。使用float类型主要是为了在使用较大的数组时节省存储空间，有时也为了节省机器执行时间（双精度算术运算特别费时）。

当表达式中包含unsigned类型的操作数时，转换规则要复杂一些。主要原因在于，带符号值与无符号值之间的比较运算是与机器相关的，因为它们取决于机器中不同整数类型的大小。例如，假定int类型占16位，long类型占32位，那么，-1L<1U，这是因为unsighed int类型的1U将被提升为signed long类型；但-1L>1UL，这是因为-1L将被提升为unsigned long类型，因而成为一个比较大的正数。

赋值时也要进行类型转换。赋值运算符右边的值需要转换为左边变量的类型，左边变量的类型即赋值表达式结果的类型。 44

前面提到过，无论是否进行符号扩展，字符型变量都将被转换为整型变量。

当把较长的整数转换为较短的整数或char类型时，超出的高位部分将被丢弃。因此，下列程序段：

```
int  i;
char c;

i = c;
c = i;
```

执行后，c的值将保持不变。无论是否进行符号扩展，该结论都成立。但是，如果把两个赋值语句的次序颠倒一下，则执行后可能会丢失信息。

如果x是float类型，i是int类型，那么语句x=i与i=x在执行时都要进行类型转换。当把float类型转换为int类型时，小数部分将被截取掉；当把double类型转换为float类型时，是进行四舍五入还是截取取决于具体的实现。

由于函数调用的参数是表达式，所以在把参数传递给函数时也可能进行类型转换。在没有函数原型的情况下，char与short类型都将被转换为int类型，float类型将被转换为double类型。因此，即使调用函数的参数为char或float类型，我们也把函数参数声明为int或double类型。

最后，在任何表达式中都可以使用一个称为**强制类型转换**的一元运算符强制进行显式类型转换。在下列语句中，*表达式*将按照上述转换规则被转换为*类型名*指定的类型：

(*类型名*) *表达式*

我们可以这样来理解强制类型转换的准确含义：在上述语句中，*表达式*首先被赋值给*类型名*指定的类型的某个变量，然后再用该变量替换上述整条语句。例如，库函数sqrt的参数为double类型，如果处理不当，结果可能会无意义（sqrt在<math.h>中声明）。因此，如果n是整数，可以使用

```
sqrt((double) n)
```

在把n传递给函数sqrt之前先将其转换为double类型。注意，强制类型转换只是生成一个指定类型的n的值，n本身的值并没有改变。强制类型转换运算符与其他一元运算符具有相同的优先级，表2-1对运算符优先级进行了总结。

在通常情况下，参数是通过函数原型声明的。这样，当函数被调用时，声明将对参数进行自动强制转换。例如，对于sqrt的函数原型

```
double sqrt(double);
```

下列函数调用：

```
root2 = sqrt(2);
```

45 不需要使用强制类型转换运算符就可以自动将整数2强制转换为double类型的值2.0。

标准库中包含一个可移植的实现伪随机数发生器的函数rand以及一个初始化种子数的函数srand。前一个函数rand使用了强制类型转换。

```
unsigned long int next = 1;

/*  rand函数：返回取值在0~32767之间的伪随机数  */
int rand(void)
{
    next = next * 1103515245 + 12345;
    return (unsigned int)(next/65536) % 32768;
}

/*  srand函数：为rand()函数设置种子数  */
```

```
void srand(unsigned int seed)
{
    next = seed;
}
```

练习2-3 编写函数htoi(s)，把由十六进制数字组成的字符串（包含可选的前缀0x或0X）转换为与之等价的整型值。字符串中允许包含的数字包括：0~9、a~f以及A~F。

2.8 自增运算符与自减运算符

C语言提供了两个用于变量递增与递减的特殊运算符。自增运算符++使其操作数递增1，自减运算符--使其操作数递减1。我们经常使用++运算符递增变量的值，如下所示：

```
if (c == '\n')
    ++nl;
```

++与--这两个运算符特殊的地方主要表现在：它们既可以用作前缀运算符（用在变量前面，如++n)，也可以用作后缀运算符（用在变量后面，如n++)。在这两种情况下，其效果都是将变量n的值加1。但是，它们之间有一点不同。表达式++n先将n的值递增1，然后再使用变量n的值，而表达式n++则是先使用变量n的值，然后再将n的值递增1。也就是说，对于使用变量n的值的上下文来说，++n和n++的效果是不同的。如果n的值为5，那么

```
x = n++;
```

执行后的结果是将x的值置为5，而

```
x = ++n;
```

将x的值置为6。这两条语句执行完成后，变量n的值都是6。自增与自减运算符只能作用于变量，类似于表达式(i+j)++是非法的。 46

在不需要使用任何具体值且仅需要递增变量的情况下，前缀方式和后缀方式的效果相同。例如：

```
if (c == '\n')
    nl++;
```

但在某些情况下需要酌情考虑。例如，考虑下面的函数squeeze(s, c)，它删除字符串s中出现的所有字符c：

```
/*  squeeze函数：从字符串s中删除字符c   */
void squeeze(char s[], int c)
{
    int i, j;

    for (i = j = 0; s[i] != '\0'; i++)
        if (s[i] != c)
            s[j++] = s[i];
    s[j] = '\0';
}
```

每当出现一个不是c的字符时，该函数把它拷贝到数组中下标为j的位置，随后才将j的值增

加1，以准备处理下一个字符。其中的if语句完全等价于下列语句：

```
if (s[i] != c) {
    s[j] = s[i];
    j++;
}
```

我们在第1章中编写的函数getline是类似结构的另外一个例子。我们可以将该函数中的if语句：

```
if (c == '\n') {
    s[i] = c;
    ++i;
}
```

用下面这种更简洁的形式代替：

```
if (c == '\n')
    s[i++] = c;
```

我们再来看第三个例子。考虑标准函数strcat(s, t)，它将字符串t连接到字符串s的尾部。函数strcat假定字符串s中有足够的空间保存这两个字符串连接的结果。下面编写的

47 这个函数没有任何返回值（标准库中的该函数返回一个指向新字符串的指针）：

```
/*  strcat函数：将字符串t连接到字符串s的尾部；s必须有足够大的空间  */
void strcat(char s[], char t[])
{
    int i, j;

    i = j = 0;
    while (s[i] != '\0')       /*  判断是否为字符串s的尾部  */
        i++;
    while ((s[i++] = t[j++]) != '\0')    /*  拷贝t */
        ;
}
```

在将t中的字符逐个拷贝到s的尾部时，变量i和j使用的都是后缀运算符++，从而保证在循环过程中i与j均指向下一个位置。

练习2-4 重新编写函数squeeze(s1, s2)，将字符串s1中任何与字符串s2中字符匹配的字符都删除。

练习2-5 编写函数any(s1,s2)，将字符串s2中的任一字符在字符串s1中第一次出现的位置作为结果返回。如果s1中不包含s2中的字符，则返回-1。（标准库函数strpbrk具有同样的功能，但它返回的是指向该位置的指针。）

2.9 按位运算符

C语言提供了6个位操作运算符。这些运算符只能作用于整型操作数，即只能作用于带符号或无符号的char、short、int与long类型：

& 按位与（AND）

```
|  按位或（OR）
^  按位异或（XOR）
<<  左移
>>  右移
~  按位求反（一元运算符）
```

按位与运算符&经常用于屏蔽某些二进制位，例如：

```
n = n & 0177;
```

该语句将n中除7个低二进制位外的其他各位均置为0。

按位或运算符|常用于将某些二进制位置为1，例如：

```
x = x | SET_ON;
```

该语句将x中对应于SET_ON中为1的那些二进制位置为1。

按位异或运算符^当两个操作数的对应位不相同时将该位设置为1，否则，将该位设置为0。 48

我们必须将位运算符&、|同逻辑运算符&&、||区分开来，后者用于从左至右求表达式的真值。例如，如果x的值为1，y的值为2，那么，x&y的结果为0，而x&&y的值为1。

移位运算符<<与>>分别用于将运算的左操作数左移与右移，移动的位数则由右操作数指定（右操作数的值必须是非负值）。因此，表达式x<<2将把x的值左移2位，右边空出的2位用0填补，该表达式等价于对左操作数乘以4。在对unsigned类型的无符号值进行右移位时，左边空出的部分将用0填补；当对signed类型的带符号值进行右移时，某些机器将对左边空出的部分用符号位填补（即“算术移位”），而另一些机器则对左边空出的部分用0填补（即“逻辑移位”）。

一元运算符~用于求整数的二进制反码，即分别将操作数各二进制位上的1变为0，0变为1。例如：

```
x = x & ~077
```

将把x的最后6位设置为0。注意，表达式x&~077与机器字长无关，它比形式为 x&0177700的表达式要好，因为后者假定x是16位的数值。这种可移植的形式并没有增加额外开销，因为~077是常量表达式，可以在编译时求值。

为了进一步说明某些位运算符，我们来看函数getbits(x,p,n)，它返回x中从右边数第p位开始向右数n位的字段。这里假定最右边的一位是第0位，n与p都是合理的正值。例如，getbits(x,4,3)返回x中第4、3、2三位的值。

```
/*  getbits函数：返回x中从第p位开始的 n位   */
unsigned getbits(unsigned x, int p, int n)
{
    return (x >> (p+1-n)) & ~(~0 << n);
}
```

其中，表达式x>>(p+1-n)将期望获得的字段移位到字的最右端。~0的所有位都为1，这里使用语句~0<<n将~0左移n位，并将最右边的n位用0填补。再使用~运算对它按位取反，这样就建立了最右边n位全为1的屏蔽码。

练习2-6 编写一个函数`setbits(x,p,n,y)`，该函数返回对x执行下列操作后的结果值：将x中从第p位开始的n个（二进制）位设置为y中最右边n位的值，x的其余各位保持不变。

练习2-7 编写一个函数`invert(x,p,n)`，该函数返回对x执行下列操作后的结果值：将x中从第p位开始的n个（二进制）位求反（即，1变成0，0变成1），x的其余各位保持不变。

练习2-8 编写一个函数`rightrot(x, n)`，该函数返回将x循环右移（即从最右端移出
49 的位将从最左端移入）n（二进制）位后所得到的值。

2.10 赋值运算符与表达式

在赋值表达式中，如果表达式左边的变量重复出现在表达式的右边，如：

```
i = i + 2
```

则可以将这种表达式缩写为下列形式：

```
i += 2
```

其中的运算符+=称为**赋值运算符**。

大多数二元运算符（即有左、右两个操作数的运算符，比如+）都有一个相应的赋值运算符*op*=，其中，*op*可以是下面这些运算符之一：

```
+   -   *   /   %   <<   >>   &   ^   |
```

如果$expr_1$和$expr_2$是表达式，那么

$$expr_1 \ op= \ expr_2$$

等价于：

$$expr_1 = (expr_1) \ op \ (expr_2)$$

它们的区别在于，前一种形式$expr_1$只计算一次。注意，在第二种形式中，$expr_2$两边的圆括号是必不可少的，例如，

```
x *= y + 1
```

的含义是

```
x = x * (y + 1)
```

而不是

```
x = x * y + 1
```

我们这里举例说明。下面的函数`bitcount`统计其整型参数的值为1的二进制位的个数。

```
/*  bitcount函数：统计x中值为1的二进制位数  */
int bitcount(unsigned x)
{
    int b;
```

```
    for (b = 0; x != 0; x >>= 1)
        if (x & 01)
            b++;
    return b;
}
```

这里将x声明为无符号类型是为了保证将x右移时，无论该程序在什么机器上运行，左边空出的位都用0（而不是符号位）填补。

除了简洁外，赋值运算符还有一个优点：表示方式与人们的思维习惯比较接近。我们通常会说“把2加到i上”或“把i增加2”，而不会说“取i的值，加上2，再把结果放回到i中”，因此，表达式i+=2比i=i+2更自然。另外，对于复杂的表达式，例如： 50

```
yyval[yypv[p3+p4] + yypv[p1+p2]] += 2
```

赋值运算符使程序代码更易于理解，代码的阅读者不必煞费苦心地去检查两个长表达式是否完全一样，也无须为两者为什么不一样而疑惑不解。并且，赋值运算符还有助于编译器产生高效代码。

从上述例子中我们可以看出，赋值语句具有值，且可以用在表达式中。下面是最常见的一个例子：

```
while ((c = getchar()) != EOF)
    ...
```

其他赋值运算符（如+=、-=等）也可以用在表达式中，尽管这种用法比较少见。

在所有的这类表达式中，赋值表达式的类型是它的左操作数的类型，其值是赋值操作完成后的值。

练习2-9 在求对二的补码时，表达式x&=(x-1)可以删除x中最右边值为1的一个二进制位。请解释这样做的道理。用这一方法重写bitcount函数，以加快其执行速度。

2.11 条件表达式

下面这组语句：

```
if (a > b)
    z = a;
else
    z = b;
```

用于求a与b中的最大值，并将结果保存到z中。条件表达式（使用三元运算符“?:”）提供了另外一种方法编写这段程序及类似的代码段。在表达式

$$expr_1 \ ? \ expr_2 \ : \ expr_3$$

中，首先计算$expr_1$，如果其值不等于0（为真），则计算$expr_2$的值，并以该值作为条件表达式的值，否则计算$expr_3$的值，并以该值作为条件表达式的值。$expr_2$与$expr_3$中只能有一个表达式被计算。因此，以上语句可以改写为：

```
z = (a > b) ? a : b;    /* z = max(a, b) */
```

51 应该注意，条件表达式实际上就是一种表达式，它可以用在其他表达式可以使用的任何地方。如果$expr_1$与$expr_3$的类型不同，结果的类型将由本章前面讨论的转换规则决定。例如，如果f为float类型，n为int类型，那么表达式

```
(n > 0) ? f : n
```

是float类型，与n是否为正值无关。

条件表达式中第一个表达式两边的圆括号并不是必须的，这是因为条件运算符 ?: 的优先级非常低，仅高于赋值运算符。但我们还是建议使用圆括号，因为这可以使表达式的条件部分更易于阅读。

采用条件表达式可以编写出很简洁的代码。例如，下面的这个循环语句打印一个数组的n个元素，每行打印10个元素，每列之间用一个空格隔开，每行用一个换行符结束（包括最后一行）：

```
for (i = 0; i < n; i++)
    printf("%6d%c", a[i], (i%10==9 || i==n-1) ? '\n' : ' ');
```

在每10个元素之后以及在第n个元素之后都要打印一个换行符，所有其他元素后都要打印一个空格。编写这样的代码可能需要一些技巧，但比用等价的if-else结构编写的代码要紧凑一些。下面是另一个比较好的例子：

```
printf("You have %d item%s.\n", n, n==1 ? "" : "s");
```

练习2-10 重新编写将大写字母转换为小写字母的函数lower，并用条件表达式替代其中的if-else结构。

2.12 运算符优先级与求值次序

表2-1总结了所有运算符的优先级与结合性，其中的一些规则我们还没有讲述。同一行中的各运算符具有相同的优先级，各行间从上往下优先级逐行降低。例如，*、/与%三者具有相同的优先级，它们的优先级都比二元运算符+、-高。运算符()表示函数调用。运算符->和.用于访问结构成员，第6章将讨论这两个运算符以及sizeof（对象长度）运算符。第5章将讨论运算符*（通过指针间接访问）与&（对象地址），第3章将讨论逗号运算符。

表2-1 运算符的优先级与结合性

运 算 符	结 合 性	运 算 符	结 合 性
() [] -> .	从左至右	^	从左至右
! ~ ++ -- + - * & (*type*) sizeof	从右至左	|	从左至右
* / %	从左至右	&&	从左至右
+ -	从左至右	||	从左至右
[illegible]	从左至右	?:	从右至左
[illegible] > >=	从左至右	= += -= *= /= %= &= ^= |= <<= >>=	从右至左
[illegible]	从左至右	,	从左至右
[illegible]	从左至右		

[illegible]算符+、-、&与*比相应的二元运算符+、-、&与*的优先级高。

注意，位运算符&、^与|的优先级比运算符==与!=的低。这意味着，位测试表达式，如

```
if ((x & MASK) == 0) ...
```

必须用圆括号括起来才能得到正确结果。

同大多数语言一样，C语言没有指定同一运算符中多个操作数的计算顺序（&&、||、?:和，运算符除外）。例如，在形如

```
x = f() + g();
```

的语句中，f()可以在g()之前计算，也可以在g()之后计算。因此，如果函数f或g改变了另一个函数所使用的变量，那么x的结果可能会依赖于这两个函数的计算顺序。为了保证特定的计算顺序，可以把中间结果保存在临时变量中。

类似地，C语言也没有指定函数各参数的求值顺序。因此，下列语句

```
printf("%d %d\n", ++n, power(2, n));    /* 错 */
```

在不同的编译器中可能会产生不同的结果，这取决于n的自增运算在power调用之前还是之后执行。解决的办法是把该语句改写成下列形式：

```
++n;
printf("%d %d\n", n, power(2, n));
```

函数调用、嵌套赋值语句、自增与自减运算符都有可能产生“副作用”——在对表达式求值的同时，修改了某些变量的值。在有副作用影响的表达式中，其执行结果同表达式中的变量被修改的顺序之间存在着微妙的依赖关系。下列语句就是一个典型的令人不愉快的情况：

```
a[i] = i++;
```

问题是：数组下标i是引用旧值还是引用新值？对这种情况编译器的解释可能不同，并因此产 52~53
生不同的结果。C语言标准对大多数这类问题有意未作具体规定。表达式何时会产生这种副作用（对变量赋值），将由编译器决定，因为最佳的求值顺序同机器结构有很大关系。（ANSI C标准明确规定了所有对参数的副作用都必须在函数调用之前生效，但这对前面介绍的printf函数调用没有什么帮助。）

在任何一种编程语言中，如果代码的执行结果与求值顺序相关，则都是不好的程序设计风格。很自然，有必要了解哪些问题需要避免，但是，如果不知道这些问题在各种机器上是如何解决的，就最好不要尝试运用某种特殊的实现方式。 54

注意，位运算符&、^与|的优先级比运算符==与!=的低。这意味着，位测试表达式，如

```
if ((x & MASK) == 0) ...
```

必须用圆括号括起来才能得到正确结果。

同大多数语言一样，C语言没有指定同一运算符中多个操作数的计算顺序（&&、||、?:和,运算符除外）。例如，在形如

```
x = f() + g();
```

的语句中，f()可以在g()之前计算，也可以在g()之后计算。因此，如果函数f或g改变了另一个函数所使用的变量，那么x的结果可能会依赖于这两个函数的计算顺序。为了保证特定的计算顺序，可以把中间结果保存在临时变量中。

类似地，C语言也没有指定函数各参数的求值顺序。因此，下列语句

```
printf("%d %d\n", ++n, power(2, n));    /* 错 */
```

在不同的编译器中可能会产生不同的结果，这取决于n的自增运算在power调用之前还是之后执行。解决的办法是把该语句改写成下列形式：

```
++n;
printf("%d %d\n", n, power(2, n));
```

函数调用、嵌套赋值语句、自增与自减运算符都有可能产生"副作用"——在对表达式求值的同时，修改了某些变量的值。在有副作用影响的表达式中，其执行结果同表达式中的变量被修改的顺序之间存在着微妙的依赖关系，下列语句就是一个典型的令人不愉快的情况：

```
a[i] = i++;
```

问题是：数组下标i是引用旧值还是引用新值？对这种情况编译器的解释可能不同，并因此产生不同的结果。C语言标准对大多数这类问题有意未作具体规定。表达式何时会产生这种副作用（对变量赋值），将由编译器决定，因为最佳的求值顺序同机器结构有很大关系。（ANSI C标准明确规定了所有对参数的副作用都必须在函数调用之前生效，但这对前面介绍的printf函数调用没有什么帮助。）

在任何一种编程语言中，如果代码的执行结果与求值顺序相关，则都是不好的程序设计风格。很自然，有必要了解哪些问题需要避免，但是，如果不知道这些问题在各种机器上是如何解决的，就最好不要尝试运用某种特殊的实现方式。

54

第3章 控制流

程序语言中的控制流语句用于控制各计算操作执行的次序。在前面的例子中，我们曾经使用了一些最常用的控制流结构。本章将更详细地讲述控制流语句。

3.1 语句与程序块

在x=0、i++或printf(…)这样的表达式之后加上一个分号（;），它们就变成了*语句*。例如：

```
x = 0;
i++;
printf(...);
```

在C语言中，分号是语句结束符，而Pascal等语言却把分号用作语句之间的分隔符。

用一对花括号“{”与“}”把一组声明和语句括在一起就构成了一个*复合语句*（也叫作*程序块*），复合语句在语法上等价于单条语句。函数体中被花括号括起来的语句便是明显一例。if、else、while与for之后被花括号括住的多条语句也是类似的例子。（在任何程序块中都可以声明变量，第4章将对此进行讨论。）右花括号用于结束程序块，其后不需要分号。

3.2 if-else语句

if-else语句用于条件判定。其语法如下所示：

```
if(表达式)
    语句1
else
    语句2
```


其中else部分是可选的。该语句执行时，先计算*表达式*的值，如果其值为真（即*表达式*的值为非0），则执行*语句*$_1$；如果其值为假（即*表达式*的值为0），并且该语句包含else部分，则执行*语句*$_2$。

由于if语句只是简单测试表达式的数值，因此可以对某些代码的编写进行简化。最明显的例子是用如下写法

```
if(表达式)
```

来代替

```
if(表达式!=0)
```

某些情况下这种形式是自然清晰的，但也有些情况下可能会含义不清。

因为if-else语句的else部分是可选的，所以在嵌套的if语句中省略它的else部分将导致歧义。解决的方法是将每个else与最近的前一个没有else配对的if进行匹配。例如，在下列语句中：

```
if (n > 0)
    if (a > b)
        z = a;
    else
        z = b;
```

else部分与内层的if匹配，我们通过程序的缩进结构也可以看出来。如果这不符合我们的意图，则必须使用花括号强制实现正确的匹配关系：

```
if (n > 0) {
    if (a > b)
        z = a;
}
else
    z = b;
```

歧义性在下面这种情况下尤为有害：

```
if (n >= 0)
    for (i = 0; i < n; i++)
        if (s[i] > 0) {
            printf("...");
            return i;
        }
else        /* 错 */
    printf("error -- n is negative\n");
```

程序的缩进结构明确地表明了设计意图，但编译器无法获得这一信息，它会将else部分与内层的if配对。这种错误很难发现，因此我们建议在有if语句嵌套的情况下使用花括号。

56 顺便提醒读者注意，在语句

```
if (a > b)
    z = a;
else
    z = b;
```

中，z=a后有一个分号。这是因为，从语法上讲，跟在if后面的应该是一条语句，而像“z=a；”这类的表达式语句总是以分号结束的。

3.3 else-if语句

在C语言中我们会经常用到下列结构：

```
if(表达式)
    语句
else if(表达式)
    语句
else if(表达式)
    语句
else if(表达式)
```

```
        语句
    else
        语句
```

因此我们在这里单独说明一下。这种if语句序列是编写多路判定最常用的方法。其中的各表达式将被依次求值，一旦某个表达式结果为真，则执行与之相关的语句，并终止整个语句序列的执行。同样，其中各语句既可以是单条语句，也可以是用花括号括住的复合语句。

最后一个else部分用于处理"上述条件均不成立"的情况或默认情况，也就是当上面各条件都不满足时的情形。有时候并不需要针对默认情况执行显式的操作，这种情况下，可以把该结构末尾的

```
    else
    语句
```

部分省略掉；该部分也可以用来检查错误，以捕获"不可能"的条件。

这里通过一个折半查找函数说明三路判定程序的用法。该函数用于判定已排序的数组v中是否存在某个特定的值x。数组v的元素必须以升序排列。如果v中包含x，则该函数返回x在v中的位置（介于0~n-1之间的一个整数）；否则，该函数返回-1。

在折半查找时，首先将输入值x与数组v的中间元素进行比较。如果x小于中间元素的值，则在该数组的前半部分查找；否则，在该数组的后半部分查找。在这两种情况下，下一步都是将x与所选部分的中间元素进行比较。这个过程一直进行下去，直到找到指定的值或查找范围为空。 57

```
 /*  binsearch函数: 在v[0]<=v[1]<=v[2]<=…<=v[n-1]中查找x   */
int binsearch(int x, int v[], int n)
{
    int low, high, mid;

    low = 0;
    high = n - 1;
    while (low <= high) {
        mid = (low+high) / 2;
        if (x < v[mid])
            high = mid - 1;
        else if (x > v[mid])
            low = mid + 1;
        else    /*  找到了匹配的值  */
            return mid;
    }
    return -1;  /*  没有匹配的值  */
}
```

该函数的基本判定是：在每一步判断x小于、大于还是等于中间元素v[mid]。使用else-if结构执行这种判定很自然。

练习3-1 在上面有关折半查找的例子中，while循环语句内共执行了两次测试，其实只要一次就足够（代价是将更多的测试在循环外执行）。重写该函数，使得在循环内部只执行一次测试。比较两种版本函数的运行时间。

3.4 switch语句

switch语句是一种多路判定语句，它测试表达式是否与一些常量整数值中的某一个值匹配，并执行相应的分支动作。

```
switch(表达式) {
    case 常量表达式: 语句序列
    case 常量表达式: 语句序列
    default: 语句序列
}
```

每一个分支都由一个或多个整数值常量或常量表达式标记。如果某个分支与表达式的值匹配，则从该分支开始执行。各分支表达式必须互不相同。如果没有哪一分支能匹配表达式，则执行标记为default的分支。default分支是可选的。如果没有default分支也没有其他分支与表达式的值匹配，则该switch语句不执行任何动作。各分支及default分支的排列次序是任意的。

我们在第1章中曾用if…else if…else结构编写过一个程序以统计各个数字、空白符

58 及其他所有字符出现的次数。下面我们用switch语句改写该程序如下：

```
#include <stdio.h>

main()  /*  统计数字、空白符及其他字符  */
{
    int c, i, nwhite, nother, ndigit[10];

    nwhite = nother = 0;
    for (i = 0; i < 10; i++)
        ndigit[i] = 0;
    while ((c = getchar()) != EOF) {
        switch (c) {
        case '0': case '1': case '2': case '3': case '4':
        case '5': case '6': case '7': case '8': case '9':
            ndigit[c-'0']++;
            break;
        case ' ':
        case '\n':
        case '\t':
            nwhite++;
            break;
        default:
            nother++;
            break;
        }
    }
    printf("digits =");
    for (i = 0; i < 10; i++)
        printf(" %d", ndigit[i]);
    printf(", white space = %d, other = %d\n",
        nwhite, nother);
    return 0;
}
```

break语句将导致程序的执行立即从switch语句中退出。在switch语句中，case的

作用只是一个标号，因此，某个分支中的代码执行完后，程序将进入下一分支继续执行，除非在程序中显式地跳转。跳出switch语句最常用的方法是使用break语句与return语句。break语句还可强制控制从while、for与do循环语句中立即退出，对于这一点，我们稍后还将做进一步介绍。

依次执行各分支的做法有优点也有缺点。好的一面是它可以把若干个分支组合在一起完成一个任务，如上例中对数字的处理。但是，正常情况下为了防止直接进入下一个分支执行，每个分支后必须以一个break语句结束。从一个分支直接进入下一个分支执行的做法并不健全，这样做在程序修改时很容易出错。除了一个计算需要多个标号的情况外，应尽量减少从一个分支直接进入下一个分支执行这种用法，在不得不使用的情况下应该加上适当的程序注释。

作为一种良好的程序设计风格，在switch语句最后一个分支（即default分支）的后面也加上一个break语句。这样做在逻辑上没有必要，但当我们需要向该switch语句后添加其他分支时，这种防范措施会降低犯错误的可能性。 59

练习3-2 编写一个函数escape(s,t)，将字符串t复制到字符串s中，并在复制过程中将换行符、制表符等不可见字符分别转换为\n、\t等相应的可见的转义字符序列。要求使用switch语句。再编写一个具有相反功能的函数，在复制过程中将转义字符序列转换为实际字符。

3.5 while循环与for循环

我们在前面已经使用过while与for循环语句。在while循环语句

```
while(表达式)
        语句
```

中，首先求表达式的值。如果其值为真非0，则执行语句，并再次求该表达式的值。这一循环过程一直进行下去，直到该表达式的值为假（0）为止，随后继续执行语句后面的部分。

for循环语句：

```
for(表达式1; 表达式2; 表达式3)
    语句
```

它等价于下列while语句：

```
表达式1;
while(表达式2) {
    语句
    表达式3;
}
```

但当while或for循环语句中包含contine语句时，上述二者之间就不一定等价了。我们将在3.7节中介绍continue语句。

从语法角度看，for循环语句的3个组成部分都是表达式。最常见的情况是，表达式$_1$与表达式$_3$是赋值表达式或函数调用，表达式$_2$是关系表达式。这3个组成部分中的任何部分都可以省略，但分号必须保留。如果在for语句中省略表达式$_1$与表达式$_3$，它就退化成了while循环语句。如果省略测试条件，即表达式$_2$，则认为其值永远是真值，因此，下列for循环语句：

```
for (;;) {
    …
}
```

是一个“无限”循环语句，这种语句需要借助其他手段（如break语句或return语句）才能终止执行。

在设计程序时到底选用while循环语句还是for循环语句，主要取决于程序设计人员的个人偏好。例如，在下列语句中：

```
while ((c = getchar()) == ' ' || c == '\n' || c == '\t')
    ;   /*  跳过空白符  */
```

因为其中没有初始化或重新初始化的操作，所以使用while循环语句更自然一些。

如果语句中需要执行简单的初始化和变量递增，使用for语句更合适一些，它将循环控
60 制语句集中放在循环的开头，结构更紧凑、更清晰。通过下列语句可以很明显地看出这一点：

```
for (i = 0; i < n; i++)
    ...
```

这是C语言处理数组前n个元素的一种习惯性用法，它类似于Fortran语言中的DO循环或Pascal语言中的for循环。但是，这种类比并不完全准确，因为在C语言中，for循环语句的循环变量和上限在循环体内可以修改，并且当循环因某种原因终止后循环变量i的值仍然保留。因为for语句的各组成部分可以是任何表达式，所以for语句并不限于通过算术级数进行循环控制。尽管如此，牵强地把一些无关的计算放到for语句的初始化和变量递增部分是一种不好的程序设计风格，该部分放置循环控制运算更合适。

作为一个较大的例子，我们来重新编写将字符串转换为对应数值的函数atoi。这里编写的函数比第2章中的atoi函数更通用，它可以处理可选的前导空白符以及一个可选的加（+）或减（-）号。（第4章将介绍函数atof，它用于对浮点数执行同样的转换。）

下面是程序的结构，从中可以看出输入的格式：

```
如果有空白符的话，则跳过
如果有符号的话，则读取符号
取整数部分，并执行转换
```

其中的每一步都对输入数据进行相应的处理，并为下一步的执行做好准备。当遇到第一个不能转换为数字的字符时，整个处理过程终止。

```
#include <ctype.h>

/*  atoi函数：将s转换为整型数；版本2  */
int atoi(char s[])
{
    int i, n, sign;

    for (i = 0; isspace(s[i]); i++)  /*  跳过空白符  */
        ;
    sign = (s[i] == '-') ? -1 : 1;
```

```
    if (s[i] == '+' || s[i] == '-')  /*  跳过符号  */
        i++;
    for (n = 0; isdigit(s[i]); i++)
        n = 10 * n + (s[i] - '0');
    return sign * n;
}
```

标准库中提供了一个更完善的函数strtol，它将字符串转换为长整型数。有关函数strtol的详细信息，请参见附录B.5节。

把循环控制部分集中在一起，对于多重嵌套循环，优势更为明显。下面的函数是对整型数组进行排序的Shell排序算法。Shell排序算法是D. L. Shell于1959年发明的，其基本思想是：先比较距离远的元素，而不是像简单交换排序算法那样先比较相邻的元素。这样可以快速减少大量的无序情况，从而减轻后续的工作。被比较的元素之间的距离逐步减少，直到减少为1，这时排序变成了相邻元素的互换。 61

```
/*  shellsort函数：按递增顺序对v[0]…v[n-1]进行排序  */
void shellsort(int v[], int n)
{
    int gap, i, j, temp;

    for (gap = n/2; gap > 0; gap /= 2)
        for (i = gap; i < n; i++)
            for (j=i-gap; j>=0 && v[j]>v[j+gap]; j-=gap) {
                temp = v[j];
                v[j] = v[j+gap];
                v[j+gap] = temp;
            }
}
```

该函数中包含一个三重嵌套的for循环语句。最外层的for语句控制两个被比较元素之间的距离，从n/2开始，逐步进行对折，直到距离为0。中间层的for循环语句用于在元素间移动位置。最内层的for语句用于比较各对相距gap个位置的元素，当这两个元素逆序时把它们互换过来。由于gap的值最终要递减到1，因此所有元素最终都会位于正确的排序位置上。注意，即使最外层for循环的控制变量不是算术级数，for语句的书写形式仍然没有变，这就说明for语句具有很强的通用性。

逗号运算符“,”也是C语言优先级最低的运算符，在for语句中经常会用到它。被逗号分隔的一对表达式将按照从左到右的顺序进行求值，各表达式右边的操作数的类型和值即为其结果的类型和值。这样，在for循环语句中，可以将多个表达式放在各个语句成分中，比如同时处理两个循环控制变量。我们可以通过下面的函数reverse(s)来举例。该函数用于倒置字符串s中各个字符的位置。

```
#include <string.h>

/*  reverse函数：倒置字符串s中各个字符的位置  */
void reverse(char s[])
{
    int c, i, j;

    for (i = 0, j = strlen(s)-1; i < j; i++, j--) {
```

```
            c = s[i];
            s[i] = s[j];
            s[j] = c;
        }
    }
```

62

某些情况下的逗号并不是逗号运算符，比如分隔函数参数的逗号，分隔声明中变量的逗号等，这些逗号并不保证各表达式按从左至右的顺序求值。

应该慎用逗号运算符。逗号运算符最适用于关系紧密的结构中，比如上面的reverse函数内的for语句，对于需要在单个表达式中进行多步计算的宏来说也很适合。逗号表达式还适用于reverse函数中元素的交换，这样，元素的交换过程便可以看成是一个单步操作。

```
for (i = 0, j = strlen(s)-1; i < j; i++, j--)
    c = s[i], s[i] = s[j], s[j] = c;
```

练习3-3 编写函数expand(s1,s2)，将字符串s1中类似于a-z一类的速记符号在字符串s2中扩展为等价的完整列表abc…xyz。该函数可以处理大小写字母和数字，并可以处理a-b-c、a-z0-9与-a-z等类似的情况。作为前导和尾随的-字符原样排印。

3.6 do-while循环

我们在第1章中曾经讲过，while与for这两种循环在循环体执行前对终止条件进行测试。与此相反，C语言中的第三种循环——do-while循环则在循环体执行后测试终止条件，这样循环体至少被执行一次。

do-while循环的语法形式如下：

```
do
    语句
while(表达式);
```

在这一结构中，先执行循环体中的语句部分，然后再求表达式的值。如果表达式的值为真，则再次执行语句，依此类推。当表达式的值变为假，则循环终止。除了条件测试的语义不同外，do-while循环与Pascal语言的repeat-until语句等价。

经验表明，do-while循环比while循环和for循环用得少得多。尽管如此，do-while循环语句有时还是很有用的，下面我们通过函数itoa来说明这一点。itoa函数是atoi函数的逆函数，它把数字转换为字符串。这个工作比最初想像的要复杂一些。如果按照atoi函数中生成数字的方法将数字转换为字符串，则生成的字符串的次序正好是颠倒的，因此，我们
63 首先要生成反序的字符串，然后再把该字符串倒置。

```
/*  itoa函数：将数字n转换为字符串并保存到s中   */
void itoa(int n, char s[])
{
    int i, sign;

    if ((sign = n) < 0)  /*  记录符号  */
        n = -n;          /*  使n成为正数  */
    i = 0;
    do {           /*  以反序生成数字  */
```

```
        s[i++] = n % 10 + '0';      /*  取下一个数字  */
    } while ((n /= 10) > 0);        /*  删除该数字  */
    if (sign < 0)
        s[i++] = '-';
    s[i] = '\0';
    reverse(s);
}
```

这里有必要使用do-while语句，至少使用do-while语句会方便一些，因为即使n的值为0，也至少要把一个字符放到数组s中。其中的do-while语句体中只有一条语句，尽管没有必要，但我们仍然用花括号将该语句括起来了，这样做可以避免草率的读者将while部分误认为是另一个while循环的开始。

练习3-4 在数的对二的补码表示中，我们编写的itoa函数不能处理最大的负数，即n等于$-(2^{字长-1})$的情况。请解释其原因。修改该函数，使它在任何机器上运行时都能打印出正确的值。

练习3-5 编写函数itob(n,s,b)，将整数n转换为以b为底的数，并将转换结果以字符的形式保存到字符串s中。例如，itob(n,s,16)把整数n格式化成十六进制整数保存在s中。

练习3-6 修改itoa函数，使得该函数可以接收三个参数。其中，第三个参数为最小字段宽度。为了保证转换后所得的结果至少具有第三个参数指定的最小宽度，在必要时应在所得结果的左边填充一定的空格。

3.7 break语句与continue语句

不通过循环头部或尾部的条件测试而跳出循环，有时是很方便的。break语句可用于从for、while与do-while等循环中提前退出，就如同从switch语句中提前退出一样。break语句能使程序从switch语句或最内层循环中立即跳出。

下面的函数trim用于删除字符串尾部的空格符、制表符与换行符。当发现最右边的字符为非空格符、非制表符、非换行符时，就使用break语句从循环中退出。 64

```
/*  trim函数：删除字符串尾部的空格符、制表符与换行符  */
int trim(char s[])
{
    int n;

    for (n = strlen(s)-1; n >= 0; n--)
        if (s[n] != ' ' && s[n] != '\t' && s[n] != '\n')
            break;
    s[n+1] = '\0';
    return n;
}
```

strlen函数返回字符串的长度。for循环从字符串的末尾开始反方向扫描寻找第一个不是空格符、制表符以及换行符的字符。当找到符合条件的第一个字符，或当循环控制变量n变为负数时（即整个字符串都被扫描完时），循环终止执行。读者可以验证，即使字符串为空或仅包含空白符，该函数也是正确的。

continue语句与break语句是相关联的，但它没有break语句常用。continue语句用于使for、while或do-while语句开始下一次循环的执行。在while与do-while语句中，continue语句的执行意味着立即执行测试部分；在for循环中，则意味着使控制转移到递增循环变量部分。continue语句只用于循环语句，不用于switch语句。某个循环包含的switch语句中的continue语句，将导致进入下一次循环。

例如，下面这段程序用于处理数组a中的非负元素。如果某个元素的值为负，则跳过不处理。

```
for (i = 0; i < n; i++) {
    if (a[i] < 0)   /*  跳过负元素  */
        continue;
    ...   /*  处理正元素  */
}
```

当循环的后面部分比较复杂时，常常会用到continue语句。这种情况下，如果不使用continue语句，则可能需要把测试颠倒过来或者缩进另一层循环，这样做会使程序的嵌套更深。

3.8 goto语句与标号

C语言提供了可随意滥用的goto语句以及标记跳转位置的标号。从理论上讲，goto语句是没有必要的，实践中不使用goto语句也可以很容易地写出代码。至此，本书中还没有使用goto语句。

但是，在某些场合下goto语句还是用得着的。最常见的用法是终止程序在某些深度嵌套的结构中的处理过程，例如一次跳出两层或多层循环。这种情况下使用break语句是不能达

65 到目的的，它只能从最内层循环退出到上一级的循环。下面是使用goto语句的一个例子：

```
    for ( ... )
        for ( ... ) {
            ...
            if (disaster)
                goto error;
        }
    ...

error:
    处理错误情况
```

在该例子中，如果错误处理代码很重要，并且错误可能出现在多个地方，使用goto语句将会比较方便。

标号的命名同变量命名的形式相同，标号的后面要紧跟一个冒号。标号可以位于对应的goto语句所在函数的任何语句的前面。标号的作用域是整个函数。

我们来看另外一个例子。考虑判定两个数组a与b中是否具有相同元素的问题。一种可能的解决方法是：

```
for (i = 0; i < n; i++)
    for (j = 0; j < m; j++)
        if (a[i] == b[j])
```

```
                    goto found;
        /*  没有找到任何相同元素  */
        ...
    found:
        /*  找到一个相同元素：a[i]==b[j]  */
        ...
```

所有使用了goto语句的程序代码都能改写成不带goto语句的程序，但可能会增加一些额外的重复测试或变量。例如，可将上面判定是否具有相同数组元素的程序段改写成下列形式：

```
    found = 0;
    for (i = 0; i < n && !found; i++)
        for (j = 0; j < m && !found; j++)
            if (a[i] == b[j])
                found = 1;
    if (found)
        /*  找到一个相同元素a[i-1]==b[j-i]  */
        ...
    else
        /*  没有找到相同元素  */
        ...
```

大多数情况下，使用goto语句的程序段比不使用goto语句的程序段要难以理解和维护，少数情况除外，比如我们前面所举的几个例子。尽管该问题并不太严重，但我们还是建议尽可能少地使用goto语句。 66

第4章 函数与程序结构

函数可以把大的计算任务分解成若干个较小的任务，程序设计人员可以基于函数进一步构造程序，而不需要重新编写一些代码。一个设计得当的函数可以把程序中不需要了解的具体操作细节隐藏起来，从而使整个程序结构更加清晰，并降低修改程序的难度。

C语言在设计中考虑了函数的高效性与易用性这两个因素。C语言程序一般都由许多小的函数组成，而不是由少量较大的函数组成。一个程序可以保存在一个或者多个源文件中。各个文件可以单独编译，并可以与库中已编译过的函数一起加载。我们在这里不打算详细讨论这一过程，因为编译与加载的具体实现细节在各个编译系统中并不相同。

ANSI标准对 C语言所做的最明显的修改是函数声明与函数定义这两方面。第1章中我们曾经讲过，目前C语言已经允许在声明函数时声明参数的类型。为了使函数的声明与定义相适应，ANSI标准对函数定义的语法也做了修改。基于该原因，编译器就有可能检测出比以前的C语言版本更多的错误。并且，如果参数声明得当，程序可以自动地进行适当的强制类型转换。

ANSI标准进一步明确了名字的作用域规则，特别要求每个外部对象只能有一个定义。初始化的适用范围也更加广泛了，自动数组与结构都可以进行初始化。

C语言预处理器的功能也得到了增强。新的预处理器包含一组更完整的条件编译指令（一种通过宏参数创建带引号的字符串的方法），对宏扩展过程的控制更严格。

4.1 函数的基本知识

首先我们来设计并编写一个程序，它将输入中包含特定“模式”或字符串的各行打印出来（这是UNIX程序grep的特例）。例如，在下列一组文本行中查找包含字符串“ould”的行： 67

```
Ah Love! could you and I with Fate conspire
To grasp this sorry Scheme of Things entire,
Would not we shatter it to bits -- and then
Re-mould it nearer to the Heart's Desire!
```

程序执行后输出下列结果：

```
Ah Love! could you and I with Fate conspire
Would not we shatter it to bits -- and then
Re-mould it nearer to the Heart's Desire!
```

该任务可以明确地划分成下列3部分：

```
while (还有未处理的行)
```

```
if(该行包含指定的模式)
        打印该行
```

尽管我们可以把所有的代码都放在主程序main中，但更好的做法是，利用其结构把每一部分设计成一个独立的函数。分别处理3个小的部分比处理一个大的整体更容易，因为这样可以把不相关的细节隐藏在函数中，从而减少了不必要的相互影响的机会，并且，这些函数也可以在其他程序中使用。

我们用函数getline实现“还有未处理的行”，该函数已在第1章中介绍过；用printf函数实现“打印该行”，这个函数是现成的，别人已经提供了。也就是说，我们只需要编写一个判定“该行包含指定的模式”的函数。

我们编写函数strindex(s,t)实现该目标。该函数返回字符串t在字符串s中出现的起始位置或索引。当s不包含t时，返回值为-1。由于C语言数组的下标从0开始，下标的值只可能为0或正数，因此可以用像-1这样的负数表示失败的情况。如果以后需要进行更复杂的模式匹配，只需替换strindex函数即可，程序的其余部分可保持不变。（标准库中提供的库函数strstr的功能类似于strindex函数，但该库函数返回的是指针而不是下标值。）

完成这样的设计后，编写整个程序的细节就直截了当了。下面列出的就是一个完整的程序，读者可以查看各部分是怎样组合在一起的。我们现在查找的模式是字符串字面值，它不是一种最通用的机制。我们在这里只简单讨论字符数组的初始化方法，第5章将介绍如何在程序运行时将模式作为参数传递给函数。其中，getline函数较前面的版本也稍有不同，读者

68 可将它与第1章中的版本进行比较，或许会得到一些启发。

```
#include <stdio.h>
#define MAXLINE 1000    /*  最大输入行长度  */

int getline(char line[], int max);
int strindex(char source[], char searchfor[]);

char pattern[] = "ould";    /*  待查找的模式  */

/*  找出所有与模式匹配的行  */
main()
{
    char line[MAXLINE];
    int found = 0;

    while (getline(line, MAXLINE) > 0)
        if (strindex(line, pattern) >= 0) {
            printf("%s", line);
            found++;
        }
    return found;
}

/*  getline函数：将行保存到s中，并返回该行的长度  */
int getline(char s[], int lim)
{
    int c, i;
```

```
    i = 0;
    while (--lim > 0 && (c=getchar()) != EOF && c != '\n')
        s[i++] = c;
    if (c == '\n')
        s[i++] = c;
    s[i] = '\0';
    return i;
}

/*  strindex函数：返回t在s中的位置，若未找到则返回-1   */
int strindex(char s[], char t[])
{
    int i, j, k;

    for (i = 0; s[i] != '\0'; i++) {
        for (j=i, k=0; t[k]!='\0' && s[j]==t[k]; j++, k++)
            ;
        if (k > 0 && t[k] == '\0')
            return i;
    }
    return -1;
}
```

函数的定义形式如下： 69

```
返回值类型 函数名(参数声明表)
{
    声明和语句
}
```

函数定义中的各构成部分都可以省略。最简单的函数如下所示：

```
dummy() {}
```

该函数不执行任何操作也不返回任何值。这种不执行任何操作的函数有时很有用，它可以在程序开发期间用以保留位置（留待以后填充代码）。如果函数定义中省略了返回值类型，则默认为int类型。

程序可以看成是变量定义和函数定义的集合。函数之间的通信可以通过参数、函数返回值以及外部变量进行。函数在源文件中出现的次序可以是任意的。只要保证每一个函数不被分离到多个文件中，源程序就可以分成多个文件。

被调用函数通过return语句向调用者返回值，return语句的后面可以跟任何表达式：

```
return 表达式；
```

在必要时，*表达式*将被转换为函数的返回值类型。*表达式*两边通常加一对圆括号，此处的括号是可选的。

调用函数可以忽略返回值。并且，return语句的后面也不一定需要表达式。当return语句的后面没有表达式时，函数将不向调用者返回值。当被调用函数执行到最后的右花括号而结束执行时，控制同样也会返回给调用者（不返回值）。如果某个函数从一个地方返回时有返回值，而从另一个地方返回时没有返回值，该函数并不非法，但可能是一种出问题的征兆。在任何情况下，如果函数没有成功地返回一个值，则它的“值”肯定是无用的。

在上面的模式查找程序中，主程序main返回了一个状态，即匹配的数目。该返回值可以在调用该程序的环境中使用。

在不同的系统中，保存在多个源文件中的C语言程序的编译与加载机制是不同的。例如，在UNIX系统中，可以使用第1章中提到过的cc命令执行这一任务。假定有3个函数分别存放在名为main.c、getline.c与strindex.c的3个文件中，则可以使用命令

```
cc main.c getline.c strindex.c
```

来编译这3个文件，并把生成的目标代码分别存放在文件main.o、getline.o与strindex.o中，然后再把这3个文件一起加载到可执行文件a.out中。如果源程序中存在错误（比如文件main.c中存在错误），则可以通过命令

```
cc main.c getline.o strindex.o
```

对main.c文件重新编译，并将编译的结果与以前已编译过的目标文件getline.o和
70 strindex.o一起加载到可执行文件中。cc命令使用“.c”与“.o”这两种扩展名来区分源文件与目标文件。

练习4-1 编写函数strrindex(s,t)，它返回字符串t在s中最右边出现的位置。如果s中不包含t，则返回-1。

4.2 返回非整型值的函数

到目前为止，我们所讨论的函数都是不返回任何值（void）或只返回int类型值的函数。假如某个函数必须返回其他类型的值，该怎么办呢？许多数值函数（如sqrt、sin与cos等函数）返回的是double类型的值，某些专用函数则返回其他类型的值。我们通过函数atof(s)来说明函数返回非整型值的方法。该函数把字符串s转换为相应的双精度浮点数。atof函数是atoi函数的扩展，第2章与第3章已讨论了atoi函数的几个版本。atof函数需要处理可选的符号和小数点，并要考虑可能缺少整数部分或小数部分的情况。我们这里编写的版本并不是一个高质量的输入转换函数，它占用了过多的空间。标准库中包含类似功能的atof函数，在头文件<stdlib.h>中声明。

首先，由于atof函数的返回值类型不是int，因此该函数必须声明返回值的类型。返回值的类型名应放在函数名字之前，如下所示：

```
#include <ctype.h>

/*  atof函数：把字符串s转换为相应的双精度浮点数   */
double atof(char s[])
{
    double val, power;
    int i, sign;

    for (i = 0; isspace(s[i]); i++)  /*  跳过空白符   */
        ;
    sign = (s[i] == '-') ? -1 : 1;
    if (s[i] == '+' || s[i] == '-')
```

```
        i++;
    for (val = 0.0; isdigit(s[i]); i++)
        val = 10.0 * val + (s[i] - '0');
    if (s[i] == '.')
        i++;
    for (power = 1.0; isdigit(s[i]); i++) {
        val = 10.0 * val + (s[i] - '0');
        power *= 10.0;
    }
    return sign * val / power;
}
```

其次，调用函数必须知道atof函数返回的是非整型值，这一点也是很重要的。为了达到该目的，一种方法是在调用函数中显式声明atof函数。下面所示的基本计算器程序（仅适用于支票簿计算）中有类似的声明。该程序在每行中读取一个数（数的前面可能有正负号），并对它们求和，在每次输入完成后把这些数的累计总和打印出来： 71

```
#include <stdio.h>

#define MAXLINE 100

/*  简单计算器程序  */
main()
{
    double sum, atof(char []);
    char line[MAXLINE];
    int getline(char line[], int max);

    sum = 0;
    while (getline(line, MAXLINE) > 0)
        printf("\t%g\n", sum += atof(line));
    return 0;
}
```

其中，声明语句

```
double sum, atof(char []);
```

表明sum是一个double类型的变量，atof函数带有一个char[]类型的参数，且返回一个double类型的值。

函数atof的声明与定义必须一致。如果atof函数与调用它的主函数main放在同一源文件中，并且类型不一致，编译器就会检测到该错误。但是，如果atof函数是单独编译的（这种可能性更大），这种不匹配的错误就无法检测出来，atof函数将返回double类型的值，而main函数却将返回值按照int类型处理，最后的结果值毫无意义。

根据前面有关函数的声明如何与定义保持一致的讨论，发生不匹配现象似乎很令人吃惊。其中的一个原因是，如果没有函数原型，则函数将在第一次出现的表达式中被隐式声明，例如：

```
sum += atof(line)
```

如果先前没有声明过的一个名字出现在某个表达式中，并且其后紧跟一个左圆括号，那么上下文就会认为该名字是一个函数名字，该函数的返回值将被假定为int类型，但上下文并不对其参数作任何假设。并且，如果函数声明中不包含参数，例如：

```
double atof();
```

那么编译程序也不会对函数atof的参数作任何假设，并会关闭所有的参数检查。对空参数
72 表的这种特殊处理是为了使新的编译器能编译比较老的C语言程序。不过，在新编写的程序中这么做是不提倡的。如果函数带有参数，则要声明它们；如果没有参数，则使用void进行声明。

在正确进行声明的函数atof的基础上，我们可以利用它编写出函数atoi（将字符串转换为int类型）：

```
/*  atoi函数：利用atof函数把字符串s转换为整数  */
int atoi(char s[])
{
    double atof(char s[]);

    return (int) atof(s);
}
```

请注意其中的声明和return语句的结构。在下列形式的return语句中：

```
return(表达式);
```

其中，表达式的值在返回之前将被转换为函数的类型。因为函数atoi的返回值为int类型，所以，return语句中的atof函数的double类型值将被自动转换为int类型值。但是，这种操作可能会丢失信息，某些编译器可能会对此给出警告信息。在该函数中，由于采用了类型转换的方法显式表明了所要执行的转换操作，因此可以防止有关的警告信息。

练习4-2 对atof函数进行扩充，使它可以处理形如

123.45e-6

的科学表示法，其中，浮点数后面可能会紧跟一个e或E以及一个指数（可能有正负号）。

4.3 外部变量

C语言程序可以看成由一系列的外部对象构成，这些外部对象可能是变量或函数。形容词external与internal是相对的，internal用于描述定义在函数内部的函数参数及变量。外部变量定义在函数之外，因此可以在许多函数中使用。由于C语言不允许在一个函数中定义其他函数，因此函数本身是“外部的”。默认情况下，外部变量与函数具有下列性质：通过同一个名字对外部变量的所有引用（即使这种引用来自于单独编译的不同函数）实际上都是引用同一个对象（标准中把这一性质称为*外部链接*）。在这个意义上，外部变量类似于Fortran语言的COMMON块或Pascal语言中在最外层程序块中声明的变量。我们将在后面介绍如何定义只能
73 在某一个源文件中使用的外部变量与函数。

因为外部变量可以在全局范围内访问，这就为函数之间的数据交换提供了一种可以代替

函数参数与返回值的方式。任何函数都可以通过名字访问一个外部变量，当然这个名字需要通过某种方式进行声明。

如果函数之间需要共享大量的变量，使用外部变量要比使用一个很长的参数表更方便、有效。但是，我们在第1章中已经指出，这样做必须非常谨慎，因为这种方式可能对程序结构产生不良的影响，而且可能会导致程序中各个函数之间具有太多的数据联系。

外部变量的用途还表现在它们与内部变量相比具有更大的作用域和更长的生存期。自动变量只能在函数内部使用，从其所在的函数被调用时变量开始存在，在函数退出时变量也将消失。而外部变量是永久存在的，它们的值在一次函数调用到下一次函数调用之间保持不变。因此，如果两个函数必须共享某些数据，而这两个函数互不调用对方，这种情况下最方便的方式便是把这些共享数据定义为外部变量，而不是作为函数参数传递。

下面我们通过一个更复杂的例子来说明这一点。我们的目标是编写一个具有加（+）、减（-）、乘（*）、除（/）四则运算功能的计算器程序。为了更容易实现，我们在计算器中使用逆波兰表示法代替普通的中缀表示法（逆波兰表示法用在某些袖珍计算器中，Forth与Postscript等语言也使用了逆波兰表示法）。

在逆波兰表示法中，所有运算符都跟在操作数的后面。比如，下列中缀表达式：

```
(1 - 2) * (4 + 5)
```

采用逆波兰表示法表示为：

```
1 2 - 4 5 + *
```

逆波兰表示法中不需要圆括号，只要知道每个运算符需要几个操作数就不会引起歧义。

计算器程序的实现很简单。每个操作数都被依次压入到栈中；当一个运算符到达时，从栈中弹出相应数目的操作数（对二元运算符来说是两个操作数），把该运算符作用于弹出的操作数，并把运算结果再压入到栈中。例如，对上面的逆波兰表达式来说，首先把1和2压入到栈中，再用两者之差−1取代它们；然后，将4和5压入到栈中，再用两者之和9取代它们。最后，从栈中取出栈顶的−1和9，并把它们的积−9压入到栈顶。到达输入行的末尾时，把栈顶的值弹出并打印。

这样，该程序的结构就构成一个循环，每次循环对一个运算符及相应的操作数执行一次操作： 74

```
while(下一个运算符或操作数不是文件结束指示符)
  if(是数)
        将该数压入到栈中
  else if(是运算符)
                弹出所需数目的操作数
        执行运算
                将结果压入到栈中
  else if(是换行符)
        弹出并打印栈顶的值
  else
        出错
```

栈的压入与弹出操作比较简单，但是，如果把错误检测与恢复操作都加进来，该程序就显得很长了，最好把它们设计成独立的函数，而不要把它们作为程序中重复的代码段使用。另外还需要一个单独的函数来取下一个输入运算符或操作数。

到目前为止，我们还没有讨论设计中的一个重要问题：把栈放在哪儿？也就是说，哪些例程可以直接访问它？一种可能是把它放在主函数main中，把栈及其当前位置作为参数传递给对它执行压入或弹出操作的函数。但是，main函数不需要了解控制栈的变量信息，它只进行压入与弹出操作。因此，可以把栈及相关信息放在外部变量中，并只供push与pop函数访问，而不能被main函数访问。

把上面这段话转换成代码很容易。如果把该程序放在一个源文件中，程序可能类似于下列形式：

```
#include...    /* 一些包含头文件 */
#define...     /* 一些define定义 */

main使用的函数声明
main( ) { … }

push与pop所使用的外部变量
void push (double f)  { … }
double pop(void) { … }

int getop(char s[]) { … }

被getop调用的函数
```

我们在后面部分将讨论如何把该程序分割成两个或多个源文件。

main函数包括一个很大的switch循环，该循环根据运算符或操作数的类型控制程序的
75 转移。这里的switch语句的用法比3.4节中的例子更为典型。

```
#include <stdio.h>
#include <stdlib.h>    /*  为了使用atof()函数  */

#define MAXOP    100    /*  操作数或运算符的最大长度  */
#define NUMBER  '0'     /*  标识找到一个数  */

int getop(char []);
void push(double);
double pop(void);

 /*  逆波兰计算器  */
main()
{
    int type;
    double op2;
    char s[MAXOP];

    while ((type = getop(s)) != EOF) {
        switch (type) {
        case NUMBER:
```

```
                push(atof(s));
                break;
            case '+':
                push(pop() + pop());
                break;
            case '*':
                push(pop() * pop());
                break;
            case '-':
                op2 = pop();
                push(pop() - op2);
                break;
            case '/':
                op2 = pop();
                if (op2 != 0.0)
                    push(pop() / op2);
                else
                    printf("error: zero divisor\n");
                break;
            case '\n':
                printf("\t%.8g\n", pop());
                break;
            default:
                printf("error: unknown command %s\n", s);
                break;
            }
        }
        return 0;
    }
```

76

因为+与*两个运算符满足交换律，因此，操作数的弹出次序无关紧要。但是，-与/两个运算符的左右操作数必须加以区分。在函数调用

```
push(pop() - pop());     /*  错  */
```

中并没有定义两个pop调用的求值次序。为了保证正确的次序，必须像main函数中一样把第一个值弹出到一个临时变量中。

```
#define MAXVAL  100    /*  栈val的最大深度  */

int sp = 0;            /*  下一个空闲栈位置  */
double val[MAXVAL];    /*  值栈  */

/*  push函数：把f压入到值栈中  */
void push(double f)
{
    if (sp < MAXVAL)
        val[sp++] = f;
    else
        printf("error: stack full, can't push %g\n", f);
}


/*  pop函数：弹出并返回栈顶的值  */
double pop(void)
```

```
{
    if (sp > 0)
        return val[--sp];
    else {
        printf("error: stack empty\n");
        return 0.0;
    }
}
```

如果变量定义在任何函数的外部，则是外部变量。因此，我们把push和pop函数必须共享的栈和栈顶指针定义在这两个函数的外部。但是，main函数本身并没有引用栈或栈顶指针，因此，对main函数而言要将它们隐藏起来。

下面我们来看getop函数的实现。该函数获取下一个运算符或操作数。该任务实现起来比较容易。它需要跳过空格与制表符。如果下一个字符不是数字或小数点，则返回；否则，把这些数字字符串收集起来（其中可能包含小数点），并返回NUMBER，以标识数已经收集起
77 来了。

```
#include <ctype.h>

int getch(void);
void ungetch(int);

/*  getop函数：获取下一个运算符或数值操作数  */
int getop(char s[])
{
    int i, c;

    while ((s[0] = c = getch()) == ' ' || c == '\t')
        ;
    s[1] = '\0';
    if (!isdigit(c) && c != '.')
        return c;      /*  不是数  */
    i = 0;
    if (isdigit(c))    /*  收集整数部分  */
        while (isdigit(s[++i] = c = getch()))
            ;
    if (c == '.')      /*  收集小数部分  */
        while (isdigit(s[++i] = c = getch()))
            ;
    s[i] = '\0';
    if (c != EOF)
        ungetch(c);
    return NUMBER;
}
```

这段程序中的getch与ungetch两个函数有什么用途呢？程序中经常会出现这样的情况：程序不能确定它已经读入的输入是否足够，除非超前多读入一些输入。读入一些字符以合成一个数字的情况便是一例：在看到第一个非数字字符之前，已经读入的数的完整性是不能确定的。由于程序要超前读入一个字符，这样就导致最后有一个字符不属于当前所要读入的数。

如果能“反读”不需要的字符，该问题就可以得到解决。每当程序多读入一个字符时，

就把它压回到输入中，对代码其余部分而言就好像没有读入该字符一样。我们可以编写一对互相协作的函数来比较方便地模拟反取字符操作。getch函数用于读入下一个待处理的字符，而ungetch函数则用于把字符放回到输入中，这样，此后在调用getch函数时，在读入新的输入之前先返回ungetch函数放回的那个字符。

这两个函数之间的协同工作也很简单。ungetch函数把要压回的字符放到一个共享缓冲区（字符数组）中，当该缓冲区不空时，getch函数就从缓冲区中读取字符；当缓冲区为空时，getch函数调用getchar函数直接从输入中读字符。这里还需要增加一个下标变量来记住缓冲区中当前字符的位置。

由于缓冲区与下标变量是供getch与ungetch函数共享的，且在两次调用之间必须保持值不变，因此它们必须是这两个函数的外部变量。可以按照下列方式编写getch、ungetch函数及其共享变量： 78

```
#define BUFSIZE 100

char buf[BUFSIZE];   /* 用于ungetch函数的缓冲区   */
int  bufp = 0;       /* buf中下一个空闲位置   */

int getch(void) /*  取一个字符（可能是压回的字符）   */
{
    return (bufp > 0) ? buf[--bufp] : getchar();
}

void ungetch(int c) /*  把字符压回到输入中   */
{
    if (bufp >= BUFSIZE)
        printf("ungetch: too many characters\n");
    else
        buf[bufp++] = c;
}
```

标准库中提供了函数ungetc，它将一个字符压回到栈中，我们将在第7章中讨论该函数。为了提供一种更通用的方法，我们在这里使用了一个数组而不是一个字符。

练习4-3　在有了基本框架后，对计算器程序进行扩充就比较简单了。在该程序中加入取模（%）运算符，并注意考虑负数的情况。

练习4-4　在栈操作中添加几个命令，分别用于在不弹出元素的情况下打印栈顶元素；复制栈顶元素；交换栈顶两个元素的值。另外增加一个命令用于清空栈。

练习4-5　给计算器程序增加访问sin、exp与pow等库函数的操作。有关这些库函数的详细信息，参见附录B.4节中的头文件<math.h>。

练习4-6　给计算器程序增加处理变量的命令（提供26个具有单个英文字母变量名的变量很容易）。增加一个变量存放最近打印的值。

练习4-7　编写一个函数ungets(s)，将整个字符串s压回到输入中。ungets函数需要使用buf和bufp吗？它能否仅使用ungetch函数？

练习4-8　假定最多只压回一个字符。请相应地修改getch与ungetch这两个函数。

练习4-9 以上介绍的getch与ungetch函数不能正确地处理压回的EOF。考虑压回EOF时应该如何处理？请实现你的设计方案。

练习4-10 另一种方法是通过getline函数读入整个输入行，这种情况下可以不使用
79 getch与ungetch函数。请运用这一方法修改计算器程序。

4.4 作用域规则

构成C语言程序的函数与外部变量可以分开进行编译。一个程序可以存放在几个文件中，原先已编译过的函数可以从库中进行加载。这里我们感兴趣的问题有：

- 如何进行声明才能确保变量在编译时被正确声明？
- 如何安排声明的位置才能确保程序在加载时各部分能正确连接？
- 如何组织程序中的声明才能确保只有一份副本？
- 如何初始化外部变量？

为了讨论这些问题，我们重新组织前面的计算器程序，将它分散到多个文件中。从实践的角度来看，计算器程序比较小，不值得分成几个文件存放，但通过它可以很好地说明较大的程序中遇到的类似问题。

名字的*作用域*指的是程序中可以使用该名字的部分。对于在函数开头声明的自动变量来说，其作用域是声明该变量名的函数。不同函数中声明的具有相同名字的各个局部变量之间没有任何关系。函数的参数也是这样的，实际上可以将它看作是局部变量。

外部变量或函数的作用域从声明它的地方开始，到其所在的（待编译的）文件的末尾结束。例如，如果main、sp、val、push与pop是依次定义在某个文件中的5个函数或外部变量，如下所示：

```
main() { ... }

int sp = 0;
double val[MAXVAL];

void push(double f) { ... }

double pop(void) { ... }
```

那么，在push与pop这两个函数中不需进行任何声明就可以通过名字访问变量sp与val，但是，这两个变量名不能用在main函数中，push与pop函数也不能用在main函数中。

另一方面，如果要在外部变量的定义之前使用该变量，或者外部变量的定义与变量的使用不在同一个源文件中，则必须在相应的变量声明中强制性地使用关键字extern。

将外部变量的*声明*与*定义*严格区分开来很重要。变量声明用于说明变量的属性（主要是变量的类型），而变量定义除此以外还将引起存储器的分配。如果将下列语句放在所有函数的外部：

```
int sp;
double val[MAXVAL];
```

80 那么这两条语句将*定义*外部变量sp与val，并为之分配存储单元，同时这两条语句还可以作

为该源文件中其余部分的声明。而下面的两行语句：

```
extern int sp;
extern double val[];
```

为源文件的其余部分声明了一个int类型的外部变量sp以及一个double数组类型的外部变量val（该数组的长度在其他地方确定），但这两个声明并没有建立变量或为它们分配存储单元。

在一个源程序的所有源文件中，一个外部变量只能在某个文件中定义一次，而其他文件可以通过extern声明来访问它（定义外部变量的源文件中也可以包含对该外部变量的extern声明）。外部变量的定义中必须指定数组的长度，但extern声明则不一定要指定数组的长度。

外部变量的初始化只能出现在其定义中。

假定函数push与pop定义在一个文件中，而变量val与sp在另一个文件中定义并被初始化（通常不大可能这样组织程序），则需要通过下面这些定义与声明把这些函数和变量“绑定”在一起：

在文件*file*1中：

```
extern int sp;
extern double val[];

void push(double f) { ... }

double pop(void) { ... }
```

在文件*file*2中：

```
int sp = 0;
double val[MAXVAL];
```

由于文件*file*1中的extern声明不仅放在函数定义的外面，而且还放在它们的前面，因此它们适用于该文件中的所有函数。对于*file*1，这样一组声明就够了如果要在同一个文件中先使用、后定义变量sp与val，也需要按照这种方式来组织文件。

4.5 头文件

下面我们来考虑把上述的计算器程序分割到若干个源文件中的情况。如果该程序的各组成部分很长，这么做还是有必要的。我们这样分割：将主函数main单独放在文件main.c中；将push与pop函数以及它们使用的外部变量放在第二个文件stack.c中；将getop函数放在第三个文件getop.c中；将getch与ungetch函数放在第四个文件getch.c中。之所以分割成多个文件，主要是考虑在实际的程序中，它们分别来自于单独编译的库。 81

此外，还必须考虑定义和声明在这些文件之间的共享问题。我们尽可能把共享的部分集中在一起，这样就只需要一个副本，改进程序时也容易保证程序的正确性。我们把这些公共部分放在头文件calc.h中，在需要使用该头文件时通过#include指令将它包含进来（#include指令将在4.11节中介绍）。这样分割后，程序的形式如下所示：

calc.h:

```
#define NUMBER '0'
void push(double);
double pop(void);
int getop(char []);
int getch(void);
void ungetch(int);
```

main.c:

```
#include <stdio.h>
#include <stdlib.h>
#include "calc.h"
#define MAXOP 100
main() {
    ...
}
```

getop.c:

```
#include <stdio.h>
#include <ctype.h>
#include "calc.h"
getop() {
    ...
}
```

stack.c:

```
#include <stdio.h>
#include "calc.h"
#define MAXVAL 100
int sp = 0;
double val[MAXVAL];
void push(double) {
    ...
}
double pop(void) {
    ...
}
```

getch.c:

```
#include <stdio.h>
#define BUFSIZE 100
char buf[BUFSIZE];
int bufp = 0;
int getch(void) {
    ...
}
void ungetch(int) {
    ...
}
```

我们对下面两个因素进行了折衷：一方面是我们期望每个文件只能访问它完成任务所需的信息；另一方面是现实中维护较多的头文件比较困难。我们可以得出这样一个结论：对于某些中等规模的程序，最好只用一个头文件存放程序中各部分共享的对象。较大的程序需要
82 使用更多的头文件，我们需要精心地组织它们。

4.6 静态变量

某些变量，比如文件stack.c中定义的变量sp与val以及文件getch.c中定义的变量buf与bufp，它们仅供其所在的源文件中的函数使用，其他函数不能访问。用static声明限定外部变量与函数，可以将其后声明的对象的作用域限定为被编译源文件的剩余部分。通过static限定外部对象，可以达到隐藏外部对象的目的，比如，getch-ungetch复合结构需要共享buf与bufp两个变量，这样buf与bufp必须是外部变量，但这两个对象不应该被getch与ungetch函数的调用者所访问。

要将对象指定为静态存储，可以在正常的对象声明之前加上关键字static作为前缀。如果把上述两个函数和两个变量放在一个文件中编译，如下所示：

```
static char buf[BUFSIZE];  /*  ungetch函数使用的缓冲区  */
static int  bufp = 0;      /*  缓冲区buf的下一个空闲位置  */

int getch(void) { ... }

void ungetch(int c) { ... }
```

那么其他函数就不能访问变量buf与bufp，因此这两个名字不会和同一程序中的其他文件中的相同的名字相冲突。同样，可以通过把变量sp与val声明为静态类型隐藏这两个由执行栈操作的push与pop函数使用的变量。

外部的static声明通常多用于变量，当然，它也可用于声明函数。通常情况下，函数名字是全局可访问的，对整个程序的各个部分而言都可见。但是，如果把函数声明为static类型，则该函数名除了对该函数声明所在的文件可见外，其他文件都无法访问。

static也可用于声明内部变量。static类型的内部变量同自动变量一样，是某个特定函数的局部变量，只能在该函数中使用，但它与自动变量不同的是，不管其所在函数是否被调用，它一直存在，而不像自动变量那样，随着所在函数的被调用和退出而存在和消失。换句话说，static类型的内部变量是一种只能在某个特定函数中使用但一直占据存储空间的变量。

练习4-11 修改getop函数，使其不必使用ungetch函数。提示：可以使用一个static类型的内部变量解决该问题。

4.7 寄存器变量

register声明告诉编译器，它所声明的变量在程序中使用频率较高。其思想是，将register变量放在机器的寄存器中，这样可以使程序更小、执行速度更快。但编译器可以忽略此选项。

register声明的形式如下所示： 83

```
register int  x;
register char c;
```

register声明只适用于自动变量以及函数的形式参数。下面是后一种情况的例子：

```
f(register unsigned m, register long n)
{
    register int i;
    ...
}
```

实际使用时，底层硬件环境的实际情况对寄存器变量的使用会有一些限制。每个函数中只有很少的变量可以保存在寄存器中，且只允许某些类型的变量。但是，过量的寄存器声明并没有什么害处，这是因为编译器可以忽略过量的或不支持的寄存器变量声明。另外，无论寄存器变量实际上是不是存放在寄存器中，它的地址都是不能访问的（有关这一点更详细的信息，我们将在第5章中讨论）。在不同的机器中，对寄存器变量的数目和类型的具体限制也是不同的。

4.8 程序块结构

C语言并不是Pascal等语言意义上的程序块结构的语言，它不允许在函数中定义函数。但是，在函数中可以以程序块结构的形式定义变量。变量的声明（包括初始化）除了可以紧跟在函数开始的花括号之后，还可以紧跟在任何其他标识复合语句开始的左花括号之后。以这种方式声明的变量可以隐藏程序块外与之同名的变量，它们之间没有任何关系，并在与左花括号匹配的右花括号出现之前一直存在。例如，在下面的程序段中：

```
if (n > 0) {
    int i;  /*  声明一个新的变量i  */

    for (i = 0; i < n; i++)
        ...
}
```

变量i的作用域是if语句的“真”分支，这个i与该程序块外声明的i无关。每次进入程序块时，在程序块内声明以及初始化的自动变量都将被初始化。静态变量只在第一次进入程序块时被初始化一次。

84 自动变量（包括形式参数）也可以隐藏同名的外部变量与函数。在下面的声明中：

```
int x;
int y;

f(double x)
{
    double y;
    ...
}
```

函数f内的变量x引用的是函数的参数，类型为double；而在函数f外，x是int类型的外部变量。这段代码中的变量y也是如此。

在一个好的程序设计风格中，应该避免出现变量名隐藏外部作用域中相同名字的情况，否则，很可能引起混乱和错误。

4.9 初始化

前面我们多次提到过初始化的概念，不过始终没有详细讨论。本节将对前面讨论的各种存储类的初始化规则做一个总结。

在不进行显式初始化的情况下，外部变量和静态变量都将被初始化为0，而自动变量和寄存器变量的初值则没有定义（即初值为无用的信息）。

定义标量变量时，可以在变量名后紧跟一个等号和一个表达式来初始化变量：

```
int  x = 1;
char squote = '\'';
long day = 1000L * 60L * 60L * 24L;  /*  每天的毫秒数  */
```

对于外部变量与静态变量来说，初始化表达式必须是常量表达式，且只初始化一次（从概念上讲是在程序开始执行前进行初始化）。对于自动变量与寄存器变量，则在每次进入函数或程序块时都将被初始化。

对于自动变量与寄存器变量来说，初始化表达式可以不是常量表达式：表达式中可以包含任意在此表达式之前已经定义的值，包括函数调用。我们在3.3节中介绍的折半查找程序的初始化可以采用下列形式：

```
int binsearch(int x, int v[], int n)
{
    int low = 0;
    int high = n - 1;
    int mid;
    ...
}
```

代替原来的形式： 85

```
int low, high, mid;

low = 0;
high = n - 1;
```

实际上，自动变量的初始化等效于简写的赋值语句。究竟采用哪一种形式，还得看个人的习惯。考虑到变量声明中的初始化表达式容易被人忽略，且距使用的位置较远，我们一般使用显式的赋值语句。

数组的初始化可以在声明的后面紧跟一个初始化表达式列表，初始化表达式列表用花括号括起来，各初始化表达式之间通过逗号分隔。例如，如果要用一年中各月的天数初始化数组days，其变量的定义如下：

```
int days[] = { 31, 28, 31, 30, 31, 30, 31, 31, 30, 31, 30, 31 };
```

当省略数组的长度时，编译器将把花括号中初始化表达式的个数作为数组的长度。在本例中数组的长度为12。

如果初始化表达式的个数比数组元素数少，则对外部变量、静态变量和自动变量来说，没有初始化表达式的元素将被初始化为0。如果初始化表达式的个数比数组元素数多，则是错误的。不能一次将一个初始化表达式指定给多个数组元素，也不能跳过前面的数组元素而直接初始化后面的数组元素。

字符数组的初始化比较特殊：可以用一个字符串来代替用花括号括起来并用逗号分隔的初始化表达式序列。例如：

```
char pattern[] = "ould";
```

它同下面的声明是等价的：

```
char pattern[] = { 'o', 'u', 'l', 'd', '\0' };
```

这种情况下，数组的长度是5（4个字符加上一个字符串结束符'\0'）。

4.10 递归

C语言中的函数可以递归调用，即函数可以直接或间接调用自身。我们考虑一下将一个数作为字符串打印的情况。前面讲过，数字是以反序生成的：低位数字先于高位数字生成，但它们必须以与此相反的次序打印。

解决该问题有两种方法。一种方法是将生成的各个数字依次存储到一个数组中，然后再以相反的次序打印它们，这种方式与3.6节中itoa函数的处理方式相似。另一种方法则是使用递归，函数printd首先调用它自身打印前面的（高位）数字，然后再打印后面的数字。这里

86 编写的函数不能处理最大的负数。

```
#include <stdio.h>

/*  printd函数：打印十进制数n   */
void printd(int n)
{
    if (n < 0) {
        putchar('-');
        n = -n;
    }
    if (n / 10)
        printd(n / 10);
    putchar(n % 10 + '0');
}
```

函数递归调用自身时，每次调用都会得到一个与以前的自动变量集合不同的新的自动变量集合。因此，调用printd(123)时，第一次调用printd的参数n=123。它把12传递给printd的第二次调用，后者又把1传递给printd的第三次调用。第三次调用printd时首先将打印1，然后再返回到第二次调用。从第三次调用返回后的第二次调用同样也将先打印2，然后再返回到第一次调用。返回到第一次调用时将打印3，随之结束函数的执行。

另外一个能较好说明递归的例子是快速排序。快速排序算法是C. A. R. Hoare于1962年发明的。对于一个给定的数组，从中选择一个元素，以该元素为界将其余元素划分为两个子集，一个子集中的所有元素都小于该元素，另一个子集中的所有元素都大于或等于该元素。对这样两个子集递归执行这一过程，当某个子集中的元素数小于2时，这个子集就不需要再次排序，终止递归。

从执行速度来讲，下列版本的快速排序函数可能不是最快的，但它是最简单的算法之一。在每次划分子集时，该算法总是选取各个子数组的中间元素。

```
/*  qsort函数：以递增顺序对v[left] … v[right]进行排序   */
void qsort(int v[], int left, int right)
{
    int i, last;
    void swap(int v[], int i, int j);

    if (left >= right)          /*  若数组包含的元素数少于两个   */
        return;                 /*  则不执行任何操作   */
    swap(v, left, (left + right)/2); /*  将划分子集的元素   */
    last = left;                     /*  移动到v[0]   */
    for (i = left+1; i <= right; i++)   /*  划分子集   */
        if (v[i] < v[left])
            swap(v, ++last, i);
    swap(v, left, last);           /*  恢复划分子集的元素   */
```

```
        qsort(v, left, last-1);
        qsort(v, last+1, right);
    }
```

这里之所以将数组元素交换操作放在一个单独的函数swap中，是因为它在qsort函数中要使用3次。 87

```
/*  swap函数：交换v[i]与v[j]的值  */
void swap(int v[], int i, int j)
{
    int temp;

    temp = v[i];
    v[i] = v[j];
    v[j] = temp;
}
```

标准库中提供了一个qsort函数，它可用于对任何类型的对象排序。

递归并不节省存储器的开销，因为递归调用过程中必须在某个地方维护一个存储处理值的栈。递归的执行速度并不快，但递归代码比较紧凑，并且比相应的非递归代码更易于编写与理解。在描述树等递归定义的数据结构时使用递归尤其方便。我们将在6.5节中介绍一个比较好的例子。

练习4-12 运用printd函数的设计思想编写一个递归版本的itoa函数，即通过递归调用把整数转换为字符串。

练习4-13 编写一个递归版本的reverse(s)函数，以将字符串s倒置。

4.11 C预处理器

C语言通过预处理器提供了一些语言功能。从概念上讲，预处理器是编译过程中单独执行的第一个步骤。两个最常用的预处理器指令是：#include指令（用于在编译期间把指定文件的内容包含进当前文件中）和#define指令（用任意字符序列替代一个标记）。本节还将介绍预处理器的其他一些特性，如条件编译与带参数的宏。

4.11.1 文件包含

文件包含指令（即#include指令）使得处理大量的#define指令以及声明更加方便。在源文件中，任何形如：

```
#include  "文件名"
```

或

```
#include <文件名>
```

的行都将被替换为由*文件名*指定的文件的内容。如果*文件名*用引号引起来，则在源文件所在位置查找该文件；如果在该位置没有找到文件，或者如果*文件名*是用尖括号<与>括起来的，则将根据相应的规则查找该文件，这个规则同具体的实现有关。被包含的文件本身也可包含 88
#include指令。

源文件的开始处通常都会有多个#include指令，它们用以包含常见的#define语句和extern声明，或从头文件中访问库函数的函数原型声明，比如<stdio.h>。(严格地说，这些内容没有必要单独存放在文件中；访问头文件的细节同具体的实现有关。)

在大的程序中，#include指令是将所有声明捆绑在一起的较好的方法。它保证所有的源文件都具有相同的定义与变量声明，这样可以避免出现一些不必要的错误。很自然，如果某个包含文件的内容发生了变化，那么所有依赖于该包含文件的源文件都必须重新编译。

4.11.2 宏替换

宏定义的形式如下：

```
#define 名字    替换文本
```

这是一种最简单的宏替换——后续所有出现名字记号的地方都将被替换为替换文本。#define指令中的名字与变量名的命名方式相同，替换文本可以是任意字符串。通常情况下，#define指令占一行，替换文本是#define指令行尾部的所有剩余部分内容，但也可以把一个较长的宏定义分成若干行，这时需要在待续的行末尾加上一个反斜杠符\。#define指令定义的名字的作用域从其定义点开始，到被编译的源文件的末尾处结束。宏定义中也可以使用前面出现的宏定义。替换只对记号进行，对括在引号中的字符串不起作用。例如，如果YES是一个通过#define指令定义过的名字，则在printf("YES")或YESMAN中将不执行替换。

替换文本可以是任意的，例如：

```
#define  forever  for (;;)    /*  无限循环  */
```

该语句为无限循环定义了一个新名字forever。

宏定义也可以带参数，这样可以对不同的宏调用使用不同的替换文本。例如，下列宏定义定义了一个宏max：

```
#define  max(A, B)  ((A) > (B) ? (A) : (B))
```

使用宏max看起来很像是函数调用，但宏调用直接将替换文本插入到代码中。形式参数（在此为A或B）的每次出现都将被替换成对应的实际参数。因此，语句：

```
x = max(p+q, r+s);
```

将被替换为下列形式：

```
x = ((p+q) > (r+s) ? (p+q) : (r+s));
```

89 如果对各种类型的参数的处理是一致的，则可以将同一个宏定义应用于任何数据类型，而无需针对不同的数据类型需要定义不同的max函数。

仔细考虑一下max的展开式，就会发现它存在一些缺陷。其中，作为参数的表达式要重复计算两次，如果表达式存在副作用（比如含有自增运算符或输入/输出），则会出现不正确的情况。例如：

```
max(i++, j++)    /* 错 */
```

它将对每个参数执行两次自增操作。同时还必须注意，要适当使用圆括号以保证计算次序的正确性。考虑下列宏定义：

```
#define  square(x)  x * x    /* 错 */
```

当用square(z+1)调用该宏定义时会出现什么情况呢？

但是，宏还是很有价值的。<stdio.h>头文件中有一个很实用的例子：getchar与putchar函数在实际中常常被定义为宏，这样可以避免处理字符时调用函数所需的运行时开销。<ctype.h>头文件中定义的函数也常常是通过宏实现的。

可以通过#undef指令取消名字的宏定义，这样做可以保证后续的调用是函数调用，而不是宏调用：

```
#undef getchar

int getchar(void) { ... }
```

形式参数不能用带引号的字符串替换。但是，如果在替换文本中，参数名以#作为前缀则结果将被扩展为由实际参数替换该参数的带引号的字符串。例如，可以将它与字符串连接运算结合起来编写一个调试打印宏：

```
#define  dprint(expr)  printf(#expr " = %g\n", expr)
```

使用语句

```
dprint(x/y);
```

调用该宏时，该宏将被扩展为：

```
printf("x/y" " = %g\n", x/y);
```

其中的字符串被连接起来了，这样，该宏调用的效果等价于

```
printf("x/y = %g\n", x/y);
```

在实际参数中，每个双引号"将被替换为\"，反斜杠\将被替换为\\，因此替换后的字符串是合法的字符串常量。

预处理器运算符##为宏扩展提供了一种连接实际参数的手段。如果替换文本中的参数与##相邻，则该参数将被实际参数替换，##与前后的空白符将被删除，并对替换后的结果重新扫描。例如，下面定义的宏paste用于连接两个参数： 90

```
#define  paste(front, back)  front ## back
```

因此，宏调用paste(name,1)的结果将建立记号name1。

##的嵌套使用规则比较难以掌握，详细细节请参阅附录A。

练习4-14 定义宏swap(t,x,y)以交换t类型的两个参数。(使用程序块结构会对你有所帮助。)

4.11.3 条件包含

还可以使用条件语句对预处理本身进行控制，这种条件语句的值是在预处理执行的过程中进行计算。这种方式为在编译过程中根据计算所得的条件值选择性地包含不同代码提供了一种手段。

#if语句对其中的常量整型表达式（其中不能包含sizeof、类型转换运算符或enum常量）进行求值，若该表达式的值不等于0，则包含其后的各行，直到遇到#endif、#elif或#else语句为止（预处理器语句#elif类似于else if）。在#if语句中可以使用表达式defined(*名字*)，该表达式的值遵循下列规则：当名字已经定义时，其值为1；否则，其值为0。

例如，为了保证hdr.h文件的内容只被包含一次，可以将该文件的内容包含在下列形式的条件语句中：

```
#if !defined(HDR)
#define HDR

/*  hdr.h文件的内容放在这里  */

#endif
```

第一次包含头文件hdr.h时，将定义名字HDR；此后再次包含该头文件时，会发现该名字已经定义，这样将直接跳转到#endif处。类似的方式也可以用来避免多次重复包含同一文件。如果多个头文件能够一致地使用这种方式，那么，每个头文件都可以将它所依赖的任何头文件包含进来，用户不必考虑和处理头文件之间的各种依赖关系。

下面的这段预处理代码首先测试系统变量SYSTEM，然后根据该变量的值确定包含哪个版本的头文件：

```
#if SYSTEM == SYSV
    #define HDR "sysv.h"
#elif SYSTEM == BSD
    #define HDR "bsd.h"
#elif SYSTEM == MSDOS
    #define HDR "msdos.h"
#else
    #define HDR "default.h"
#endif
#include HDR
```

91~92

C语言专门定义了两个预处理语句#ifdef与#ifndef，它们用来测试某个名字是否已经定义。上面有关#if的第一个例子可以改写为下列形式：

```
#ifndef HDR
#define HDR

/*  hdr.h文件的内容放在这里  */

#endif
```

第5章 指针与数组

指针是一种保存变量地址的变量。在C语言中，指针的使用非常广泛，原因之一是，指针常常是表达某个计算的惟一途径，另一个原因是，同其他方法比较起来，使用指针通常可以生成更高效、更紧凑的代码。指针与数组之间的关系十分密切，我们将在本章中讨论它们之间的关系，并探讨如何利用这种关系。

指针和goto语句一样，会导致程序难以理解。如果使用者粗心，指针很容易就指向了错误的地方。但是，如果谨慎地使用指针，便可以利用它写出简单、清晰的程序。在本章中我们将尽力说明这一点。

ANSI C的一个最重要的变化是，它明确地制定了操纵指针的规则。事实上，这些规则已经被很多优秀的程序设计人员和编译器所采纳。此外，ANSI C使用类型void*（指向void的指针）代替char *作为通用指针的类型。

5.1 指针与地址

首先，我们通过一个简单的示意图来说明内存是如何组织的。通常的机器都有一系列连续编号或编址的存储单元，这些存储单元可以单个进行操纵，也可以以连续成组的方式操纵。通常情况下，机器的一个字节可以存放一个char类型的数据，两个相邻的字节存储单元可存储一个short（短整型）类型的数据，而4个相邻的字节存储单元可存储一个long（长整型）类型的数据。指针是能够存放一个地址的一组存储单元（通常是两个或4个字节）。因此，如果c的类型是char，并且p是指向c的指针，则可用图5-1表示它们之间的关系：

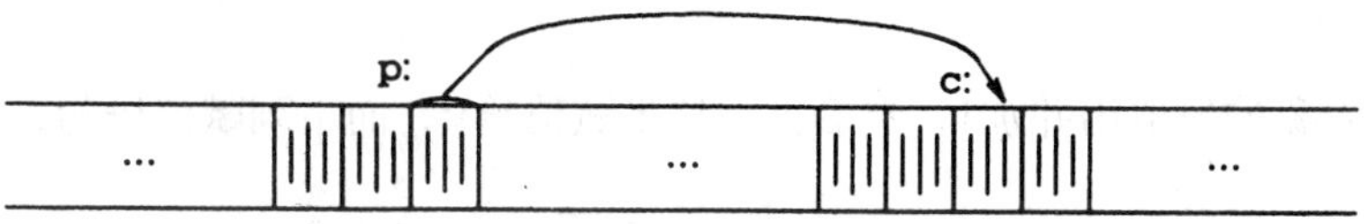

图 5-1

一元运算符&可用于取一个对象的地址，因此，下列语句： 93

```
p = &c;
```

将把c的地址赋值给变量p，我们称p为"指向"c的指针。地址运算符&只能应用于内存中的对象，即变量与数组元素。它不能作用于表达式、常量或register类型的变量。

一元运算符*是间接寻址或间接引用运算符。当它作用于指针时，将访问指针所指向的对象。我们在这里假定x与y是整数，而ip是指向int类型的指针。下面的代码段说明了如何在程序中声明指针以及如何使用运算符&和*：

```
int x = 1, y = 2, z[10];
int *ip;          /*  ip是指向int类型的指针  */

ip = &x;          /*  ip现在指向x  */
y = *ip;          /*  y的值现在为1  */
*ip = 0;          /*  x的值现在为0  */
ip = &z[0];       /*  ip现在指向z[0]  */
```

变量x、y与z的声明方式我们已经在前面的章节中见到过。我们来看指针ip的声明，如下所示：

```
int *ip;
```

这样声明是为了便于记忆。该声明语句表明表达式*ip的结果是int类型。这种声明变量的语法与声明该变量所在表达式的语法类似。同样的原因，对函数的声明也可以采用这种方式。例如，声明

```
double *dp, atof(char *);
```

表明，在表达式中，*dp和atof(s)的值都是double类型，且atof的参数是一个指向char类型的指针。

我们应该注意，指针只能指向某种特定类型的对象，也就是说，每个指针都必须指向某种特定的数据类型。（一个例外情况是指向void类型的指针可以存放指向任何类型的指针，但它不能间接引用其自身。我们将在5.11节中详细讨论该问题）。

如果指针ip指向整型变量x，那么在x可以出现的任何上下文中都可以使用*ip，因此，语句

```
*ip = *ip + 10;
```

将把*ip的值增加10。

一元运算符*和&的优先级比算术运算符的优先级高，因此，赋值语句

```
y = *ip + 1
```

将把*ip指向的对象的值取出并加1，然后再将结果赋值给y，而下列赋值语句：

```
*ip += 1
```

94 则将ip指向的对象的值加1，它等同于

```
++*ip
```

或

```
(*ip)++
```

语句的执行结果。语句(*ip)++中的圆括号是必需的，否则，该表达式将对ip进行加一运算，而不是对ip指向的对象进行加一运算，这是因为，类似于*和++这样的一元运算符遵循从右

至左的结合顺序。

最后说明一点，由于指针也是变量，所以在程序中可以直接使用，而不必通过间接引用的方法使用。例如，如果iq是另一个指向整型的指针，那么语句

```
iq = ip
```

将把ip中的值拷贝到iq中，这样，指针iq也将指向ip指向的对象。

5.2 指针与函数参数

由于C语言是以传值的方式将参数值传递给被调用函数，因此，被调用函数不能直接修改主调函数中变量的值。例如，排序函数可能会使用一个名为swap的函数来交换两个次序颠倒的元素。但是，如果将swap函数定义为下列形式：

```
void swap(int x, int y)  /*  错误定义的函数  */
{
    int temp;

    temp = x;
    x = y;
    y = temp;
}
```

则下列语句无法达到该目的。

```
swap(a, b);
```

这是因为，由于参数传递采用传值方式，因此上述的swap函数不会影响到调用它的例程中的参数a和b的值。该函数仅仅交换了a和b的副本的值。

那么，如何实现我们的目标呢？可以使主调程序将指向所要交换的变量的指针传递给被调用函数，即：

```
swap(&a, &b);
```

由于一元运算符&用来取变量的地址，这样&a就是一个指向变量a的指针。swap函数的所有参数都声明为指针，并且通过这些指针来间接访问它们指向的操作数。 95

```
void swap(int *px, int *py)  /*  交换*px和*py  */
{
    int temp;

    temp = *px;
    *px = *py;
    *py = temp;
}
```

我们通过图5-2进行说明。

指针参数使得被调用函数能够访问和修改主调函数中对象的值。我们来看这样一个例子：函数getint接受自由格式的输入，并执行转换，将输入的字符流分解成整数，且每次调用得到一个整数。getint需要返回转换后得到的整数，并且，在到达输入结尾时要返回文件结束

标记。这些值必须通过不同的方式返回。EOF（文件结束标记）可以用任何值表示，当然也可用一个输入的整数表示。

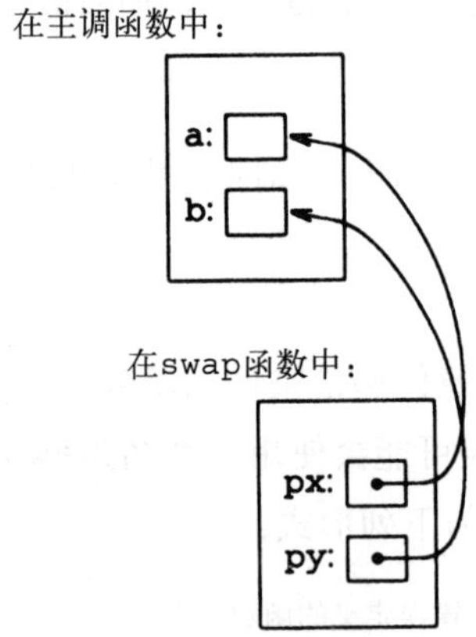

图 5-2

可以这样设计该函数：将标识是否到达文件结尾的状态作为getint函数的返回值，同时，使用一个指针参数存储转换后得到的整数并传回给主调函数。函数scanf的实现就采用了这种方法，具体细节请参见7.4节。

下面的循环语句调用getint函数给一个整型数组赋值：

```
int n, array[SIZE], getint(int *);

for (n = 0; n < SIZE && getint(&array[n]) != EOF; n++)
    ;
```

每次调用getint时，输入流中的下一个整数将被赋值给数组元素array[n]，同时，n的值将增加1。请注意，这里必须将array[n]的地址传递给函数getint，否则函数getint将无法把转换得到的整数传回给调用者。

该版本的getint函数在到达文件结尾时返回EOF，当下一个输入不是数字时返回0，当
96 输入中包含一个有意义的数字时返回一个正值。

```
#include <ctype.h>

int getch(void);
void ungetch(int);

/*  getint函数：将输入中的下一个整型数赋值给*pn   */
int getint(int *pn)
{
    int c, sign;

    while (isspace(c = getch()))    /*  跳过空白符   */
        ;
    if (!isdigit(c) && c != EOF && c != '+' && c != '-') {
        ungetch(c);      /*  输入不是一个数字   */
        return 0;
```

```
    }
    sign = (c == '-') ? -1 : 1;
    if (c == '+' || c == '-')
        c = getch();
    for (*pn = 0; isdigit(c); c = getch())
        *pn = 10 * *pn + (c - '0');
    *pn *= sign;
    if (c != EOF)
        ungetch(c);
    return c;
}
```

在getint函数中，*pn始终作为一个普通的整型变量使用。其中还使用了getch和ungetch两个函数（参见4.3节），借助这两个函数，函数getint必须读入的一个多余字符就可以重新写回到输入中。

练习5-1 在上面的例子中，如果符号+或-的后面紧跟的不是数字，getint函数将把符号视为数字0的有效表达方式。修改该函数，将这种形式的+或-符号重新写回到输入流中。

练习5-2 模仿函数getint的实现方法，编写一个读取浮点数的函数getfloat。getfloat函数的返回值应该是什么类型？

5.3 指针与数组

在C语言中，指针和数组之间的关系十分密切，因此，在接下来的部分中，我们将同时讨论指针与数组。通过数组下标所能完成的任何操作都可以通过指针来实现。一般来说，用指针编写的程序比用数组下标编写的程序执行速度快，但另一方面，用指针实现的程序理解起来稍微困难一些。 97

声明

```
int a[10];
```

定义了一个长度为10的数组a。换句话说，它定义了一个由10个对象组成的集合，这10个对象存储在相邻的内存区域中，名字分别为a[0]、a[1]、…、a[9]（参见图5-3）。

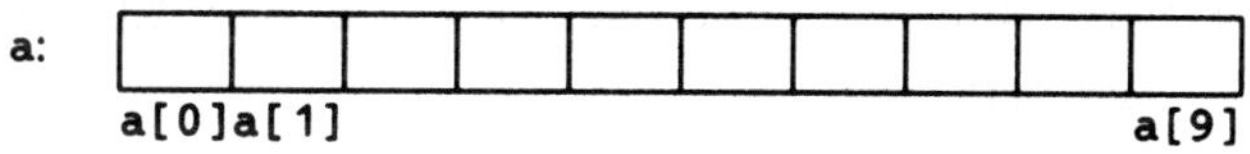

图 5-3

a[i]表示该数组的第i个元素。如果pa的声明为

```
int *pa;
```

则说明它是一个指向整型对象的指针，那么，赋值语句

```
pa = &a[0];
```

则可以将指针pa指向数组a的第0个元素，也就是说，pa的值为数组元素a[0]的地址（参见图5-4）。

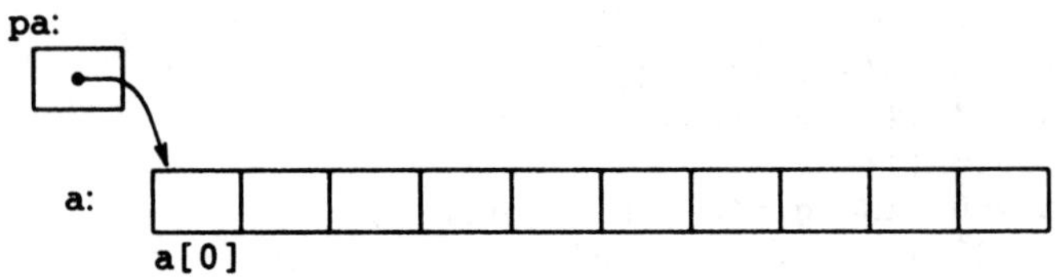

图 5-4

这样，赋值语句

```
x = *pa;
```

将把数组元素a[0]中的内容复制到变量x中。

如果pa指向数组中的某个特定元素，那么，根据指针运算的定义，pa+1将指向下一个元素，pa+i将指向pa所指向数组元素之后的第i个元素，而pa-i将指向pa所指向数组元素之前的第i个元素。因此，如果指针pa指向a[0]，那么*(pa+1)引用的是数组元素a[1]的内容，pa+i是数组元素a[i]的地址，*(pa+i)引用的是数组元素a[i]的内容(参见图5-5)。

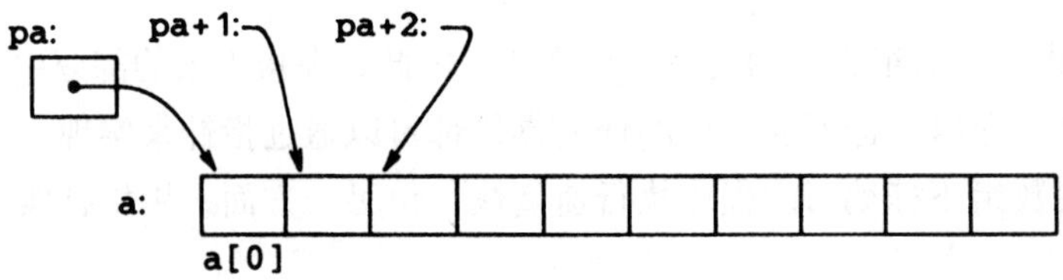

图 5-5

无论数组a中元素的类型或数组长度是什么，上面的结论都成立。“指针加1”就意味着，pa+1指向pa所指向的对象的下一个对象。相应地，pa+i指向pa所指向的对象之后的第i个
98 对象。

下标和指针运算之间具有密切的对应关系。根据定义，数组类型的变量或表达式的值是该数组第0个元素的地址。执行赋值语句

```
pa = &a[0];
```

后，pa和a具有相同的值。因为数组名所代表的就是该数组最开始的一个元素的地址，所以，赋值语句pa=&a[0]也可以写成下列形式：

```
pa = a;
```

对数组元素a[i]的引用也可以写成*(a+i)这种形式。对第一次接触这种写法的人来说，可能会觉得很奇怪。在计算数组元素a[i]的值时，C语言实际上先将其转换为*(a+i)的形式，然后再进行求值，因此在程序中这两种形式是等价的。如果对这两种等价的表示形式分别施加地址运算符&，便可以得出这样的结论：&a[i]和a+i的含义也是相同的。a+i是a之后第i

个元素的地址。相应地，如果pa是一个指针，那么，在表达式中也可以在它的后面加下标。pa[i]与*(pa+i)是等价的。简而言之，一个通过数组和下标实现的表达式可等价地通过指针和偏移量实现。

但是，我们必须记住，数组名和指针之间有一个不同之处。指针是一个变量，因此，在C语言中，语句pa=a和pa++都是合法的。但数组名不是变量，因此，类似于a=pa和a++形式的语句是非法的。

当把数组名传递给一个函数时，实际上传递的是该数组第一个元素的地址。在被调用函数中，该参数是一个局部变量，因此，数组名参数必须是一个指针，也就是一个存储地址值的变量。我们可以利用该特性编写strlen函数的另一个版本，该函数用于计算一个字符串的长度。

```
/*  strlen函数：返回字符串s的长度  */
int strlen(char *s)
{
    int n;

    for (n = 0; *s != '\0'; s++)
        n++;
    return n;
}
```

因为s是一个指针，所以对其执行自增运算是合法的。执行s++运算不会影响到strlen函数的调用者中的字符串，它仅对该指针在strlen函数中的私有副本进行自增运算。因此，类似于下面这样的函数调用：

```
strlen("hello, world");   /*  字符串常量  */
strlen(array);            /*  字符数组array有100个元素  */
strlen(ptr);              /*  ptr是一个指向char类型对象的指针  */
```

都可以正确地执行。

在函数定义中，形式参数 99

```
char s[];
```

和

```
char *s;
```

是等价的。我们通常更习惯于使用后一种形式，因为它比前者更直观地表明了该参数是一个指针。如果将数组名传递给函数，函数可以根据情况判定是按照数组处理还是按照指针处理，随后根据相应的方式操作该参数。为了直观且恰当地描述函数，在函数中甚至可以同时使用数组和指针这两种表示方法。

也可以将指向子数组起始位置的指针传递给函数，这样，就将数组的一部分传递给了函数。例如，如果a是一个数组，那么下面两个函数调用

```
f(&a[2])
```

与

```
f(a+2)
```

都将把起始于a[2]的子数组的地址传递给函数f。在函数f中，参数的声明形式可以为

```
f(int arr[]) { ... }
```

或

```
f(int *arr) { ... }
```

对于函数f来说，它并不关心所引用的是否只是一个更大数组的部分元素。

如果确信相应的元素存在，也可以通过下标访问数组第一个元素之前的元素。类似于p[-1]、p[-2]这样的表达式在语法上都是合法的，它们分别引用位于p[0]之前的两个元素。当然，引用数组边界之外的对象是非法的。

5.4 地址算术运算

如果p是一个指向数组中某个元素的指针，那么p++将对p进行自增运算并指向下一个元素，而p+=i将对p进行加i的增量运算，使其指向指针p当前所指向的元素之后的第i个元素。这类运算是指针或地址算术运算中最简单的形式。

C语言中的地址算术运算方法是一致且有规律的，将指针、数组和地址的算术运算集成在一起是该语言的一大优点。为了说明这一点，我们来看一个不完善的存储分配程序。它由两个函数组成。第一个函数alloc(n)返回一个指向n个连续字符存储单元的指针，alloc函数的调用者可利用该指针存储字符序列。第二个函数afree(p)释放已分配的存储空间，以便以后重用。之所以说这两个函数是“不完善的”，是因为对afree函数的调用次序必须与调用
100 alloc函数的次序相反。换句话说，alloc与afree以栈的方式（即后进先出的列表）进行存储空间的管理。标准库中提供了具有类似功能的函数malloc和free，它们没有上述限制，我们将在8.7节中说明如何实现这些函数。

最容易的实现方法是让alloc函数对一个大字符数组allocbuf中的空间进行分配。该数组是alloc和afree两个函数私有的数组。由于函数alloc和afree处理的对象是指针而不是数组下标，因此，其他函数无需知道该数组的名字，这样，可以在包含alloc和afree的源文件中将该数组声明为static类型，使得它对外不可见。实际实现时，该数组甚至可以没有名字，它可以通过调用malloc函数或向操作系统申请一个指向无名存储块的指针获得。

allocbuf中的空间使用状况也是我们需要了解的信息。我们使用指针allocp指向allocbuf中的下一个空闲单元。当调用alloc申请n个字符的空间时，alloc检查allocbuf数组中有没有足够的剩余空间。如果有足够的空闲空间，则alloc返回allocp的当前值（即空闲块的开始位置），然后将allocp加n以使它指向下一个空闲区域。如果空闲空间不够，则alloc返回0。如果p在allocbuf的边界之内，则afree(p)仅仅只是将allocp的值设置为p（参见图5-6）。

```
#define ALLOCSIZE 10000 /*  可用空间大小  */

static char allocbuf[ALLOCSIZE];   /*  alloc使用的存储区  */
```

```
static char *allocp = allocbuf;    /* 下一个空闲位置 */

char *alloc(int n)  /* 返回指向n个字符的指针 */
{
    if (allocbuf + ALLOCSIZE - allocp >= n) { /* 有足够的空闲空间 */
        allocp += n;
        return allocp - n; /* 分配前的指针p */
    } else        /* 空闲空间不够 */
        return 0;
}

void afree(char *p)  /* 释放p指向的存储区 */
{
    if (p >= allocbuf && p < allocbuf + ALLOCSIZE)
        allocp = p;
}
```

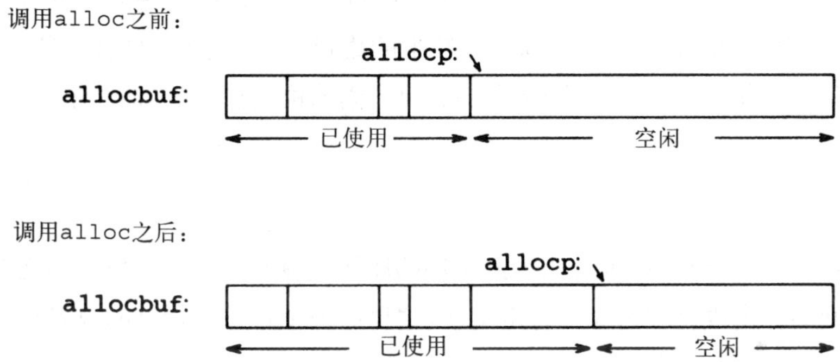

图 5-6 101

一般情况下，同其他类型的变量一样，指针也可以初始化。通常，对指针有意义的初始化值只能是0或者是表示地址的表达式，对后者来说，表达式所代表的地址必须是在此前已定义的具有适当类型的数据的地址。例如，声明

```
static char *allocp = allocbuf;
```

将allocp定义为字符类型指针，并将它初始化为allocbuf的起始地址，该起始地址是程序执行时的下一个空闲位置。上述语句也可以写成下列形式：

```
static char *allocp = &allocbuf[0];
```

这是因为该数组名实际上就是数组第0个元素的地址。

下列if测试语句：

```
if (allocbuf + ALLOCSIZE - allocp >= n) { /* 有足够的空闲空间 */
```

检查是否有足够的空闲空间以满足n个字符的存储空间请求。如果空闲空间足够，则分配存储空间后allocp的新值至多比allocbuf的尾端地址大1。如果存储空间的申请可以满足，alloc将返回一个指向所需大小的字符块首地址的指针（注意函数本身的声明）。如果申请无法满足，alloc必须返回某种形式的信号以说明没有足够的空闲空间可供分配。C语言保证，0永远不是有效的数据地址，因此，返回值0可用来表示发生了异常事件。在本例中，返回值0

表示没有足够的空闲空间可供分配。

指针与整数之间不能相互转换，但0是惟一的例外：常量0可以赋值给指针，指针也可以和常量0进行比较。程序中经常用符号常量NULL代替常量0，这样便于更清晰地说明常量0是指针的一个特殊值。符号常量NULL定义在标准头文件<stddef.h>中。我们在后面部分经常会用到NULL。

类似于

```
if (allocbuf + ALLOCSIZE - allocp >= n) { /* 有足够的空闲空间 */
```

以及

```
if (p >= allocbuf && p < allocbuf + ALLOCSIZE)
```

的条件测试语句表明指针算术运算有以下几个重要特点。首先，在某些情况下对指针可以进行比较运算。例如，如果指针p和q指向同一个数组的成员，那么它们之间就可以进行类似于==、!=、<、>=的关系比较运算。如果p指向的数组元素的位置在q指向的数组元素位置之前，那么关系表达式

```
p < q
```

102 的值为真（true）。任何指针与0进行相等或不等的比较运算都有意义。但是，指向不同数组的元素的指针之间的算术或比较运算没有定义。（这里有一个特例：指针的算术运算中可使用数组最后一个元素的下一个元素的地址。）

其次，我们从前面可以看到，指针可以和整数进行相加或相减运算。例如，结构

```
p + n
```

表示指针p当前指向的对象之后第n个对象的地址。无论指针p指向的对象是何种类型，上述结论都成立。在计算p+n时，n将根据p指向的对象的长度按比例缩放，而p指向的对象的长度则取决于p的声明。例如，如果int类型占4个字节的存储空间，那么在int类型的计算中，对应的n将按4的倍数来计算。

指针的减法运算也是有意义的：如果p和q指向相同数组中的元素，且p<q，那么q-p+1就是位于p和q指向的元素之间的元素的数目。我们由此可以编写出函数strlen的另一个版本，如下所示：

```
/*  strlen函数：返回字符串s的长度 */
int strlen(char *s)
{
    char *p = s;

    while (*p != '\0')
        p++;
    return p - s;
}
```

在上述程序段的声明中，指针p被初始化为指向s，即指向该字符串的第一个字符。while循环语句将依次检查字符串中的每个字符，直到遇到标识字符数组结尾的字符'\0'为止。由于

p是指向字符的指针，所以每执行一次p++，p就将指向下一个字符的地址，p-s则表示已经检查过的字符数，即字符串的长度。（字符串中的字符数有可能超过int类型所能表示的最大范围。头文件<stddef.h>中定义的类型ptrdiff_t足以表示两个指针之间的带符号差值。但是，我们在这里使用size_t作为函数strlen的返回值类型，这样可以与标准库中的函数版本相匹配。size_t是由运算符sizeof返回的无符号整型。）

指针的算术运算具有一致性：如果处理的数据类型是比字符型占据更多存储空间的浮点类型，并且p是一个指向浮点类型的指针，那么在执行p++后，p将指向下一个浮点数的地址。因此，只需要将alloc和afree函数中所有的char类型替换为float类型，就可以得到一个适用于浮点类型而非字符型的内存分配函数。所有的指针运算都会自动考虑它所指向的对象的长度。

有效的指针运算包括相同类型指针之间的赋值运算；指针同整数之间的加法或减法运算；指向相同数组中元素的两个指针间的减法或比较运算；将指针赋值为0或指针与0之间的比较运算。其他所有形式的指针运算都是非法的，例如两个指针间的加法、乘法、除法、移位或屏蔽运算；指针同float或double类型之间的加法运算；不经强制类型转换而直接将指向一种类型对象的指针赋值给指向另一种类型对象的指针的运算（两个指针之一是void *类型的情况除外）。 103

5.5 字符指针与函数

字符串常量是一个字符数组，例如：

```
"I am a string"
```

在字符串的内部表示中，字符数组以空字符'\0'结尾，所以，程序可以通过检查空字符找到字符数组的结尾。字符串常量占据的存储单元数也因此比双引号内的字符数大1。

字符串常量最常见的用法也许是作为函数参数，例如：

```
printf("hello, world\n");
```

当类似于这样的一个字符串出现在程序中时，实际上是通过字符指针访问该字符串的。在上述语句中，printf接受的是一个指向字符数组第一个字符的指针。也就是说，字符串常量可通过一个指向其第一个元素的指针访问。

除了作为函数参数外，字符串常量还有其他用法。假定指针pmessage的声明如下：

```
char *pmessage;
```

那么，语句

```
pmessage = "now is the time";
```

将把一个指向该字符数组的指针赋值给pmessage。该过程并没有进行字符串的复制，而只是涉及到指针的操作。C语言没有提供将整个字符串作为一个整体进行处理的运算符。

下面两个定义之间有很大的差别：

```
char amessage[] = "now is the time";   /*  定义一个数组  */
char *pmessage = "now is the time";    /*  定义一个指针  */
```

上述声明中，amessage是一个仅仅足以存放初始化字符串以及空字符'\0'的一维数组。数组中的单个字符可以进行修改，但amessage始终指向同一个存储位置。另一方面，pmessage是一个指针，其初值指向一个字符串常量，之后它可以被修改以指向其他地址，但如果试图修改字符串的内容，结果是没有定义的（参见图5-7）。

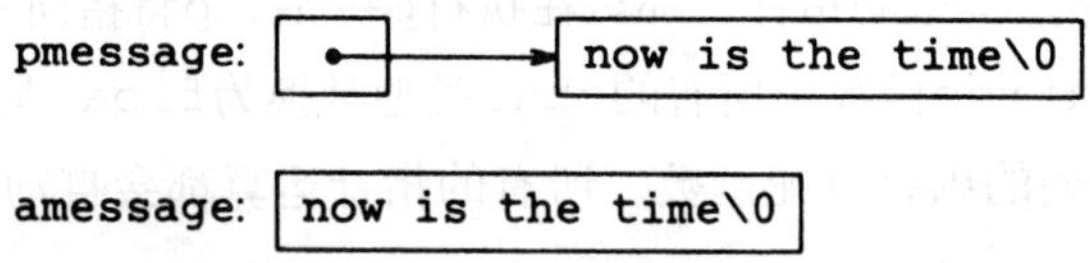

图 5-7

为了更进一步地讨论指针和数组其他方面的问题，下面以标准库中两个有用的函数为例来研究它们的不同实现版本。第一个函数strcpy(s,t)把指针t指向的字符串复制到指针s指向的位置。如果使用语句s=t实现该功能，其实质上只是拷贝了指针，而并没有复制字符。
104 为了进行字符的复制，这里使用了一个循环语句。strcpy函数的第1个版本是通过数组方法实现的，如下所示：

```
/*  strcpy函数：将指针t指向的字符串复制到指针s指向的位置；使用数组下标实现的版本  */
void strcpy(char *s, char *t)
{
    int i;

    i = 0;
    while ((s[i] = t[i]) != '\0')
        i++;
}
```

为了进行比较，下面是用指针方法实现的strcpy函数：

```
/*  strcpy函数：将指针t指向的字符串复制到指针s指向的位置；使用指针方式实现的版本1  */
void strcpy(char *s, char *t)
{
    while ((*s = *t) != '\0') {
        s++;
        t++;
    }
}
```

因为参数是通过值传递的，所以在strcpy函数中可以以任何方式使用参数s和t。在此，s和t是方便地进行了初始化的指针，循环每执行一次，它们就沿着相应的数组前进一个字符，直到将t中的结束符'\0'复制到s为止。

实际上，strcpy函数并不会按照上面的这些方式编写。经验丰富的程序员更喜欢将它编写成下列形式：

```
/*  strcpy函数：将指针t指向的字符串复制到指针s指向的位置；使用指针方式实现的版本2 */
void strcpy(char *s, char *t)
```

```
{
    while ((*s++ = *t++) != '\0')
        ;
}
```

在该版本中，s和t的自增运算放到了循环的测试部分中。表达式*t++的值是执行自增运算之前t所指向的字符。后缀运算符++表示在读取该字符之后才改变t的值。同样的道理，在s执行自增运算之前，字符就被存储到了指针s指向的旧位置。该字符值同时也用来和空字符'\0'进行比较运算，以控制循环的执行。最后的结果是依次将t指向的字符复制到s指向的位置，直到遇到结束符'\0'为止（同时也复制该结束符）。

为了更进一步地精炼程序，我们注意到，表达式同'\0'的比较是多余的，因为只需要判断表达式的值是否为0即可。因此，该函数可进一步写成下列形式： 105

```
/*  strcpy函数：将指针t指向的字符串复制到指针s指向的位置；使用指针方式实现的版本3  */
void strcpy(char *s, char *t)
{
    while (*s++ = *t++)
        ;
}
```

该函数初看起来不太容易理解，但这种表示方法是很有好处的，我们应该掌握这种方法，C语言程序中经常会采用这种写法。

标准库（<string.h>）中提供的函数strcpy把目标字符串作为函数值返回。

我们研究的第二个函数是字符串比较函数strcmp(s,t)。该函数比较字符串s和t，并且根据s按照字典顺序小于、等于或大于t的结果分别返回负整数、0或正整数。该返回值是s和t由前向后逐字符比较时遇到的第一个不相等字符处的字符的差值。

```
/*  strcmp函数：根据s按照字典顺序小于、等于或大于t的结果分别返回负整数、0或正整数  */
int strcmp(char *s, char *t)
{
    int i;

    for (i = 0; s[i] == t[i]; i++)
        if (s[i] == '\0')
            return 0;
    return s[i] - t[i];
}
```

下面是用指针方式实现的strcmp函数：

```
/*  strcmp函数：根据s按照字典顺序小于、等于或大于t的结果分别返回负整数、0或正整数  */
int strcmp(char *s, char *t)
{
    for ( ; *s == *t; s++, t++)
        if (*s == '\0')
            return 0;
    return *s - *t;
}
```

由于++和--既可以作为前缀运算符，也可以作为后缀运算符，所以还可以将运算符*与运算符++和--按照其他方式组合使用，但这些用法并不多见。例如，下列表达式

```
*--p
```

在读取指针p指向的字符之前先对p执行自减运算。事实上，下面的两个表达式：

```
*p++ = val;     /*  将val压入栈  */
val = *--p;     /*  将栈顶元素弹出到val中   */
```

是进栈和出栈的标准用法。更详细的信息，请参见4.3节。

106 头文件<string.h>中包含本节提到的函数的声明，另外还包括标准库中其他一些字符串处理函数的声明。

练习5-3 用指针方式实现第2章中的函数strcat。函数strcat(s,t)将t指向的字符串复制到s指向的字符串的尾部。

练习5-4 编写函数strend(s,t)。如果字符串t出现在字符串s的尾部，该函数返回1；否则返回0。

练习5-5 实现库函数strncpy、strncat和strncmp，它们最多对参数字符串中的前n个字符进行操作。例如，函数strncpy(s,t,n)将t中最多前n个字符复制到s中。更详细的说明请参见附录B。

练习5-6 采用指针而非数组索引方式改写前面章节和练习中的某些程序，例如getline（第1、4章），atoi、itoa以及它们的变体形式（第2、3、4章），reverse（第3章），strindex、getop（第4章）等等。

5.6 指针数组以及指向指针的指针

由于指针本身也是变量，所以它们也可以像其他变量一样存储在数组中。下面通过编写UNIX程序sort的一个简化版本说明这一点。该程序按字母顺序对由文本行组成的集合进行排序。

我们在第3章中曾描述过一个用于对整型数组中的元素进行排序的Shell排序函数，并在第4章中用快速排序算法对它进行了改进。这些排序算法在此仍然是有效的，但是，现在处理的是长度不一的文本行，并且，与整数不同的是，它们不能在单个运算中完成比较或移动操作。我们需要一个能够高效、方便地处理可变长度文本行的数据表示方法。

我们引入指针数组处理这种问题。如果待排序的文本行首尾相连地存储在一个长字符数组中，那么每个文本行可通过指向它的第一个字符的指针来访问。这些指针本身可以存储在一个数组中。这样，将指向两个文本行的指针传递给函数strcmp就可实现对这两个文本行的比较。当交换次序颠倒的两个文本行时，实际上交换的是指针数组中与这两个文本行相对应的指针，而不是这两个文本行本身（参见图5-8）。

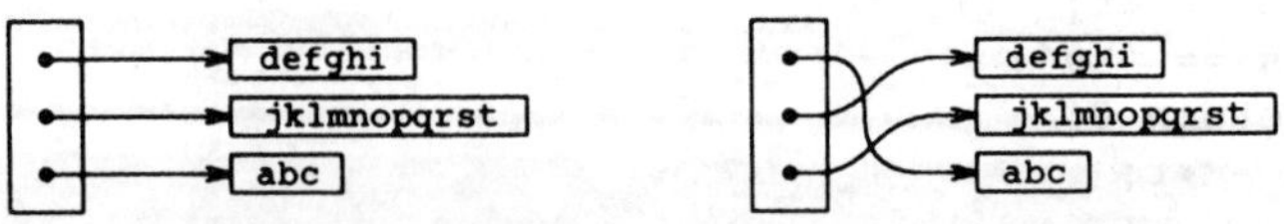

图 5-8

这种实现方法消除了因移动文本行本身所带来的复杂的存储管理和巨大的开销这两个孪

生问题。 107

排序过程包括下列3个步骤：

读取所有输入行

对文本行进行排序

按次序打印文本行

通常情况下，最好将程序划分成若干个与问题的自然划分相一致的函数，并通过主函数控制其他函数的执行。关于对文本行排序这一步，我们稍后再做说明，现在主要考虑数据结构以及输入和输出函数。

输入函数必须收集和保存每个文本行中的字符，并建立一个指向这些文本行的指针的数组。它同时还必须统计输入的行数，因为在排序和打印时要用到这一信息。由于输入函数只能处理有限数目的输入行，所以在输入行数过多而超过限定的最大行数时，该函数返回某个用于表示非法行数的数值，例如-1。

输出函数只需要按照指针数组中的次序依次打印这些文本行即可。

```
#include <stdio.h>
#include <string.h>

#define MAXLINES 5000        /* 进行排序的最大文本行数 */

char *lineptr[MAXLINES];     /* 指向文本行的指针数组 */

int readlines(char *lineptr[], int nlines);
void writelines(char *lineptr[], int nlines);

void qsort(char *lineptr[], int left, int right);

/* 对输入的文本行进行排序 */
main()
{
    int nlines;     /* 读取的输入行数目 */

    if ((nlines = readlines(lineptr, MAXLINES)) >= 0) {
        qsort(lineptr, 0, nlines-1);
        writelines(lineptr, nlines);
        return 0;
    } else {
        printf("error: input too big to sort\n");
        return 1;
    }
}
```

108

```
#define MAXLEN 1000    /* 每个输入文本行的最大长度 */
int getline(char *, int);
char *alloc(int);

/* readlines函数：读取输入行 */
int readlines(char *lineptr[], int maxlines)
{
    int len, nlines;
    char *p, line[MAXLEN];
```

```
    nlines = 0;
    while ((len = getline(line, MAXLEN)) > 0)
        if (nlines >= maxlines || (p = alloc(len)) == NULL)
            return -1;
        else {
            line[len-1] = '\0'; /*  删除换行符  */
            strcpy(p, line);
            lineptr[nlines++] = p;
        }
    return nlines;
}

/*  writelines函数：写输出行  */
void writelines(char *lineptr[], int nlines)
{
    int i;

    for (i = 0; i < nlines; i++)
        printf("%s\n", lineptr[i]);
}
```

有关函数getline的详细信息参见1.9节。

在该例子中，指针数组lineptr的声明是新出现的重要概念：

```
char *lineptr[MAXLINES]
```

它表示lineptr是一个具有MAXLINES个元素的一维数组，其中数组的每个元素是一个指向字符类型对象的指针。也就是说，lineptr[i]是一个字符指针，而*lineptr[i]是该指针指向的第i个文本行的首字符。

由于lineptr本身是一个数组名，因此，可按照前面例子中相同的方法将其作为指针使用，这样，writelines函数可以改写为：

```
/*  writelines函数：写输出行  */
void writelines(char *lineptr[], int nlines)
{
    while (nlines-- > 0)
        printf("%s\n", *lineptr++);
109 }
```

循环开始执行时，*lineptr指向第一行，每执行一次自增运算都使得*lineptr指向下一行，同时对nlines进行自减运算。

在明确了输入和输出函数的实现方法之后，下面便可以着手考虑文本行的排序问题了。在这里需要对第4章的快速排序函数做一些小改动：首先，需要修改该函数的声明部分；其次，需要调用strcmp函数完成文本行的比较运算。但排序算法在这里仍然有效，不需要做任何改动。

```
/*  qsort函数：按递增顺序对v[left]…v[right]进行排序  */
void qsort(char *v[], int left, int right)
{
    int i, last;
    void swap(char *v[], int i, int j);
```

```
    if (left >= right)    /*  如果数组元素的个数小于2，则返回  */
        return;
    swap(v, left, (left + right)/2);
    last = left;
    for (i = left+1; i <= right; i++)
        if (strcmp(v[i], v[left]) < 0)
            swap(v, ++last, i);
    swap(v, left, last);
    qsort(v, left, last-1);
    qsort(v, last+1, right);
}
```

同样，swap函数也只需要做一些很小的改动：

```
/*  swap函数：交换v[i]和v[j]  */
void swap(char *v[], int i, int j)
{
    char *temp;

    temp = v[i];
    v[i] = v[j];
    v[j] = temp;
}
```

因为v（别名为lineptr）的所有元素都是字符指针，并且temp也必须是字符指针，因此temp与v的任意元素之间可以互相复制。

练习5-7 重写函数readlines，将输入的文本行存储到由main函数提供的一个数组中，而不是存储到调用alloc分配的存储空间中。该函数的运行速度比改写前快多少？

5.7 多维数组

C语言提供了类似于矩阵的多维数组，但实际上它们并不像指针数组使用得那样广泛。本节将对多维数组的特性进行介绍。 110

我们考虑一个日期转换的问题：把某月某日这种日期表示形式转换为某年中第几天的表示形式，反之亦然。例如，3月1日是非闰年的第60天，是闰年的第61天。在这里，我们定义下列两个函数以进行日期转换：函数day_of_year将某月某日的日期表示形式转换为某一年中第几天的表示形式，函数month_day则执行相反的转换。因为后一个函数要返回两个值，所以在函数month_day中，月和日这两个参数使用指针的形式。例如，下列语句：

```
month_day(1988, 60, &m, &d)
```

将把m的值设置为2，把d的值设置为29（2月29日）。

这些函数都要用到一张记录每月天数的表（如“9月有30天”等）。对闰年和非闰年来说，每个月的天数不同，所以，将这些天数分别存放在一个二维数组的两行中比在计算过程中判断2月有多少天更容易。该数组以及执行日期转换的函数如下所示：

```
static char daytab[2][13] = {
    {0, 31, 28, 31, 30, 31, 30, 31, 31, 30, 31, 30, 31},
    {0, 31, 29, 31, 30, 31, 30, 31, 31, 30, 31, 30, 31}
};
```

```
/*  day_of_year函数：将某月某日的日期表示形式转换为某年中第几天的表示形式  */
int day_of_year(int year, int month, int day)
{
    int i, leap;

    leap = year%4 == 0 && year%100 != 0 || year%400 == 0;
    for (i = 1; i < month; i++)
        day += daytab[leap][i];
    return day;
}
```

```
/*  month_day函数：将某年中第几天的日期表示形式转换为某月某日的表示形式  */
void month_day(int year, int yearday, int *pmonth, int *pday)
{
    int i, leap;

    leap = year%4 == 0 && year%100 != 0 || year%400 == 0;
    for (i = 1; yearday > daytab[leap][i]; i++)
        yearday -= daytab[leap][i];
    *pmonth = i;
    *pday = yearday;
}
```

我们在前面的章节中曾讲过，逻辑表达式的算术运算值只可能是0（为假时）或者1（为真时）。因此，在本例中，可以将逻辑表达式leap用做数组daytab的下标。

111 数组daytab必须在函数day_of_year和month_day的外部进行声明，这样，这两个函数都可以使用该数组。这里之所以将daytab的元素声明为char类型，是为了说明在char类型的变量中存放较小的非字符整数也是合法的。

到目前为止，daytab是我们遇到的第一个二维数组。在C语言中，二维数组实际上是一种特殊的一维数组，它的每个元素也是一个一维数组。因此，数组下标应该写成

```
daytab[i][j]    /*  [行][列]  */
```

而不能写成

```
daytab[i,j]    /*  错误的形式  */
```

除了表示方式的区别外，C语言中二维数组的使用方式和其他语言一样。数组元素按行存储，因此，当按存储顺序访问数组时，最右边的数组下标（即列）变化得最快。

数组可以用花括号括起来的初值表进行初始化，二维数组的每一行由相应的子列表进行初始化。在本例中，我们将数组daytab的第一列元素设置为0，这样，月份的值为1~12，而不是0~11。由于在这里存储空间并不是主要问题，所以这种处理方式比在程序中调整数组的下标更加直观。

如果将二维数组作为参数传递给函数，那么在函数的参数声明中必须指明数组的列数。数组的行数没有太大关系，因为前面已经讲过，函数调用时传递的是一个指针，它指向由行向量构成的一维数组，其中每个行向量是具有13个整型元素的一维数组。在该例子中，传递给函数的是一个指向很多对象的指针，其中每个对象是由13个整型元素构成的一维数组。因此，如果将数组daytab作为参数传递给函数f，那么f的声明应该写成下列形式：

```
f(int daytab[2][13]) { ... }
```

也可以写成

```
f(int daytab[][13]) { ... }
```

因为数组的行数无关紧要，所以，该声明还可以写成

```
f(int (*daytab)[13]) { ... }
```

这种声明形式表明参数是一个指针，它指向具有13个整型元素的一维数组。因为方括号[]的优先级高于*的优先级，所以上述声明中必须使用圆括号。如果去掉括号，则声明变成

```
int *daytab[13]
```

这相当于声明了一个数组，该数组有13个元素，其中每个元素都是一个指向整型对象的指针。一般来说，除数组的第一维（下标）可以不指定大小外，其余各维都必须明确指定大小。

我们将在5.12节中进一步讨论更复杂的声明。

练习5-8 函数day_of_year和month_day中没有进行错误检查，请解决该问题。 112

5.8 指针数组的初始化

考虑这样一个问题：编写一个函数month_name(n)，它返回一个指向第n个月名字的字符串的指针。这是内部static类型数组的一种理想的应用。month_name函数中包含一个私有的字符串数组，当它被调用时，返回一个指向正确元素的指针。本节将说明如何初始化该名字数组。

指针数组的初始化语法和前面所讲的其他类型对象的初始化语法类似：

```
/*  month_name函数：返回第n个月份的名字  */
char *month_name(int n)
{
    static char *name[] = {
        "Illegal month",
        "January", "February", "March",
        "April", "May", "June",
        "July", "August", "September",
        "October", "November", "December"
    };

    return (n < 1 || n > 12) ? name[0] : name[n];
}
```

其中，name的声明与排序例子中lineptr的声明相同，是一个一维数组，数组的元素为字符指针。name数组的初始化通过一个字符串列表实现，列表中的每个字符串赋值给数组相应位置的元素。第i个字符串的所有字符存储在存储器中的某个位置，指向它的指针存储在name[i]中。由于上述声明中没有指明数组name的长度，因此，编译器编译时将对初值个数进行统计，并将这一准确数字填入数组的长度。

5.9 指针与多维数组

对于C语言的初学者来说，很容易混淆二维数组与指针数组之间的区别，比如上面例子中

的name。假如有下面两个定义：

```
int a[10][20];
int *b[10];
```

那么，从语法角度讲，a[3][4]和b[3][4]都是对一个int对象的合法引用。但a是一个真正的二维数组，它分配了200个int类型长度的存储空间，并且通过常规的矩阵下标计算公式20×*row*+*col*（其中，*row*表示行，*col*表示列）计算得到元素a[*row*][*col*]的位置。但是，对b来说，该定义仅仅分配了10个指针，并且没有对它们初始化，它们的初始化必须以显式的方式进行，比如静态初始化或通过代码初始化。假定b的每个元素都指向一个具有20个元素的数组，那么编译器就要为它分配200个int类型长度的存储空间以及10个指针的存储空间。指针
113 数组的一个重要优点在于，数组的每一行长度可以不同，也就是说，b的每个元素不必都指向一个具有20个元素的向量，某些元素可以指向具有2个元素的向量，某些元素可以指向具有50个元素的向量，而某些元素可以不指向任何向量。

尽管我们在上面的讨论中都是借助于整型进行讨论，但到目前为止，指针数组最频繁的用处是存放具有不同长度的字符串，比如函数month_name中的情况。结合下面的声明和图形化描述，我们可以做一个比较。下面是指针数组的声明和图形化描述（参见图5-9）：

```
char *name[] = { "Illegal month", "Jan", "Feb", "Mar" };
```

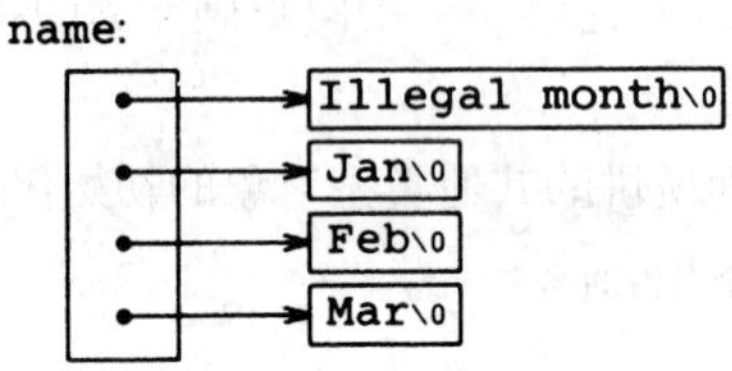

图 5-9

下面是二维数组的声明和图形化描述（参见图5-10）：

```
char aname[][15] = { "Illegal month", "Jan", "Feb", "Mar" };
```

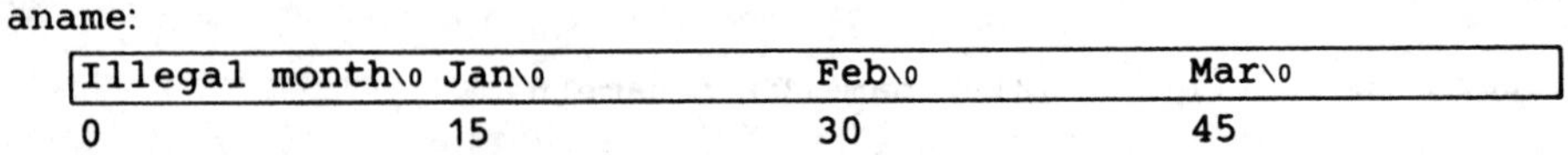

图 5-10

练习5-9 用指针方式代替数组下标方式改写函数day_of_year和month_day。

5.10 命令行参数

在支持C语言的环境中，可以在程序开始执行时将命令行参数传递给程序。调用主函数main时，它带有两个参数。第一个参数（习惯上称为argc，用于参数计数）的值表示运行程序时命令行中参数的数目；第二个参数（称为argv，用于参数向量）是一个指向字符串数

组的指针，其中每个字符串对应一个参数。我们通常用多级指针处理这些字符串。

最简单的例子是程序echo，它将命令行参数回显在屏幕上的一行中，其中命令行中各参数之间用空格隔开。也就是说，命令

```
echo hello, world
```

将打印下列输出：

```
hello, world
```
114

按照C语言的约定，argv[0]的值是启动该程序的程序名，因此argc的值至少为1。如果argc的值为1，则说明程序名后面没有命令行参数。在上面的例子中，argc的值为3，argv[0]、argv[1]和argv[2]的值分别为"echo"、"hello,"以及"world"。第一个可选参数为argv[1]，而最后一个可选参数为argv[argc-1]。另外，ANSI标准要求argv[argc]的值必须为一空指针（参见图5-11）。

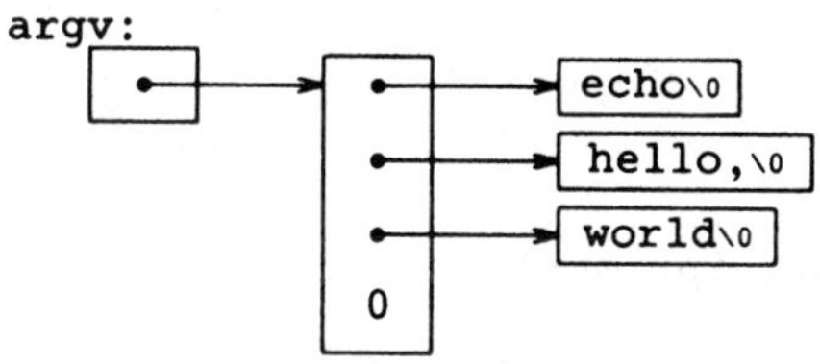

图 5-11

程序echo的第一个版本将argv看成是一个字符指针数组：

```
#include <stdio.h>

/*  回显程序命令行参数；版本1  */
main(int argc, char *argv[])
{
    int i;

    for (i = 1; i < argc; i++)
        printf("%s%s", argv[i], (i < argc-1) ? " " : "");
    printf("\n");
    return 0;
}
```

因为argv是一个指向指针数组的指针，所以，可以通过指针而非数组下标的方式处理命令行参数。echo程序的第二个版本是在对argv进行自增运算、对argc进行自减运算的基础上实现的，其中argv是一个指向char类型的指针的指针：

```
#include <stdio.h>

/*  回显程序命令行参数；版本2  */
main(int argc, char *argv[])
{
    while (--argc > 0)
        printf("%s%s", *++argv, (argc > 1) ? " " : "");
    printf("\n");
```

```
    return 0;
}
```

因为argv是一个指向参数字符串数组起始位置的指针，所以，自增运算（++argv）将使得它在最开始指向argv[1]而非argv[0]。每执行一次自增运算，就使得argv指向下一个参数，*argv就是指向那个参数的指针。与此同时，argc执行自减运算，当它变成0时，就完成了所有参数的打印。

115 也可以将printf语句写成下列形式：

```
printf((argc > 1) ? "%s " : "%s", *++argv);
```

这就说明，printf的格式化参数也可以是表达式。

我们来看第二个例子。在该例子中，我们将增强4.1节中模式查找程序的功能。在4.1节中，我们将查找模式内置到程序中了，这种解决方法显然不能令人满意。下面我们来效仿UNIX程序grep的实现方法改写模式查找程序，通过命令行的第一个参数指定待匹配的模式。

```
#include <stdio.h>
#include <string.h>
#define MAXLINE 1000

int getline(char *line, int max);

/*  find函数：打印与第一个参数指定的模式匹配的行  */
main(int argc, char *argv[])
{
    char line[MAXLINE];
    int found = 0;

    if (argc != 2)
        printf("Usage: find pattern\n");
    else
        while (getline(line, MAXLINE) > 0)
            if (strstr(line, argv[1]) != NULL) {
                printf("%s", line);
                found++;
            }
    return found;
}
```

标准库函数strstr(s,t)返回一个指针，该指针指向字符串t在字符串s中第一次出现的位置；如果字符串t没有在字符串s中出现，函数返回NULL（空指针）。该函数声明在头文件<string.h>中。

为了更进一步地解释指针结构，我们来改进模式查找程序。假定允许程序带两个可选参数。其中一个参数表示“打印除匹配模式之外的所有行”，另一个参数表示“每个打印的文本行前面加上相应的行号”。

UNIX系统中的C语言程序有一个公共的约定：以负号开头的参数表示一个可选标志或参数。假定用-x（代表“除……之外”）表示打印所有与模式不匹配的文本行，用-n（代表“行号”）表示打印行号，那么下列命令：

```
find -x -n 模式
```

将打印所有与模式不匹配的行，并在每个打印行的前面加上行号。

可选参数应该允许以任意次序出现，同时，程序的其余部分应该与命令行中参数的数目无关。此外，如果可选参数能够组合使用，将会给使用者带来更大的方便，比如： 116

```
find -nx 模式
```

改写后的模式查找程序如下所示：

```
#include <stdio.h>
#include <string.h>
#define MAXLINE 1000

int getline(char *line, int max);

/*  find函数：打印所有与第一个参数指定的模式相匹配的行  */
main(int argc, char *argv[])
{
    char line[MAXLINE];
    long lineno = 0;
    int c, except = 0, number = 0, found = 0;

    while (--argc > 0 && (*++argv)[0] == '-')
        while (c = *++argv[0])
            switch (c) {
            case 'x':
                except = 1;
                break;
            case 'n':
                number = 1;
                break;
            default:
                printf("find: illegal option %c\n", c);
                argc = 0;
                found = -1;
                break;
            }
    if (argc != 1)
        printf("Usage: find -x -n pattern\n");
    else
        while (getline(line, MAXLINE) > 0) {
            lineno++;
            if ((strstr(line, *argv) != NULL) != except) {
                if (number)
                    printf("%ld:", lineno);
                printf("%s", line);
                found++;
            }
        }
    return found;
}
```

在处理每个可选参数之前，argc执行自减运算，argv执行自增运算。循环语句结束时，如果没有错误，则argc的值表示还没有处理的参数数目，而argv则指向这些未处理参数中的第一个参数。因此，这时argc的值应为1，而*argv应该指向模式。注意，*++argv是一 117

个指向参数字符串的指针，因此(*++argv)[0]是它的第一个字符（另一种有效形式是**++argv)。因为[]与操作数的结合优先级比*和++高，所以在上述表达式中必须使用圆括号，否则编译器将会把该表达式当做*++(argv[0])。实际上，我们在内层循环中就使用了表达式*++argv[0]，其目的是遍历一个特定的参数串。在内层循环中，表达式*++argv[0]对指针argv[0]进行了自增运算。

很少有人使用比这更复杂的指针表达式。如果遇到这种情况，可以将它们分为两步或三步来理解，这样会更直观一些。

练习5-10 编写程序expr，以计算从命令行输入的逆波兰表达式的值，其中每个运算符或操作数用一个单独的参数表示。例如，命令

```
expr  2  3  4  +  *
```

将计算表达式2 × (3+4)的值。

练习5-11 修改程序entab和detab（第1章练习中编写的函数），使它们接受一组作为参数的制表符停止位。如果启动程序时不带参数，则使用默认的制表符停止位设置。

练习5-12 对程序entab和detab的功能做一些扩充，以接受下列缩写的命令：

```
entab -m +n
```

表示制表符从第*m*列开始，每隔*n*列停止。选择（对使用者而言）比较方便的默认行为。

练习5-13 编写程序tail，将其输入中的最后*n*行打印出来。默认情况下，*n*的值为10，但可通过一个可选参数改变*n*的值，因此，命令

```
tail -n
```

将打印其输入的最后*n*行。无论输入或*n*的值是否合理，该程序都应该能正常运行。编写的程序要充分地利用存储空间；输入行的存储方式应该同5.6节中排序程序的存储方式一样，而不采用固定长度的二维数组。

5.11 指向函数的指针

在C语言中，函数本身不是变量，但可以定义指向函数的指针。这种类型的指针可以被赋值、存放在数组中、传递给函数以及作为函数的返回值等等。为了说明指向函数的指针的用法，我们接下来将修改本章前面的排序函数，在给定可选参数-n的情况下，该函数将按数值大小而非字典顺序对输入行进行排序。

118 排序程序通常包括3部分：判断任何两个对象之间次序的比较操作、颠倒对象次序的交换操作、一个用于比较和交换对象直到所有对象都按正确次序排列的排序算法。由于排序算法与比较、交换操作无关，因此，通过在排序算法中调用不同的比较和交换函数，便可以实现按照不同的标准排序。这就是我们的新版本排序函数所采用的方法。

我们在前面讲过，函数strcmp按字典顺序比较两个输入行。在这里，我们还需要一个以数值为基础来比较两个输入行，并返回与strcmp同样的比较结果的函数numcmp。这些函数在main之前声明，并且，指向恰当函数的指针将被传递给qsort函数。在这里，参数的出错

处理并不是问题的重点，我们将主要考虑指向函数的指针问题。

```
#include <stdio.h>
#include <string.h>

#define MAXLINES 5000       /*  待排序的最大行数  */
char *lineptr[MAXLINES];    /*  指向文本行的指针  */

int readlines(char *lineptr[], int nlines);
void writelines(char *lineptr[], int nlines);

void qsort(void *lineptr[], int left, int right,
           int (*comp)(void *, void *));
int numcmp(char *, char *);

/*  对输入的文本行进行排序  */
main(int argc, char *argv[])
{
    int nlines;             /*  读入的输入行数  */
    int numeric = 0;        /*  若进行数值排序，则numeric的值为1  */

    if (argc > 1 && strcmp(argv[1], "-n") == 0)
        numeric = 1;
    if ((nlines = readlines(lineptr, MAXLINES)) >= 0) {
        qsort((void **) lineptr, 0, nlines-1,
          (int (*)(void*,void*))(numeric ? numcmp : strcmp));
        writelines(lineptr, nlines);
        return 0;
    } else {
        printf("input too big to sort\n");
        return 1;
    }
}
```

在调用函数qsort的语句中，strcmp和numcmp是函数的地址。因为它们是函数，所以前面不需要加上取地址运算符&，同样的原因，数组名前面也不需要&运算符。

改写后的qsort函数能够处理任何数据类型，而不仅仅限于字符串。从函数qsort的原 119
型可以看出，它的参数表包括一个指针数组、两个整数和一个有两个指针参数的函数。其中，指针数组参数的类型为通用指针类型void *。由于任何类型的指针都可以转换为void *类型，并且在将它转换回原来的类型时不会丢失信息，所以，调用qsort函数时可以将参数强制转换为void*类型。比较函数的参数也要执行这种类型的转换。这种转换通常不会影响到数据的实际表示，但要确保编译器不会报错。

```
/*  qsort函数：以递增顺序对v[left]…v[right]进行排序  */
void qsort(void *v[], int left, int right,
           int (*comp)(void *, void *))
{
    int i, last;
    void swap(void *v[], int, int);

    if (left >= right)    /*  如果数组元素个数小于2，则不执行任何操作  */
        return;
    swap(v, left, (left + right)/2);
    last = left;
```

```
    for (i = left+1; i <= right; i++)
        if ((*comp)(v[i], v[left]) < 0)
            swap(v, ++last, i);
    swap(v, left, last);
    qsort(v, left, last-1, comp);
    qsort(v, last+1, right, comp);
}
```

我们仔细研究一下其中的声明。qsort函数的第四个参数声明如下：

```
int (*comp)(void *, void *)
```

它表明comp是一个指向函数的指针，该函数具有两个void*类型的参数，其返回值类型为int。

在下列语句中：

```
if ((*comp)(v[i], v[left]) < 0)
```

comp的使用和其声明是一致的，comp是一个指向函数的指针，*comp代表一个函数。下列语句是对该函数进行调用：

```
(*comp)(v[i], v[left])
```

其中的圆括号是必须的，这样才能够保证其中的各个部分正确结合。如果没有括号，例如写成下面的形式：

```
int *comp(void *, void *)    /* 错误的写法 */
```

则表明comp是一个函数，该函数返回一个指向int类型的指针，这同我们的本意显然有很大的差别。

我们在前面讲过函数strcmp，它用于比较两个字符串。这里介绍的函数numcmp也是比
120 较两个字符串，但它通过调用atof计算字符串对应的数值，然后在此基础上进行比较：

```
#include <stdlib.h>

/* numcmp函数：按数值顺序比较字符串s1和s2 */
int numcmp(char *s1, char *s2)
{
    double v1, v2;

    v1 = atof(s1);
    v2 = atof(s2);
    if (v1 < v2)
        return -1;
    else if (v1 > v2)
        return 1;
    else
        return 0;
}
```

交换两个指针的swap函数和本章前面所述的swap函数相同，但它的参数声明为void *类型。

```
void swap(void *v[], int i, int j)
{
    void *temp;

    temp = v[i];
    v[i] = v[j];
    v[j] = temp;
}
```

还可以将其他一些选项增加到排序程序中，有些可以作为较难的练习。

练习5-14　修改排序程序，使它能处理-r标记。该标记表明，以逆序（递减）方式排序。要保证-r和-n能够组合在一起使用。

练习5-15　增加选项-f，使得排序过程不考虑字母大小写之间的区别。例如，比较a和A时认为它们相等。

练习5-16　增加选项-d（代表目录顺序）。该选项表明，只对字母、数字和空格进行比较。要保证该选项可以和-f组合在一起使用。

练习5-17　增加字段处理功能，以使得排序程序可以根据行内的不同字段进行排序，每个字段按照一个单独的选项集合进行排序。（在对本书索引进行排序时，索引条目使用了-df选项，而对页码排序时使用了-n选项。） 121

5.12 复杂声明

C语言常常因为声明的语法问题而受到人们的批评，特别是涉及到函数指针的语法。C语言的语法力图使声明和使用相一致。对于简单的情况，C语言的做法是很有效的，但是，如果情况比较复杂，则容易让人混淆，原因在于，C语言的声明不能从左至右阅读，而且使用了太多的圆括号。我们来看下面所示的两个声明：

```
int *f();        /*  f：是一个函数，它返回一个指向int类型的指针  */
```

以及

```
int (*pf)();     /*  pf：是一个指向函数的指针，该函数返回一个int类型的对象  */
```

它们之间的含义差别说明：*是一个前缀运算符，其优先级低于()，所以，声明中必须使用圆括号以保证正确的结合顺序。

尽管实际中很少用到过于复杂的声明，但是，懂得如何理解甚至如何使用这些复杂的声明是很重要的。如何创建复杂的声明呢？一种比较好的方法是，使用typedef通过简单的步骤合成，这种方法我们将在6.7节中讨论。这里介绍另一种方法。接下来讲述的两个程序就使用这种方法：一个程序用于将正确的C语言声明转换为文字描述，另一个程序完成相反的转换。文字描述是从左至右阅读的。

第一个程序dcl复杂一些。它将C语言的声明转换为文字描述，比如：

```
char **argv
    argv:  pointer to pointer to char
int (*daytab)[13]
    daytab:  pointer to array[13] of int
```

```
int *daytab[13]
    daytab:  array[13] of pointer to int
void *comp()
    comp:  function returning pointer to void
void (*comp)()
    comp:  pointer to function returning void
char (*(*x())[])()
    x: function returning pointer to array[] of
    pointer to function returning char
char (*(*x[3])())[5]
    x: array[3] of pointer to function returning
    pointer to array[5] of char
```

程序dcl是基于声明符的语法编写的。附录A以及8.5节将对声明符的语法进行详细的描述。下面是其简化的语法形式：

dcl: 前面带有可选的*的 *direct-dcl*
direct-dcl: *name*
(*dcl*)
direct-dcl( )
direct-dcl[可选的长度]

122 简而言之，声明符*dcl*就是前面可能带有多个*的*direct-dcl*。*direct-dcl*可以是*name*、由一对圆括号括起来的*dcl*、后面跟有一对圆括号的*direct-dcl*、后面跟有用方括号括起来的表示可选长度的*direct-dcl*。

该语法可用来对C语言的声明进行分析。例如，考虑下面的声明符：

```
(*pfa[])()
```

按照该语法分析，pfa将被识别为一个*name*，从而被认为是一个*direct-dcl*。于是，pfa[]也是一个*direct-dcl*。接着，*pfa[]被识别为一个*dcl*，因此，判定(*pfa[])是一个*direct-dcl*。再接着，(*pfa[])()被识别为一个*direct-dcl*，因此也是一个*dcl*。可以用图5-12所示的语法分析树来说明分析的过程（其中*direct-dcl*缩写为*dir-dcl*）。

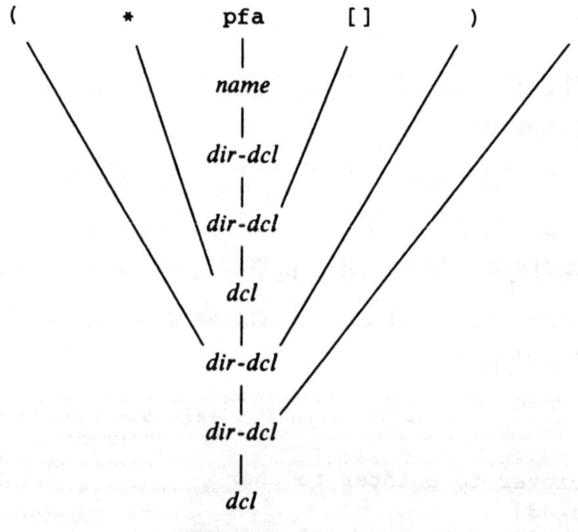

图 5-12

程序dcl的核心是两个函数：dcl与dirdcl，它们根据声明符的语法对声明进行分析。因为语法是递归定义的，所以在识别一个声明的组成部分时，这两个函数是相互递归调用的。我们称该程序是一个递归下降语法分析程序。

123

```
/*  dcl函数：对一个声明符进行语法分析   */
void dcl(void)
{
    int ns;

    for (ns = 0; gettoken() == '*'; )   /*  统计字符*的个数   */
        ns++;
    dirdcl();
    while (ns-- > 0)
        strcat(out, " pointer to");
}
/*  dirdcl函数：分析一个直接声
void dirdcl(void)
{
    int type;

    if (tokentype == '(') {           /*  形式为(dcl)   */
        dcl();
        if (tokentype != ')')
            printf("error: missing )\n");
    } else if (tokentype == NAME)    /*  变量名   */
        strcpy(name, token);
    else
        printf("error: expected name or (dcl)\n");
    while ((type=gettoken()) == PARENS || type == BRACKETS)
        if (type == PARENS)
            strcat(out, " function returning");
        else {
            strcat(out, " array");
            strcat(out, token);
            strcat(out, " of");
        }
}
```

该程序的目的旨在说明问题，并不想做得尽善尽美，所以对dcl有很多限制。它只能处理类似于char或int这样的简单数据类型，而无法处理函数中的参数类型或类似于const这样的限定符。它不能处理带有不必要空格的情况。由于没有完备的出错处理，因此它也无法处理无效的声明。这些方面的改进留给读者做练习。

下面是该程序的全局变量和主程序：

```
#include <stdio.h>
#include <string.h>
#include <ctype.h>

#define  MAXTOKEN  100

enum { NAME, PARENS, BRACKETS };

void dcl(void);
void dirdcl(void);
```

```
int  gettoken(void);
int  tokentype;           /*  最后一个记号的类型  */
char token[MAXTOKEN];     /*  最后一个记号字符串  */
char name[MAXTOKEN];      /*  标识符名  */
char datatype[MAXTOKEN];  /*  数据类型为char、int 等  */
124 char out[1000];       /*  输出串  */

main()  /*  将声明转换为文字描述  */
{
    while (gettoken() != EOF) {    /*  该行的第一个记号是数据类型  */
        strcpy(datatype, token);
        out[0] = '\0';
        dcl();        /*  分析该行的其余部分  */
        if (tokentype != '\n')
            printf("syntax error\n");
        printf("%s: %s %s\n", name, out, datatype);
    }
    return 0;
}
```

函数gettoken用来跳过空格与制表符，以查找输入中的下一个记号。“记号”（token）可以是一个名字，一对圆括号，可能包含一个数字的一对方括号，也可以是其他任何单个字符。

```
int gettoken(void)  /*  返回下一个标记  */
{
    int c, getch(void);
    void ungetch(int);
    char *p = token;

    while ((c = getch()) == ' ' || c == '\t')
        ;
    if (c == '(') {
        if ((c = getch()) == ')') {
            strcpy(token, "()");
            return tokentype = PARENS;
        } else {
            ungetch(c);
            return tokentype = '(';
        }
    } else if (c == '[') {
        for (*p++ = c; (*p++ = getch()) != ']'; )
            ;
        *p = '\0';
        return tokentype = BRACKETS;
    } else if (isalpha(c)) {
        for (*p++ = c; isalnum(c = getch()); )
            *p++ = c;
        *p = '\0';
        ungetch(c);
        return tokentype = NAME;
    } else
        return tokentype = c;
}
```

有关函数getch和ungetch的说明，参见第4章。

125 如果不在乎生成多余的圆括号，另一个方向的转换要容易一些。为了简化程序的输入，我们将“x is a function returning a pointer to an array of pointers to functions returning char”

(x是一个函数，它返回一个指针，该指针指向一个一维数组，该一维数组的元素为指针，这些指针分别指向多个函数，这些函数的返回值为char类型）的描述用下列形式表示：

```
x () * [] * () char
```

程序undcl将把该形式转换为：

```
char (*(*x())[])()
```

由于对输入的语法进行了简化，所以可以重用上面定义的gettoken函数。undcl和dcl使用相同的外部变量。

```
/*  undcl函数：将文字描述转换为声明  */
main()
{
    int type;
    char temp[MAXTOKEN];

    while (gettoken() != EOF) {
        strcpy(out, token);
        while ((type = gettoken()) != '\n')
            if (type == PARENS || type == BRACKETS)
                strcat(out, token);
            else if (type == '*') {
                sprintf(temp, "(*%s)", out);
                strcpy(out, temp);
            } else if (type == NAME) {
                sprintf(temp, "%s %s", token, out);
                strcpy(out, temp);
            } else
                printf("invalid input at %s\n", token);
        printf("%s\n", out);
    }
    return 0;
}
```

练习5-18 修改dcl程序，使它能够处理输入中的错误。

练习5-19 修改undcl程序，使它在把文字描述转换为声明的过程中不会生成多余的圆括号。

练习5-20 扩展dcl程序的功能，使它能够处理包含其他成分的声明，例如带有函数参数类型的声明、带有类似于const限定符的声明等。 126

第6章 结 构

结构是一个或多个变量的集合，这些变量可能为不同的类型，为了处理的方便而将这些变量组织在一个名字之下。(某些语言将结构称为“记录”，比如Pascal语言。) 由于结构将一组相关的变量看作一个单元而不是各自独立的实体，因此结构有助于组织复杂的数据，特别是在大型的程序中。

工资记录是用来描述结构的一个传统例子。每个雇员由一组属性描述，如姓名、地址、社会保险号、工资等。其中的某些属性也可以是结构，例如姓名可以分成几部分，地址甚至工资也可能出现类似的情况。C语言中更典型的一个例子来自于图形领域：点由一对坐标定义，矩形由两个点定义，等等。

ANSI标准在结构方面最主要的变化是定义了结构的赋值操作——结构可以拷贝、赋值、传递给函数，函数也可以返回结构类型的返回值。多年以前，这一操作就已经被大多数的编译器所支持，但是，直到这一标准才对其属性进行了精确定义。在ANSI标准中，自动结构和数组现在也可以进行初始化。

6.1 结构的基本知识

我们首先来建立一些适用于图形领域的结构。点是最基本的对象，假定用x与y坐标表示它，且x、y的坐标值都为整数（参见图6-1）。

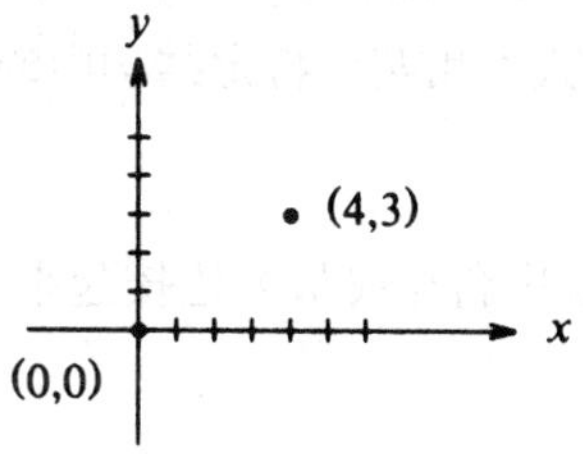

图 6-1

我们可以采用结构存放这两个坐标，其声明如下：

```
struct point {
    int x;
    int y;
};
```

关键字struct引入结构声明。结构声明由包含在花括号内的一系列声明组成。关键字

struct后面的名字是可选的，称为结构标记（这里是point）。结构标记用于为结构命名，在定义之后，结构标记就代表花括号内的声明，可以用它作为该声明的简写形式。

结构中定义的变量称为成员。结构成员、结构标记和普通变量（即非成员）可以采用相同的名字，它们之间不会冲突，因为通过上下文分析总可以对它们进行区分。另外，不同结构中的成员可以使用相同的名字，但是，从编程风格方面来说，通常只有密切相关的对象才会使用相同的名字。

struct声明定义了一种数据类型。在标志结构成员表结束的右花括号之后可以跟一个变量表，这与其他基本类型的变量声明是相同的。例如：

```
struct { ... } x, y, z;
```

从语法角度来说，这种方式的声明与声明

```
int x, y, z;
```

具有类似的意义。这两个声明都将x、y与z声明为指定类型的变量，并且为它们分配存储空间。

如果结构声明的后面不带变量表，则不需要为它分配存储空间，它仅仅描述了一个结构的模板或轮廓。但是，如果结构声明中带有标记，那么在以后定义结构实例时便可以使用该标记定义。例如，对于上面给出的结构声明point，语句

```
struct point pt;
```

定义了一个struct point类型的变量pt。结构的初始化可以在定义的后面使用初值表进行。初值表中同每个成员对应的初值必须是常量表达式，例如：

```
struct point maxpt = { 320, 200 };
```

自动结构也可以通过赋值初始化，还可以通过调用返回相应类型结构的函数进行初始化。

在表达式中，可以通过下列形式引用某个特定结构中的成员：

结构名.成员

其中的结构成员运算符“.”将结构名与成员名连接起来。例如，可用下列语句打印点pt的

128 坐标：

```
printf("%d,%d", pt.x, pt.y);
```

或者通过下列代码计算原点(0,0)到点pt的距离：

```
double dist, sqrt(double);

dist = sqrt((double)pt.x * pt.x + (double)pt.y * pt.y);
```

结构可以嵌套。我们可以用对角线上的两个点来定义矩形（参见图6-2），相应的结构定义如下：

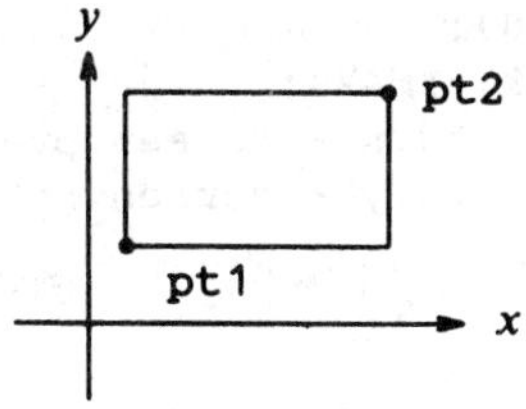

图　6-2

```
struct rect {
    struct point pt1;
    struct point pt2;
};
```

结构rect包含两个point类型的成员。如果按照下列方式声明screen变量：

```
struct rect screen;
```

则可以用语句

```
screen.pt1.x
```

引用screen的成员pt1的x坐标。

6.2 结构与函数

结构的合法操作只有几种：作为一个整体复制和赋值，通过&运算符取地址，访问其成员。其中，复制和赋值包括向函数传递参数以及从函数返回值。结构之间不可以进行比较。可以用一个常量成员值列表初始化结构，自动结构也可以通过赋值进行初始化。

为了更进一步地理解结构，我们编写几个对点和矩形进行操作的函数。至少可以通过3种可能的方法传递结构：一是分别传递各个结构成员，二是传递整个结构，三是传递指向结构的指针。这3种方法各有利弊。

首先来看一下函数makepoint，它带有两个整型参数，并返回一个point类型的结构： 129

```
/*  makepoint函数：通过x、y坐标构造一个点   */
struct point makepoint(int x, int y)
{
    struct point temp;

    temp.x = x;
    temp.y = y;
    return temp;
}
```

注意，参数名和结构成员同名不会引起冲突。事实上，使用重名可以强调两者之间的关系。

现在可以使用makepoint函数动态地初始化任意结构，也可以向函数提供结构类型的参数。例如：

```
struct rect screen;
struct point middle;
struct point makepoint(int, int);
```

```
    screen.pt1 = makepoint(0, 0);
    screen.pt2 = makepoint(XMAX, YMAX);
    middle = makepoint((screen.pt1.x + screen.pt2.x)/2,
                       (screen.pt1.y + screen.pt2.y)/2);
```

接下来需要编写一系列的函数对点执行算术运算。例如：

```
/*  addpoint函数：将两个点相加  */
struct point addpoint(struct point p1, struct point p2)
{
    p1.x += p2.x;
    p1.y += p2.y;
    return p1;
}
```

其中，函数的参数和返回值都是结构类型。之所以直接将相加所得的结果赋值给p1，而没有使用显式的临时变量存储，是为了强调结构类型的参数和其他类型的参数一样，都是通过值传递的。

下面来看另外一个例子。函数ptinrect判断一个点是否在给定的矩形内部。我们采用这样一个约定：矩形包括其左侧边和底边，但不包括顶边和右侧边。

```
/*  ptinrect函数：如果点p在矩形r内，则返回1，否则返回0  */
int ptinrect(struct point p, struct rect r)
{
    return p.x >= r.pt1.x && p.x < r.pt2.x
        && p.y >= r.pt1.y && p.y < r.pt2.y;
}
```

这里假设矩形是用标准形式表示的，其中pt1的坐标小于pt2的坐标。下列函数将返回一个规
130 范形式的矩形：

```
#define min(a, b) ((a) < (b) ? (a) : (b))
#define max(a, b) ((a) > (b) ? (a) : (b))

/*  canonrect函数：将矩形坐标规范化  */
struct rect canonrect(struct rect r)
{
    struct rect temp;

    temp.pt1.x = min(r.pt1.x, r.pt2.x);
    temp.pt1.y = min(r.pt1.y, r.pt2.y);
    temp.pt2.x = max(r.pt1.x, r.pt2.x);
    temp.pt2.y = max(r.pt1.y, r.pt2.y);
    return temp;
}
```

如果传递给函数的结构很大，使用指针方式的效率通常比复制整个结构的效率要高。结构指针类似于普通变量指针。声明

```
struct point *pp;
```

将pp定义为一个指向struct point类型对象的指针。如果pp指向一个point结构，那么*pp即为该结构，而(*pp).x和(*pp).y则是结构成员。可以按照下例中的方式使用pp：

```
struct point origin, *pp;

pp = &origin;
printf("origin is (%d,%d)\n", (*pp).x, (*pp).y);
```

其中，(*pp).x中的圆括号是必需的，因为结构成员运算符“.”的优先级比“*”的优先级高。表达式*pp.x的含义等价于*(pp.x)，因为x不是指针，所以该表达式是非法的。

结构指针的使用频度非常高，为了使用方便，C语言提供了另一种简写方式。假定p是一个指向结构的指针，可以用

p->结构成员

这种形式引用相应的结构成员。这样，就可以用下面的形式改写上面的一行代码：

```
printf("origin is (%d,%d)\n", pp->x, pp->y);
```

运算符.和->都是从左至右结合的，所以，对于下面的声明：

```
struct rect r, *rp = &r;
```

以下4个表达式是等价的：

```
r.pt1.x
rp->pt1.x
(r.pt1).x
(rp->pt1).x
```

131

在所有运算符中，下面4个运算符的优先级最高：结构运算符“.”和“->”、用于函数调用的“()”以及用于下标的“[]”，因此，它们同操作数之间的结合也最紧密。例如，对于结构声明

```
struct {
    int len;
    char *str;
} *p;
```

表达式

```
++p->len
```

将增加len的值，而不是增加p的值，这是因为，其中的隐含括号关系是++(p->len)。可以使用括号改变结合次序。例如：(++p)->len将先执行p的加1操作，再对len执行操作；而(p++)->len则先对len执行操作，然后再将p加1（该表达式中的括号可以省略）。

同样的道理，*p->str读取的是指针str所指向的对象的值；*p->str++先读取指针str指向的对象的值，然后再将str加1(与*s++相同)；(*p->str)++将指针str指向的对象的值加1；*p++->str先读取指针str指向的对象的值，然后再将p加1。

6.3　结构数组

考虑编写这样一个程序，它用来统计输入中各个C语言关键字出现的次数。我们需要用一个字符串数组存放关键字名，一个整型数组存放相应关键字的出现次数。一种实现方法是，

使用两个独立的数组keyword和keycount分别存放它们，如下所示：

```
char *keyword[NKEYS];
int keycount[NKEYS];
```

我们注意到，这两个数组的大小相同，考虑到该特点，可以采用另一种不同的组织方式，也就是我们这里所说的结构数组。每个关键字项包括一对变量：

```
char *word;
int count;
```

这样的多个变量对共同构成一个数组。我们来看下面的声明：

132
```
struct key {
    char *word;
    int count;
} keytab[NKEYS];
```

它声明了一个结构类型key，并定义了该类型的结构数组keytab，同时为其分配存储空间。数组keytab的每个元素都是一个结构。上述声明也可以写成下列形式：

```
struct key {
    char *word;
    int count;
};

struct key keytab[NKEYS];
```

因为结构keytab包含一个固定的名字集合，所以，最好将它声明为外部变量，这样，只需要初始化一次，所有的地方都可以使用。这种结构的初始化方法同前面所述的初始化方法类似——在定义的后面通过一个用圆括号括起来的初值表进行初始化，如下所示：

```
struct key {
    char *word;
    int count;
} keytab[] = {
    "auto", 0,
    "break", 0,
    "case", 0,
    "char", 0,
    "const", 0,
    "continue", 0,
    "default", 0,
    /* ... */
    "unsigned", 0,
    "void", 0,
    "volatile", 0,
    "while", 0
};
```

与结构成员相对应，初值也要按照成对的方式列出。更精确的做法是，将每一行（即每个结构）的初值都括在花括号内，如下所示：

```
{ "auto", 0 },
```

```
{ "break", 0 },
{ "case", 0 },
...
```

但是，如果初值是简单变量或字符串，并且其中的任何值都不为空，则内层的花括号可以省略。通常情况下，如果初值存在并且方括号[]中没有数值，编译程序将计算数组keytab中的项数。

在统计关键字出现次数的程序中，我们首先定义了keytab。主程序反复调用函数getword读取输入，每次读取一个单词。每个单词将通过折半查找函数（参见第3章）在keytab中进行查找。注意，关键字列表必须按升序存储在keytab中。 133

```
#include <stdio.h>
#include <ctype.h>
#include <string.h>

#define MAXWORD 100

int getword(char *, int);
int binsearch(char *, struct key *, int);

/*  统计输入中C语言关键字的出现次数  */
main()
{
    int n;
    char word[MAXWORD];

    while (getword(word, MAXWORD) != EOF)
        if (isalpha(word[0]))
            if ((n = binsearch(word, keytab, NKEYS)) >= 0)
                keytab[n].count++;
    for (n = 0; n < NKEYS; n++)
        if (keytab[n].count > 0)
            printf("%4d %s\n",
                keytab[n].count, keytab[n].word);
    return 0;
}

/*  binsearch函数：在tab[0]到tab[n-1]中查找单词  */
int binsearch(char *word, struct key tab[], int n)
{
    int cond;
    int low, high, mid;

    low = 0;
    high = n - 1;
    while (low <= high) {
        mid = (low+high) / 2;
        if ((cond = strcmp(word, tab[mid].word)) < 0)
            high = mid - 1;
        else if (cond > 0)
            low = mid + 1;
        else
            return mid;
    }
    return -1;
}
```

函数getword将在稍后介绍，这里只需要了解它的功能是每调用一次该函数，将读入一个单词，并将其复制到名字为该函数的第一个参数的数组中。

134 NKEYS代表keytab中关键字的个数。尽管可以手工计算，但由机器实现会更简单、更安全，当列表可能变更时尤其如此。一种解决办法是，在初值表的结尾处加上一个空指针，然后循环遍历keytab，直到读到尾部的空指针为止。

但实际上并不需要这样做，因为数组的长度在编译时已经完全确定，它等于数组项的长度乘以项数，因此，可以得出项数为：

keytab的长度/struct key的长度

C语言提供了一个编译时（compile-time）一元运算符sizeof，它可用来计算任一对象的长度。表达式

sizeof 对象

以及

sizeof(类型名)

将返回一个整型值，它等于指定对象或类型占用的存储空间字节数。(严格地说，sizeof的返回值是无符号整型值，其类型为size_t，该类型在头文件<stddef.h>中定义。）其中，对象可以是变量、数组或结构；类型可以是基本类型，如int、double，也可以是派生类型，如结构类型或指针类型。

在该例子中，关键字的个数等于数组的长度除以单个元素的长度。下面的#define语句使用了这种方法设置NKEYS的值：

```
#define  NKEYS  (sizeof keytab / sizeof(struct key))
```

另一种方法是用数组的长度除以一个指定元素的长度，如下所示：

```
#define  NKEYS  (sizeof keytab / sizeof keytab[0])
```

使用第二种方法，即使类型改变了，也不需要改动程序。

条件编译语句#if中不能使用sizeof，因为预处理器不对类型名进行分析。但预处理器并不计算#define语句中的表达式，因此，在#define中使用sizeof是合法的。

下面来讨论函数getword。我们这里给出一个更通用的getword函数。该函数的功能已超出这个示例程序的要求，不过，函数本身并不复杂。getword从输入中读取下一个单词，单词可以是以字母开头的字母和数字串，也可以是一个非空白符字符。函数返回值可能是单

135 词的第一个字符、文件结束符EOF或字符本身（如果该字符不是字母字符的话）。

```
/*  getword函数：从输入中读取下一个单词或字符  */
int getword(char *word, int lim)
{
    int c, getch(void);
    void ungetch(int);
    char *w = word;

    while (isspace(c = getch()))
```

```
        ;
    if (c != EOF)
        *w++ = c;
    if (!isalpha(c)) {
        *w = '\0';
        return c;
    }
    for ( ; --lim > 0; w++)
        if (!isalnum(*w = getch())) {
            ungetch(*w);
            break;
        }
    *w = '\0';
    return word[0];
}
```

getword函数使用了第4章中的函数getch和ungetch。当读入的字符不属于字母数字的集合时，说明getword多读入了一个字符。随后，调用ungetch将多读的一个字符放回到输入中，以便下一次调用使用。getword还使用了其他一些函数：isspace函数跳过空白符，isalpha函数识别字母，isalnum函数识别字母和数字。所有这些函数都定义在标准头文件<ctype.h>中。

练习6-1　上述getword函数不能正确处理下划线、字符串常量、注释及预处理器控制指令。请编写一个更完善的getword函数。

6.4　指向结构的指针

为了进一步说明指向结构的指针和结构数组，我们重新编写关键字统计程序，这次采用指针，而不使用数组下标。

keytab的外部声明不需要修改，但main和binsearch函数必须修改。修改后的程序如下： 136

```
#include <stdio.h>
#include <ctype.h>
#include <string.h>
#define MAXWORD 100

int getword(char *, int);
struct key *binsearch(char *, struct key *, int);

/*  统计关键字的出现次数；采用指针方式实现的版本  */
main()
{
    char word[MAXWORD];
    struct key *p;

    while (getword(word, MAXWORD) != EOF)
        if (isalpha(word[0]))
            if ((p=binsearch(word, keytab, NKEYS)) != NULL)
                p->count++;
    for (p = keytab; p < keytab + NKEYS; p++)
        if (p->count > 0)
            printf("%4d %s\n", p->count, p->word);
    return 0;
```

```
}

/*  binsearch函数：在tab[0]...tab[n-1]中查找与读入单词匹配的元素  */
struct key *binsearch(char *word, struct key *tab, int n)
{
    int cond;
    struct key *low = &tab[0];
    struct key *high = &tab[n];
    struct key *mid;

    while (low < high) {
        mid = low + (high-low) / 2;
        if ((cond = strcmp(word, mid->word)) < 0)
            high = mid;
        else if (cond > 0)
            low = mid + 1;
        else
            return mid;
    }
    return NULL;
}
```

这里需要注意几点。首先，binsearch函数在声明中必须表明：它返回的值类型是一个指向struct key类型的指针，而非整型，这在函数原型及binsearch函数中都要声明。如果binsearch找到与输入单词匹配的数组元素，它将返回一个指向该元素的指针，否则返回NULL。

137 其次，keytab的元素在这里是通过指针访问的。这就需要对binsearch做较大的修改。

在这里，low和high的初值分别是指向表头元素的指针和指向表尾元素后面的一个元素的指针。

这样，我们就无法简单地通过下列表达式计算中间元素的位置：

```
mid = (low+high) / 2    /*  错误  */
```

这是因为，两个指针之间的加法运算是非法的。但是，指针的减法运算却是合法的，high-low的值就是数组元素的个数，因此，可以用下列表达式：

```
mid = low + (high-low) / 2
```

将mid设置为指向位于high和low之间的中间元素的指针。

对算法的最重要修改在于，要确保不会生成非法的指针，或者是试图访问数组范围之外的元素。问题在于，&tab[-1]和&tab[n]都超出了数组tab的范围。前者是绝对非法的，而对后者的间接引用也是非法的。但是，C语言的定义保证数组末尾之后的第一个元素（即&tab[n]）的指针算术运算可以正确执行。

主程序main中有下列语句：

```
for (p = keytab; p < keytab + NKEYS; p++)
```

如果p是指向结构的指针，则对p的算术运算需要考虑结构的长度，所以，表达式p++执行时，将在p的基础上加上一个正确的值，以确保得到结构数组的下一个元素，这样，上述测试条件便可以保证循环正确终止。

但是，千万不要认为结构的长度等于各成员长度的和。因为不同的对象有不同的对齐要求，所以，结构中可能会出现未命名的“空穴”(hole)。例如，假设char类型占用一个字节，int类型占用4个字节，则下列结构：

```
struct {
    char c;
    int i;
};
```

可能需要8个字节的存储空间，而不是5个字节。使用sizeof运算符可以返回正确的对象长度。

最后，说明一点程序的格式问题：当函数的返回值类型比较复杂时（如结构指针），例如

```
struct key *binsearch(char *word, struct key *tab, int n)
```

很难看出函数名，也不太容易使用文本编辑器找到函数名。我们可以采用另一种格式书写上述语句：

```
struct key *
binsearch(char *word, struct key *tab, int n)
```

具体采用哪种写法属于个人的习惯问题，可以选择自己喜欢的方式并始终保持自己的风格。 138

6.5 自引用结构

假定我们需要处理一个更一般化的问题：统计输入中所有单词的出现次数。因为预先不知道出现的单词列表，所以无法方便地排序，并使用折半查找；也不能分别对输入中的每个单词都执行一次线性查找，看它在前面是否已经出现，这样做，程序的执行将花费太长的时间。(更准确地说，程序的执行时间是与输入单词数目的二次方成比例的。）我们该如何组织这些数据，才能够有效地处理一系列任意的单词呢？

一种解决方法是，在读取输入中任意单词的同时，就将它放置到正确的位置，从而始终保证所有单词是按顺序排列的。虽然这可以不用通过在线性数组中移动单词来实现，但它仍然会导致程序执行的时间过长。我们可以使用一种称为二叉树的数据结构来取而代之。

每个不同的单词在树中都是一个节点，每个节点包含：

- 一个指向该单词内容的指针
- 一个统计出现次数的计数值
- 一个指向左子树的指针
- 一个指向右子树的指针

任何节点最多拥有两个子树，也可能只有一个子树或一个都没有。

对节点的所有操作要保证，任何节点的左子树只包含按字典序小于该节点中单词的那些单词，右子树只包含按字典序大于该节点中单词的那些单词。图6-3是按序插入句子“now is the time for all good men to come to the aid of their party”中各单词后生成的树。

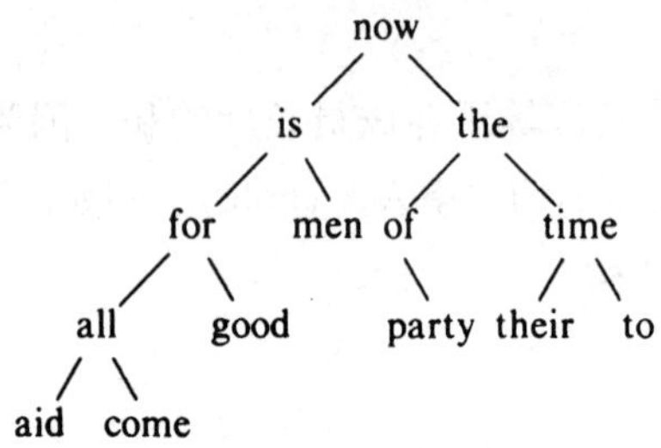

图 6-3

要查找一个新单词是否已经在树中，可以从根节点开始，比较新单词与该节点中的单词。若匹配，则得到肯定的答案。若新单词小于该节点中的单词，则在左子树中继续查找，否则在右子树中查找。如在搜寻方向上无子树，则说明新单词不在树中，并且，当前的空位置就是存放新加入单词的正确位置。因为从任意节点出发的查找都要按照同样的方式查找它的一个子树，所以该过程是递归的。相应地，在插入和打印操作中使用递归过程也是很自然的事情。

139 我们再来看节点的描述问题。最方便的表示方法是表示为包括4个成员的结构：

```
struct tnode {                  /*  树的节点  */
    char *word;                 /*  指向单词的指针  */
    int count;                  /*  单词出现的次数  */
    struct tnode *left;         /*  左子节点  */
    struct tnode *right;        /*  右子节点  */
};
```

这种对节点的递归的声明方式看上去好像是不确定的，但它的确是正确的。一个包含其自身实例的结构是非法的，但是，下列声明是合法的：

```
struct tnode *left;
```

它将left声明为指向tnode的指针，而不是tnode实例本身。

我们偶尔也会使用自引用结构的一种变体：两个结构相互引用。具体的使用方法如下：

```
struct t {
    ...
    struct s *p;     /*  p指向一个s结构  */
};
struct s {
    ...
    struct t *q;     /*  q指向一个t结构  */
};
```

如下所示，整个程序的代码非常短小。当然，它需要我们前面编写的一些程序的支持，比如getword等。主函数通过getword读入单词，并通过addtree函数将它们插入到树中。

```
#include <stdio.h>
#include <ctype.h>
#include <string.h>

#define MAXWORD 100
```

```
struct tnode *addtree(struct tnode *, char *);
void treeprint(struct tnode *);
int getword(char *, int);

/*  单词出现频率的统计  */
main()
{
    struct tnode *root;
    char word[MAXWORD];

    root = NULL;
    while (getword(word, MAXWORD) != EOF)
        if (isalpha(word[0]))
            root = addtree(root, word);
    treeprint(root);
    return 0;
}
```

140

函数addtree是递归的。主函数main以参数的方式传递给该函数的一个单词将作为树的最顶层（即树的根）。在每一步中，新单词与节点中存储的单词进行比较，随后，通过递归调用addtree而转向左子树或右子树。该单词最终将与树中的某节点匹配（这种情况下计数值加1），或遇到一个空指针（表明必须创建一个节点并加入到树中）。若生成了新节点，则addtree返回一个指向新节点的指针，该指针保存在父节点中。

```
struct tnode *talloc(void);
char *strdup(char *);

/*  addtree函数：在 p的位置或 p的下方增加一个 w节点  */
struct tnode *addtree(struct tnode *p, char *w)
{
    int cond;

    if (p == NULL) {     /*  该单词是一个新单词  */
        p = talloc();    /*  创建一个新节点  */
        p->word = strdup(w);
        p->count = 1;
        p->left = p->right = NULL;
    } else if ((cond = strcmp(w, p->word)) == 0)
        p->count++;      /*  新单词与节点中的单词匹配  */
    else if (cond < 0)   /*  如果小于该节点中的单词，则进入左子树  */
        p->left = addtree(p->left, w);
    else                 /*  如果大于该节点中的单词，则进入右子树  */
        p->right = addtree(p->right, w);
    return p;
}
```

新节点的存储空间由子程序talloc获得。talloc函数返回一个指针，指向能容纳一个树节点的空闲空间。函数strdup将新单词复制到某个隐藏位置（稍后将讨论这些子程序）。计数值将被初始化，两个子树被置为空（NULL）。增加新节点时，这部分代码只在树叶部分执行。该程序忽略了对strdup和talloc返回值的出错检查（这显然是不完善的）。

treeprint函数按顺序打印树。在每个节点，它先打印左子树（小于该单词的所有单词），然后是该单词本身，最后是右子树（大于该单词的所有单词）。如果你对递归操作有些疑惑的

141 话，不妨在上面的树中模拟treeprint的执行过程。

```
/*  treeprint函数：按序打印树p  */
void treeprint(struct tnode *p)
{
    if (p != NULL) {
        treeprint(p->left);
        printf("%4d %s\n", p->count, p->word);
        treeprint(p->right);
    }
}
```

这里有一点值得注意：如果单词不是按照随机的顺序到达的，树将变得不平衡，这种情况下，程序的运行时间将大大增加。最坏的情况下，若单词已经排好序，则程序模拟线性查找的开销将非常大。某些广义二叉树不受这种最坏情况的影响，在此我们不讨论。

在结束该例子之前，我们简单讨论一下有关存储分配程序的问题。尽管存储分配程序需要为不同的对象分配存储空间，但显然，程序中只会有一个存储分配程序。但是，假定用一个分配程序来处理多种类型的请求，比如指向char类型的指针和指向struct tnode类型的指针，则会出现两个问题。第一，它如何在大多数实际机器上满足各种类型对象的对齐要求（例如，整型通常必须分配在偶数地址上）？第二，使用什么样的声明能处理分配程序必须能返回不同类型的指针的问题？

对齐要求一般比较容易满足，只需要确保分配程序始终返回满足所有对齐限制要求的指针就可以了，其代价是牺牲一些存储空间。第5章介绍的alloc函数不保证任何特定类型的对齐，所以，我们使用标准库函数malloc，它能够满足对齐要求。第8章将介绍实现malloc函数的一种方法。

对于任何执行严格类型检查的语言来说，像malloc这样的函数的类型声明总是很令人头疼的问题。在C语言中，一种合适的方法是将malloc的返回值声明为一个指向void类型的指针，然后再显式地将该指针强制转换为所需类型。malloc及相关函数声明在标准头文件<stdlib.h>中。因此，可以把talloc函数写成下列形式：

```
#include <stdlib.h>

/*  talloc函数：创建一个tnode  */
struct tnode *talloc(void)
{
    return (struct tnode *) malloc(sizeof(struct tnode));
}
```

strdup函数只是把通过其参数传入的字符串复制到某个安全的位置。它是通过调用
142 malloc函数实现的：

```
char *strdup(char *s)   /*  复制s到某个位置  */
{
    char *p;

    p = (char *) malloc(strlen(s)+1);  /*  执行加1操作是为了在结尾加上字符'\0'  */
    if (p != NULL)
        strcpy(p, s);
```

```
    return p;
}
```

在没有可用空间时，malloc函数返回NULL，同时，strdup函数也将返回NULL，strdup函数的调用者负责出错处理。

调用malloc函数得到的存储空间可以通过调用free函数释放以重用。详细信息请参见第7章和第8章。

练习6-2　编写一个程序，用以读入一个C语言程序，并按字母表顺序分组打印变量名，要求每一组内各变量名的前6个字符相同，其余字符不同。字符串和注释中的单词不予考虑。请将6作为一个可在命令行中设定的参数。

练习6-3　编写一个交叉引用程序，打印文档中所有单词的列表，并且每个单词还有一个列表，记录出现过该单词的行号。对the、and等非实义单词不予考虑。

练习6-4　编写一个程序，根据单词的出现频率按降序打印输入的各个不同单词，并在每个单词的前面标上它的出现次数。

6.6 表查找

为了对结构的更多方面进行深入的讨论，我们来编写一个表查找程序包的核心部分代码。这段代码很典型，可以在宏处理器或编译器的符号表管理例程中找到。例如，考虑#define语句。当遇到类似于

```
#define  IN  1
```

之类的程序行时，就需要把名字IN和替换文本1存入到某个表中。此后，当名字IN出现在某些语句中时，如：

```
state = IN;
```

就必须用1来替换IN。

以下两个函数用来处理名字和替换文本。install(s,t)函数将名字s和替换文本t记录到某个表中，其中s和t仅仅是字符串。lookup(s)函数在表中查找s，若找到，则返回指向该处的指针；若没找到，则返回NULL。

该算法采用的是散列查找方法——将输入的名字转换为一个小的非负整数，该整数随后将 143
作为一个指针数组的下标。数组的每个元素指向某个链表的表头，链表中的各个块用于描述具有该散列值的名字。如果没有名字散列到该值，则数组元素的值为NULL（参见图6-4）。

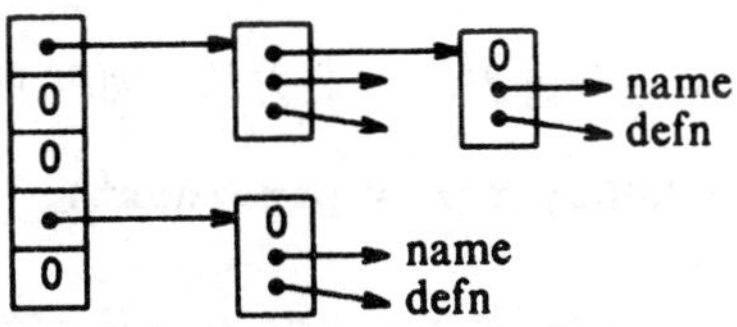

图　6-4

链表中的每个块都是一个结构，它包含一个指向名字的指针、一个指向替换文本的指针

以及一个指向该链表后继块的指针。如果指向链表后继块的指针为NULL，则表明链表结束。

```
struct nlist {              /*  链表项  */
    struct nlist *next;     /*  链表中下一表项  */
    char *name;             /*  定义的名字  */
    char *defn;             /*  替换文本  */
};
```

相应的指针数组定义如下：

```
#define HASHSIZE 101

static struct nlist *hashtab[HASHSIZE]; /*  指针表  */
```

散列函数hash在lookup和install函数中都被用到，它通过一个for循环进行计算，每次循环中，它将上一次循环中计算得到的结果值经过变换（即乘以31）后得到的新值同字符串中当前字符的值相加（*s + 31 * hashval），然后将该结果值同数组长度执行取模操作，其结果即是该函数的返回值。这并不是最好的散列函数，但比较简短有效。

```
/*  hash函数：为字符串s生成散列值  */
unsigned hash(char *s)
{
    unsigned hashval;

    for (hashval = 0; *s != '\0'; s++)
        hashval = *s + 31 * hashval;
    return hashval % HASHSIZE;
}
```

由于在散列计算时采用的是无符号算术运算，因此保证了散列值非负。

散列过程生成了在数组hashtab中执行查找的起始下标。如果该字符串可以被查找到，则它一定位于该起始下标指向的链表的某个块中。具体查找过程由lookup函数实现。如果
144 lookup函数发现表项已存在，则返回指向该表项的指针，否则返回NULL。

```
/*  lookup函数：在hashtab中查找s  */
struct nlist *lookup(char *s)
{
    struct nlist *np;

    for (np = hashtab[hash(s)]; np != NULL; np = np->next)
        if (strcmp(s, np->name) == 0)
            return np;      /*  找到s  */
    return NULL;            /*  未找到s*/
}
```

lookup函数中的for循环是遍历一个链表的标准方法，如下所示：

```
for (ptr = head; ptr != NULL; ptr = ptr->next)
    ...
```

install函数借助lookup函数判断待加入的名字是否已经存在。如果已存在，则用新的定义取而代之；否则，创建一个新表项。如无足够空间创建新表项，则install函数返回NULL。

```
struct nlist *lookup(char *);
char *strdup(char *);

/*  install函数：将(name,defn)加入到hashtab中  */
struct nlist *install(char *name, char *defn)
{
    struct nlist *np;
    unsigned hashval;

    if ((np = lookup(name)) == NULL) {  /*  未找到  */
        np = (struct nlist *) malloc(sizeof(*np));
        if (np == NULL || (np->name = strdup(name)) == NULL)
            return NULL;
        hashval = hash(name);
        np->next = hashtab[hashval];
        hashtab[hashval] = np;
    } else      /*  已存在  */
        free((void *) np->defn);  /*  释放前一个defn  */
    if ((np->defn = strdup(defn)) == NULL)
        return NULL;
    return np;
}
```

练习6-5　编写函数undef，它将从由lookup和install维护的表中删除一个变量名及其定义。

练习6-6　以本节介绍的函数为基础，编写一个适合C语言程序使用的#define处理器的简单版本（即无参数的情况）。你会发现getch和ungetch函数非常有用。 145

6.7 类型定义（typedef）

C语言提供了一个称为typedef的功能，它用来建立新的数据类型名，例如，声明

```
typedef int Length;
```

将Length定义为与int具有同等意义的名字。类型Length可用于类型声明、类型转换等，它和类型int完全相同，例如：

```
Length  len, maxlen;
Length  *lengths[];
```

类似地，声明

```
typedef char *String;
```

将String定义为与char*或字符指针同义，此后，便可以在类型声明和类型转换中使用String，例如：

```
String p, lineptr[MAXLINES], alloc(int);
int strcmp(String, String);
p = (String) malloc(100);
```

注意，typedef中声明的类型在变量名的位置出现，而不是紧接在关键字typedef之后。typedef在语法上类似于存储类extern、static等。我们在这里以大写字母作为typedef

定义的类型名的首字母，以示区别。

这里举一个更复杂的例子：用typedef定义本章前面介绍的树节点。如下所示：

```
typedef struct tnode *Treeptr;

typedef struct tnode {        /* 树节点 */
    char *word;               /* 指向文本 */
    int count;                /* 出现次数 */
    Treeptr left;             /* 左子树 */
    Treeptr right;            /* 右子树 */
} Treenode;
```

上述类型定义创建了两个新类型关键字：Treenode（一个结构）和Treeptr（一个指向该结构的指针）。这样，函数talloc可相应地修改为：

```
Treeptr talloc(void)
{
    return (Treeptr) malloc(sizeof(Treenode));
}
```

这里必须强调的是，从任何意义上讲，typedef声明并没有创建一个新类型，它只是为某个已存在的类型增加了一个新的名称而已。typedef声明也没有增加任何新的语义：通过这种方式声明的变量与通过普通声明方式声明的变量具有完全相同的属性。实际上，
146 typedef类似于#define语句，但由于typedef是由编译器解释的，因此它的文本替换功能要超过预处理器的能力。例如：

```
typedef int (*PFI)(char *, char *);
```

该语句定义了类型PFI是“一个指向函数的指针，该函数具有两个char *类型的参数，返回值类型为int”，它可用于某些上下文中，例如，可以用在第5章的排序程序中，如下所示：

```
PFI strcmp, numcmp;
```

除了表达方式更简洁之外，使用typedef还有另外两个重要原因。首先，它可以使程序参数化，以提高程序的可移植性。如果typedef声明的数据类型同机器有关，那么，当程序移植到其他机器上时，只需改变typedef类型定义就可以了。一个经常用到的情况是，对于各种不同大小的整型值来说，都使用通过typedef定义的类型名，然后，分别为各个不同的宿主机选择一组合适的short、int和long类型大小即可。标准库中有一些例子，例如size_t和ptrdiff_t等。

typedef的第二个作用是为程序提供更好的说明性——Treeptr类型显然比一个声明为指向复杂结构的指针更容易让人理解。

6.8 联合

联合是可以（在不同时刻）保存不同类型和长度的对象的变量，编译器负责跟踪对象的长度和对齐要求。联合提供了一种方式，以在单块存储区中管理不同类型的数据，而不需要

在程序中嵌入任何同机器有关的信息。它类似于Pascal语言中的变体记录。

我们来看一个例子（可以在编译器的符号表管理程序中找到该例子）。假设一个常量可能是int、float或字符指针。特定类型的常量值必须保存在合适类型的变量中，然而，如果该常量的不同类型占据相同大小的存储空间，且保存在同一个地方的话，表管理将最方便。这就是联合的目的——一个变量可以合法地保存多种数据类型中任何一种类型的对象。其语法基于结构，如下所示：

```
union u_tag {
    int ival;
    float fval;
    char *sval;
} u;
```

变量u必须足够大，以保存这3种类型中最大的一种，具体长度同具体的实现有关。这些类型中的任何一种类型的对象都可赋值给u，且可使用在随后的表达式中，但必须保证是一致的：读取的类型必须是最近一次存入的类型。程序员负责跟踪当前保存在联合中的类型。如果保存的类型与读取的类型不一致，其结果取决于具体的实现。 147

可以通过下列语法访问联合中的成员：

```
联合名.成员
```

或

```
联合指针->成员
```

它与访问结构的方式相同。如果用变量utype跟踪保存在u中的当前数据类型，则可以像下面这样使用联合：

```
if (utype == INT)
    printf("%d\n", u.ival);
else if (utype == FLOAT)
    printf("%f\n", u.fval);
else if (utype == STRING)
    printf("%s\n", u.sval);
else
    printf("bad type %d in utype\n", utype);
```

联合可以使用在结构和数组中，反之亦可。访问结构中的联合（或反之）的某一成员的表示法与嵌套结构相同。例如，假定有下列的结构数组定义：

```
struct {
    char *name;
    int flags;
    int utype;
    union {
        int ival;
        float fval;
        char *sval;
    } u;
} symtab[NSYM];
```

可以通过下列语句引用其成员ival：

```
symtab[i].u.ival
```

也可以通过下列语句之一引用字符串sval的第一个字符：

```
*symtab[i].u.sval
symtab[i].u.sval[0]
```

实际上，联合就是一个结构，它的所有成员相对于基地址的偏移量都为0，此结构空间要大到足够容纳最“宽”的成员，并且，其对齐方式要适合于联合中所有类型的成员。对联合允许的操作与对结构允许的操作相同：作为一个整体单元进行赋值、复制、取地址及访问其中一个成员。

148 联合只能用其第一个成员类型的值进行初始化，因此，上述联合u只能用整数值进行初始化。

第8章的存储分配程序将说明如何使用联合来强制一个变量在特定类型的存储边界上对齐。

6.9 位字段

在存储空间很宝贵的情况下，有可能需要将多个对象保存在一个机器字中。一种常用的方法是，使用类似于编译器符号表的单个二进制位标志集合。外部强加的数据格式（如硬件设备接口）也经常需要从字的部分位中读取数据。

考虑编译器中符号表操作的有关细节。程序中的每个标识符都有与之相关的特定信息，例如，它是否为关键字，它是否是外部的且（或）是静态的，等等。对这些信息进行编码的最简洁的方法就是使用一个char或int对象中的位标志集合。

通常采用的方法是，定义一个与相关位的位置对应的“屏蔽码”集合，如：

```
#define KEYWORD  01
#define EXTERNAL 02
#define STATIC   04
```

或

```
enum { KEYWORD = 01, EXTERNAL = 02, STATIC = 04 };
```

这些数字必须是2的幂。这样，访问这些位就变成了用第2章中描述的移位运算、屏蔽运算及补码运算进行简单的位操作。

下列语句在程序中经常出现：

```
flags |= EXTERNAL | STATIC;
```

该语句将flags中的EXTERNAL和STATIC位置为1，而下列语句：

```
flags &= ~(EXTERNAL | STATIC);
```

则将它们置为0。并且，当这两位都为0时，下列表达式：

```
if ((flags & (EXTERNAL | STATIC)) == 0) ...
```

的值为真。

尽管这些方法很容易掌握，但是，C语言仍然提供了另一种可替代的方法，即直接定义和访问一个字中的位字段的能力，而不需要通过按位逻辑运算符。位字段（bit-field），或简称字段，是“字”中相邻位的集合。“字”（word）是单个的存储单元，它同具体的实现有关。例如，上述符号表的多个#define语句可用下列3个字段的定义来代替： 149

```
struct {
    unsigned int is_keyword : 1;
    unsigned int is_extern  : 1;
    unsigned int is_static  : 1;
} flags;
```

这里定义了一个变量flags，它包含3个一位的字段。冒号后的数字表示字段的宽度（用二进制位数表示）。字段被声明为unsigned int类型，以保证它们是无符号量。

单个字段的引用方式与其他结构成员相同，例如：flags.is_keyword、flags.is_extern等等。字段的作用与小整数相似。同其他整数一样，字段可出现在算术表达式中。因此，上面的例子可用更自然的方式表达为：

```
flags.is_extern = flags.is_static = 1;
```

该语句将is_extern和is_static位置为1。下列语句：

```
flags.is_extern = flags.is_static = 0;
```

将is_extern和is_static位置为0。下列语句：

```
if (flags.is_extern == 0 && flags.is_static == 0)
    ...
```

用于对is_extern和is_static位进行测试。

字段的所有属性几乎都同具体的实现有关。字段是否能覆盖字边界由具体的实现定义。字段可以不命名，无名字段（只有一个冒号和宽度）起填充作用。特殊宽度0可以用来强制在下一个字边界上对齐。

某些机器上字段的分配是从字的左端至右端进行的，而某些机器上则相反。这意味着，尽管字段对维护内部定义的数据结构很有用，但在选择外部定义数据的情况下，必须仔细考虑哪端优先的问题。依赖于这些因素的程序是不可移植的。字段也可以仅仅声明为int，为了方便移植，需要显式声明该int类型是signed还是unsigned类型。字段不是数组，并且没有地址，因此对它们不能使用&运算符。 150

第7章 输入与输出

输入/输出功能并不是C语言本身的组成部分，所以到目前为止，我们并没有过多地强调它们。但是，程序与环境之间的交互比我们在前面部分中描述的情况要复杂很多。本章将讲述标准库，介绍一些输入/输出函数、字符串处理函数、存储管理函数与数学函数,以及其他一些C语言程序的功能。本章讨论的重点将放在输入/输出上。

ANSI标准精确地定义了这些库函数，所以，在任何可以使用C语言的系统中都有这些函数的兼容形式。如果程序的系统交互部分仅仅使用了标准库提供的功能，则可以不经修改地从一个系统移植到另一个系统中。

这些库函数的属性分别在十多个头文件中声明，前面已经遇到过一部分，如`<stdio.h>`、`<string.h>`和`<ctype.h>`。我们不打算把整个标准库都罗列于此，因为我们更关心如何使用标准库编写C语言程序。附录B对标准库进行了详细的描述。

7.1 标准输入/输出

我们在第1章中讲过，标准库实现了简单的文本输入/输出模式。文本流由一系列行组成，每一行的结尾是一个换行符。如果系统没有遵循这种模式，则标准库将通过一些措施使得该系统适应这种模式。例如，标准库可以在输入端将回车符和换页符都转换为换行符，而在输出端进行反向转换。

最简单的输入机制是使用getchar函数从标准输入中（一般为键盘）一次读取一个字符：

```
int getchar(void)
```

getchar函数在每次被调用时返回下一个输入字符。若遇到文件结尾，则返回EOF。符号常量EOF在头文件<stdio.h>中定义，其值一般为-1，但程序中应该使用EOF来测试文件是否 151
结束，这样才能保证程序同EOF的特定值无关。

在许多环境中，可以使用符号<来实现输入重定向，它将把键盘输入替换为文件输入：如果程序prog中使用了函数getchar，则命令行

```
prog <infile
```

将使得程序prog从输入文件infile（而不是从键盘）中读取字符。实际上，程序prog本身并不在意输入方式的改变，并且，字符串“<infile”也并不包含在argv的命令行参数中。如果输入通过管道机制来自于另一个程序，那么这种输入切换也是不可见的。比如，在某些系统中，下列命令行：

```
otherprog | prog
```

将运行两个程序otherprog和prog，并将程序otherprog的标准输出通过管道重定向到程序prog的标准输入上。

函数

```
int putchar(int)
```

用于输出数据。putchar(c)将字符c送至标准输出上，在默认情况下，标准输出为屏幕显示。如果没有发生错误，则函数putchar将返回输出的字符；如果发生了错误，则返回EOF。同样，通常情况下，也可以使用“>输出文件名”的格式将输出重定向到某个文件中。例如，如果程序prog调用了函数putchar，那么命令行

```
prog >输出文件名
```

将把程序prog的输出从标准输出设备重定向到文件中。如果系统支持管道，那么命令行

```
prog | anotherprog
```

将把程序prog的输出从标准输出通过管道重定向到程序anotherprog的标准输入中。

函数printf也向标准输出设备上输出数据。我们在程序中可以交叉调用函数putchar和printf，输出将按照函数调用的先后顺序依次产生。

使用输入/输出库函数的每个源程序文件必须在引用这些函数之前包含下列语句：

```
#include <stdio.h>
```

当文件名用一对尖括号<和>括起来时，预处理器将在由具体实现定义的有关位置中查找指定的文件（例如，在UNIX系统中，文件一般放在目录/usr/include中）。

许多程序只从一个输入流中读取数据，并且只向一个输出流中输出数据。对于这样的程序，只需要使用函数getchar、putchar和printf实现输入/输出即可，并且对程序来说已经足够了。特别是，如果通过重定向将一个程序的输出连接到另一个程序的输入，仅仅使
152 用这些函数就足够了。例如，考虑下列程序lower，它用于将输入转换为小写字母的形式：

```
#include <stdio.h>
#include <ctype.h>

main()  /*  lower函数：将输入转换为小写形式  */
{
    int c;

    while ((c = getchar()) != EOF)
        putchar(tolower(c));
    return 0;
}
```

函数tolower在头文件<ctype.h>中定义，它把大写字母转换为小写形式，并把其他字符原样返回。我们在前面提到过，头文件<stdio.h>中的getchar和putchar“函数”以及<ctype.h>中的tolower“函数”一般都是宏，这样就避免了对每个字符都进行函数调用的开销。我们将在8.5节介绍它们的实现方法。无论<ctype.h>中的函数在给定的机器

上是如何实现的，使用这些函数的程序都不必了解字符集的知识。

练习7-1 编写一个程序，根据它自身被调用时存放在argv[0]中的名字，实现将大写字母转换为小写字母或将小写字母转换为大写字母的功能。

7.2 格式化输出——printf函数

输出函数printf将内部数值转换为字符的形式。前面的有关章节中已经使用过该函数。下面只讲述该函数最典型的用法，附录B中给出了该函数完整的描述。

```
int printf(char *format, arg1, arg2, ...)
```

函数printf在输出格式format的控制下，将其参数进行转换与格式化，并在标准输出设备上打印出来。它的返回值为打印的字符数。

格式字符串包含两种类型的对象：普通字符和转换说明。在输出时，普通字符将原样不动地复制到输出流中，而转换说明并不直接输出到输出流中，而是用于控制printf中参数的转换和打印。每个转换说明都由一个百分号字符（即%）开始，并以一个转换字符结束。在字符%和转换字符中间可能依次包含下列组成部分：

- 负号，用于指定被转换的参数按照左对齐的形式输出。
- 数，用于指定最小字段宽度。转换后的参数将打印不小于最小字段宽度的字段。如果有必要，字段左边（如果使用左对齐的方式，则为右边）多余的字符位置用空格填充以保证最小字段宽。
- 小数点，用于将字段宽度和精度分开。
- 数，用于指定精度，即指定字符串中要打印的最大字符数、浮点数小数点后的位数、整型最少输出的数字数目。 153
- 字母h或l，字母h表示将整数作为short类型打印，字母l表示将整数作为long类型打印。

表7-1列出了所有的转换字符。如果%后面的字符不是一个转换说明，则该行为是未定义的。

表7-l printf函数基本的转换说明

字　符	参数类型；输出形式
d, i	int类型；十进制数
o	int类型；无符号八进制数（没有前导0）
x, X	int类型；无符号十六进制数（没有前导0x或0X），10~15分别用abcdef或ABCDEF表示
u	int类型；无符号十进制数
c	int类型；单个字符
s	char *类型；顺序打印字符串中的字符，直到遇到'\0'或已打印了由精度指定的字符数为止
f	double类型；十进制小数[-]*m.dddddd*，其中*d*的个数由精度指定（默认值为 6）
e, E	double类型；[-]*m.dddddd* e±*xx*或[-]*m.dddddd* E±*xx*，其中*d*的个数由精度指定（默认值为6）
g, G	double类型；如果指数小于-4或大于等于精度，则用%e或%E格式输出，否则用%f格式输出。尾部的0和小数点不打印
p	void *类型；指针（取决于具体实现）
%	不转换参数；打印一个百分号%

在转换说明中，宽度或精度可以用星号*表示，这时，宽度或精度的值通过转换下一参数（必须为int类型）来计算。例如，为了从字符串s中打印最多max个字符，可以使用下列语句：

```
printf("%.*s", max, s);
```

前面的章节中已经介绍过大部分的格式转换，但没有介绍与字符串相关的精度。下表说明了在打印字符串“hello, world”（12个字符）时根据不同的转换说明产生的不同结果。我们在每个字段的左边和右边加上冒号，这样可以清晰地表示出字段的宽度。

```
:%s:          :hello, world:
:%10s:        :hello, world:
:%.10s:       :hello, wor:
:%-10s:       :hello, world:
:%.15s:       :hello, world:
:%-15s:       :hello, world   :
:%15.10s:     :     hello, wor:
:%-15.10s:    :hello, wor     :
```

154 注意：函数printf使用第一个参数判断后面参数的个数及类型。如果参数的个数不够或者类型错误，则将得到错误的结果。请注意下面两个函数调用之间的区别：

```
printf(s);          /*  如果字符串s含有字符 %，输出将出错 */
printf("%s", s);    /*  正确  */
```

函数sprintf执行的转换和函数printf相同，但它将输出保存到一个字符串中：

```
int sprintf(char *string, char *format, arg1, arg2, ...)
```

sprintf函数和printf函数一样，按照format格式格式化参数序列arg_1、arg_2、…，但它将输出结果存放到string中，而不是输出到标准输出中。当然，string必须足够大以存放输出结果。

练习7-2 编写一个程序，以合理的方式打印任何输入。该程序至少能够根据用户的习惯以八进制或十六进制打印非图形字符，并截断长文本行。

7.3 变长参数表

本节以实现函数printf的一个最简单版本为例，介绍如何以可移植的方式编写可处理变长参数表的函数。因为我们的重点在于参数的处理，所以，函数minprintf只处理格式字符串和参数，格式转换则通过调用函数printf实现。

函数printf的正确声明形式为：

```
int printf(char *fmt, ...)
```

其中，省略号表示参数表中参数的数量和类型是可变的。省略号只能在出现在参数表的尾部。因为minprintf函数不需要像printf函数一样返回实际输出的字符数，因此，我们将它声明为下列形式：

```
void minprintf(char *fmt, ...)
```

编写函数minprintf的关键在于如何处理一个甚至连名字都没有的参数表。标准头文件

<stdarg.h>中包含一组宏定义，它们对如何遍历参数表进行了定义。该头文件的实现因不同的机器而不同，但提供的接口是一致的。

va_list类型用于声明一个变量，该变量将依次引用各参数。在函数minprintf中，我们将该变量称为ap，意思是“参数指针”。宏va_start将ap初始化为指向第一个无名参数的指针。在使用ap之前，该宏必须被调用一次。参数表必须至少包括一个有名参数，va_start将最后一个有名参数作为起点。 155

每次调用va_arg，该函数都将返回一个参数，并将ap指向下一个参数。va_arg使用一个类型名来决定返回的对象类型、指针移动的步长。最后，必须在函数返回之前调用va_end，以完成一些必要的清理工作。

基于上面这些讨论，我们实现的简化printf函数如下所示：

```
#include <stdarg.h>

/* minprintf函数：带有可变参数表的简化的printf函数 */
void minprintf(char *fmt, ...)
{
    va_list ap;   /* 依次指向每个无名参数 */
    char *p, *sval;
    int ival;
    double dval;

    va_start(ap, fmt); /* 将ap指向第一个无名参数 */
    for (p = fmt; *p; p++) {
        if (*p != '%') {
            putchar(*p);
            continue;
        }
        switch (*++p) {
        case 'd':
            ival = va_arg(ap, int);
            printf("%d", ival);
            break;
        case 'f':
            dval = va_arg(ap, double);
            printf("%f", dval);
            break;
        case 's':
            for (sval = va_arg(ap, char *); *sval; sval++)
                putchar(*sval);
            break;
        default:
            putchar(*p);
            break;
        }
    }
    va_end(ap);   /* 结束时的清理工作 */
}
```

练习7-3 改写minprintf函数，使它能完成printf函数的更多功能。 156

7.4 格式化输入——scanf函数

输入函数scanf对应于输出函数printf，它在与后者相反的方向上提供同样的转换功能。

具有变长参数表的函数scanf的声明形式如下：

```
int scanf(char *format, ...)
```

scanf函数从标准输入中读取字符序列，按照format中的格式说明对字符序列进行解释，并把结果保存到其余的参数中。格式参数format将在接下来的内容中进行讨论。其他所有参数都必须是指针，用于指定经格式转换后的相应输入保存的位置。和上节讲述 printf一样，本节只介绍scanf函数最有用的一些特征，而并不完整地介绍。

当scanf函数扫描完其格式串，或者碰到某些输入无法与格式控制说明匹配的情况时，该函数将终止，同时，成功匹配并赋值的输入项的个数将作为函数值返回，所以，该函数的返回值可以用来确定已匹配的输入项的个数。如果到达文件的结尾，该函数将返回EOF。注意，返回EOF与0是不同的，0表示下一个输入字符与格式串中的第一个格式说明不匹配。下一次调用scanf函数将从上一次转换的最后一个字符的下一个字符开始继续搜索。

另外还有一个输入函数sscanf，它用于从一个字符串（而不是标准输入）中读取字符序列：

```
int sscanf(char *string, char *format, arg1, arg2, ...)
```

它按照格式参数format中规定的格式扫描字符串string，并把结果分别保存到arg_1、arg_2、…这些参数中。这些参数必须是指针。

格式串通常都包含转换说明，用于控制输入的转换。格式串可能包含下列部分：

- 空格或制表符，在处理过程中将被忽略。
- 普通字符（不包括%），用于匹配输入流中下一个非空白符字符。
- 转换说明，依次由一个%、一个可选的赋值禁止字符*、一个可选的数值（指定最大字段宽度）、一个可选的h、l或L字符（指定目标对象的宽度）以及一个转换字符组成。

转换说明控制下一个输入字段的转换。一般来说，转换结果存放在相应的参数指向的变量中。但是，如果转换说明中有赋值禁止字符*，则跳过该输入字段，不进行赋值。输入字段定义为一个不包括空白符的字符串，其边界定义为到下一个空白符或达到指定的字段宽度。这表明scanf函数将越过行边界读取输入，因为换行符也是空白符。（空白符包括空格符、横向制表符、换行符、回车符、纵向制表符以及换页符）。

157 转换字符指定对输入字段的解释。对应的参数必须是指针，这也是C语言通过值调用语义所要求的。表7-2中列出了这些转换字符。

表7-2 scanf函数的基本转换说明

字 符	输入数据；参数类型
d	十进制整数；int*类型
i	整数；int*类型，可以是八进制（以0开头）或十六进制（以0x或0X开头）
o	八进制整数（可以以0开头，也可以不以0开头）；int *类型
u	无符号十进制整数；unsigned int*类型
x	十六进制整数（可以以0x或0X开头，也可以不以0x或0X开头）；int *类型
c	字符；char *类型，将接下来的多个输入字符（默认为1个字符）存放到指定位置。该转换规范通常不跳过空白符。如果需要读入下一个非空白符，可以使用%1s

（续）

字　符	输入数据；参数类型
s	字符串（不加引号）；char *类型，指向一个足以存放该字符串（还包括尾部的字符'\0'）的字符数组。字符串的末尾将被添加一个结束符'\0'
e, f, g	浮点数，它可以包括正负号（可选）、小数点（可选）及指数部分（可选）；float*类型
%	字符%；不进行任何赋值操作

转换说明d、i、o、u及x的前面可以加上字符h或l。前缀h表明参数表的相应参数是一个指向short类型而非int类型的指针，前缀l表明参数表的相应参数是一个指向long类型的指针。类似地，转换说明e、f和g的前面也可以加上前缀l，它表明参数表的相应参数是一个指向double类型而非float类型的指针。

来看第一个例子。我们通过函数scanf执行输入转换来改写第4章中的简单计算器程序，如下所示：

```
#include    <stdio.h>

main()  /*  简单计算器程序   */
{
    double sum, v;

    sum = 0;
    while (scanf("%lf", &v) == 1)
        printf("\t%.2f\n", sum += v);
    return 0;
}
```

假设我们要读取包含下列日期格式的输入行：

```
25 Dec 1988
```

相应的scanf语句可以这样编写： 158

```
int day, year;
char monthname[20];

scanf("%d %s %d", &day, monthname, &year);
```

因为数组名本身就是指针，所以，monthname的前面没有取地址运算符&。

字符字面值也可以出现在scanf的格式串中，它们必须与输入中相同的字符匹配。因此，我们可以使用下列scanf语句读入形如mm/dd/yy的日期数据：

```
int day, month, year;

scanf("%d/%d/%d", &month, &day, &year);
```

scanf函数忽略格式串中的空格和制表符。此外，在读取输入值时，它将跳过空白符（空格、制表符、换行符等等）。如果要读取格式不固定的输入，最好每次读入一行，然后再用sscanf将合适的格式分离出来读入。例如，假定我们需要读取一些包含日期数据的输入行，日期的格式可能是上述任一种形式。我们可以这样编写程序：

```
while (getline(line, sizeof(line)) > 0) {
    if (sscanf(line, "%d %s %d", &day, monthname, &year) == 3)
        printf("valid: %s\n", line);    /*  25 Dec 1988形式的日期数据  */
    else if (sscanf(line, "%d/%d/%d", &month, &day, &year) == 3)
        printf("valid: %s\n", line);    /*  mm/dd/yy形式的日期数据  */
    else
        printf("invalid: %s\n", line);  /*  日期形式无效  */
}
```

scanf函数可以和其他输入函数混合使用。无论调用哪个输入函数，下一个输入函数的调用将从scanf没有读取的第一个字符处开始读取数据。

注意，scanf和sscanf函数的所有参数都必须是指针。最常见的错误是将输入语句写成下列形式：

```
scanf("%d", n);
```

正确的形式应该为：

```
scanf("%d", &n);
```

编译器在编译时一般检测不到这类错误。

练习7-4 类似于上一节中的函数minprintf，编写scanf函数的一个简化版本。

练习7-5 改写第4章中的后缀计算器程序，用scanf函数和（或）sscanf函数实现输入
159 以及数的转换。

7.5 文件访问

到目前为止，我们讨论的例子都是从标准输入读取数据，并向标准输出输出数据。标准输入和标准输出是操作系统自动提供给程序访问的。

接下来，我们编写一个访问文件的程序，且它所访问的文件还没有连接到该程序。程序cat可以用来说明该问题，它把一批命名文件串联后输出到标准输出上。cat可用来在屏幕上打印文件，对于那些无法通过名字访问文件的程序来说，它还可以用作通用的输入收集器。例如，下列命令行：

```
cat x.c y.c
```

将在标准输出上打印文件x.c和y.c的内容。

问题在于，如何设计命名文件的读取过程呢？换句话说，如何将用户需要使用的文件的外部名同读取数据的语句关联起来。

方法其实很简单。在读写一个文件之前，必须通过库函数fopen打开该文件。fopen用类似于x.c或y.c这样的外部名与操作系统进行某些必要的连接和通信（我们不必关心这些细节），并返回一个随后可以用于文件读写操作的指针。

该指针称为*文件指针*，它指向一个包含文件信息的结构，这些信息包括：缓冲区的位置、缓冲区中当前字符的位置、文件的读或写状态、是否出错或是否已经到达文件结尾等等。用户不必关心这些细节，因为<stdio.h>中已经定义了一个包含这些信息的结构FILE。在程

序中只需按照下列方式声明一个文件指针即可：

```
FILE *fp;
FILE *fopen(char *name, char *mode);
```

在本例中，fp是一个指向结构FILE的指针，并且，fopen函数返回一个指向结构FILE的指针。注意，FILE像int一样是一个类型名，而不是结构标记。它是通过typedef定义的(UNIX系统中fopen的实现细节将在8.5节中讨论)。

在程序中，可以这样调用fopen函数：

```
fp = fopen(name, mode);
```

fopen的第一个参数是一个字符串，它包含文件名。第二个参数是访问模式，也是一个字符串，用于指定文件的使用方式。允许的模式包括：读（"r"）、写（"w"）及追加（"a"）。某些系统还区分文本文件和二进制文件，对后者的访问需要在模式字符串中增加字符"b"。 160

如果打开一个不存在的文件用于写或追加，该文件将被创建（如果可能的话）。当以写方式打开一个已存在的文件时，该文件原来的内容将被覆盖。但是，如果以追加方式打开一个文件，则该文件原来的内容将保留不变。读一个不存在的文件会导致错误，其他一些操作也可能导致错误，比如试图读取一个无读取权限的文件。如果发生错误，fopen将返回NULL。(可以更进一步地定位错误的类型，具体方法请参见附录B.1节中关于错误处理函数的讨论。)

文件被打开后，就需要考虑采用哪种方法对文件进行读写。有多种方法可供考虑，其中，getc和putc函数最为简单。getc从文件中返回下一个字符，它需要知道文件指针，以确定对哪个文件执行操作：

```
int getc(FILE *fp)
```

getc函数返回fp指向的输入流中的下一个字符。如果到达文件尾或出现错误，该函数将返回EOF。

putc是一个输出函数，如下所示：

```
int putc(int c, FILE *fp)
```

该函数将字符c写入到fp指向的文件中，并返回写入的字符。如果发生错误，则返回EOF。类似于getchar和putchar，getc和putc是宏而不是函数。

启动一个C语言程序时，操作系统环境负责打开3个文件，并将这3个文件的指针提供给该程序。这3个文件分别是标准输入、标准输出和标准错误，相应的文件指针分别为stdin、stdout和stderr，它们在<stdio.h>中声明。在大多数环境中，stdin指向键盘，而stdout和stderr指向显示器。我们从7.1节的讨论中可以知道，stdin和stdout可以被重定向到文件或管道。

getchar和putchar函数可以通过getc、putc、stdin及stdout定义如下：

```
#define getchar()    getc(stdin)
#define putchar(c)   putc((c), stdout)
```

对于文件的格式化输入或输出，可以使用函数fscanf和fprintf。它们与scanf和

printf函数的区别仅仅在于它们的第一个参数是一个指向所要读写的文件的指针，第二个参数是格式串。如下所示：

```
int fscanf(FILE *fp, char *format, ...)
int fprintf(FILE *fp, char *format, ...)
```

掌握这些预备知识之后，我们现在就可以编写出将多个文件连接起来的cat程序了。该程序的设计思路和其他许多程序类似。如果有命令行参数，参数将被解释为文件名，并按顺
161 序逐个处理。如果没有参数，则处理标准输入。

```
#include <stdio.h>

/*  cat函数：连接多个文件，版本1  */
main(int argc, char *argv[])
{
    FILE *fp;
    void filecopy(FILE *, FILE *);

    if (argc == 1)  /*  如果没有命令行参数，则复制标准输入  */
        filecopy(stdin, stdout);
    else
        while (--argc > 0)
            if ((fp = fopen(*++argv, "r")) == NULL) {
                printf("cat: can't open %s\n", *argv);
                return 1;
            } else {
                filecopy(fp, stdout);
                fclose(fp);
            }
    return 0;
}

/*  filecopy函数：将文件ifp复制到文件ofp  */
void filecopy(FILE *ifp, FILE *ofp)
{
    int c;

    while ((c = getc(ifp)) != EOF)
        putc(c, ofp);
}
```

文件指针stdin与stdout都是FILE*类型的对象。但它们是常量，而非变量，因此不能对它们赋值。

函数

```
int fclose(FILE *fp)
```

执行和fopen相反的操作，它断开由fopen函数建立的文件指针和外部名之间的连接，并释放文件指针以供其他文件使用。因为大多数操作系统都限制了一个程序可以同时打开的文件数，所以，当文件指针不再需要时就应该释放，这是一个好的编程习惯，就像我们在cat程序中所做的那样。对输出文件执行fclose还有另外一个原因：它将把缓冲区中由putc函数

正在收集的输出写到文件中。当程序正常终止时，程序会自动为每个打开的文件调用fclose函数。（如果不需要使用stdin与stdout，可以把它们关闭掉。也可以通过库函数freopen重新指定它们。） 162

7.6 错误处理——stderr和exit

cat程序的错误处理功能并不完善。问题在于，如果因为某种原因而造成其中的一个文件无法访问，相应的诊断信息要在该连接的输出的末尾才能打印出来。当输出到屏幕时，这种处理方法尚可以接受，但如果输出到一个文件或通过管道输出到另一个程序时，就无法接受了。

为了更好地处理这种情况，另一个输出流以与stdin和stdout相同的方式分派给程序，即stderr。即使对标准输出进行了重定向，写到stderr中的输出通常也会显示在屏幕上。

下面我们改写cat程序，将其出错信息写到标准错误文件上。

```
#include <stdio.h>

/*  cat函数：连接多个文件，版本2  */
main(int argc, char *argv[])
{
    FILE *fp;
    void filecopy(FILE *, FILE *);
    char *prog = argv[0];    /*  记下程序名，供错误处理用  */

    if (argc == 1)  /*  如果命令行不带参数，则复制标准输入  */
        filecopy(stdin, stdout);
    else
        while (--argc > 0)
            if ((fp = fopen(*++argv, "r")) == NULL) {
                fprintf(stderr, "%s: can't open %s\n",
                    prog, *argv);
                exit(1);
            } else {
                filecopy(fp, stdout);
                fclose(fp);
            }
    if (ferror(stdout)) {
        fprintf(stderr, "%s: error writing stdout\n", prog);
        exit(2);
    }
    exit(0);
}
```

该程序通过两种方式发出出错信息。首先，将fprintf函数产生的诊断信息输出到stderr上，因此诊断信息将会显示在屏幕上，而不是仅仅输出到管道或输出文件中。诊断信息中包含argv[0]中的程序名，因此，当该程序和其他程序一起运行时，可以识别错误的来源。

其次，程序使用了标准库函数exit，当该函数被调用时，它将终止调用程序的执行。任何调用该程序的进程都可以获取exit的参数值，因此，可通过另一个将该程序作为子进程的程序来测试该程序的执行是否成功。按照惯例，返回值0表示一切正常，而非0返回值通常表 163

示出现了异常情况。exit为每个已打开的输出文件调用fclose函数，以将缓冲区中的所有输出写到相应的文件中。

在主程序main中，语句return *expr*等价于exit(*expr*)。但是，使用函数exit有一个优点，它可以从其他函数中调用，并且可以用类似于第5章中描述的模式查找程序查找这些调用。

如果流fp中出现错误，则函数ferror返回一个非0值。

```
int ferror(FILE *fp)
```

尽管输出错误很少出现，但还是存在的（例如，当磁盘满时），因此，成熟的产品程序应该检查这种类型的错误。

函数feof(FILE*)与ferror类似。如果指定的文件到达文件结尾，它将返回一个非0值。

```
int feof(FILE *fp)
```

在上面的小程序中，我们的目的是为了说明问题，因此并不太关心程序的退出状态，但对于任何重要的程序来说，都应该让程序返回有意义且有用的值。

7.7 行输入和行输出

标准库提供了一个输入函数fgets，它和前面几章中用到的函数getline类似。

```
char *fgets(char *line, int maxline, FILE *fp)
```

fgets函数从fp指向的文件中读取下一个输入行（包括换行符），并将它存放在字符数组line中，它最多可读取maxline-1个字符。读取的行将以'\0'结尾保存到数组中。通常情况下，fgets返回line，但如果遇到了文件结尾或发生了错误，则返回NULL（我们编写的getline函数返回行的长度，这个值更有用，当它为0时意味着已经到达了文件的结尾）。

输出函数fputs将一个字符串（不需要包含换行符）写入到一个文件中：

```
int fputs(char *line, FILE *fp)
```

如果发生错误，该函数将返回EOF，否则返回一个非负值。

库函数gets和puts的功能与fgets和fputs函数类似，但它们是对stdin和stdout进行操作。有一点我们需要注意，gets函数在读取字符串时将删除结尾的换行符（'\n'），而puts函数在写入字符串时将在结尾添加一个换行符。

下面的代码是标准库中fgets和fputs函数的代码，从中可以看出，这两个函数并没有
164 什么特别的地方。代码如下所示：

```
/*  fgets函数：从iop指向的文件中最多读取n-1个字符，再加上一个NULL  */
char *fgets(char *s, int n, FILE *iop)
{
    register int c;
```

```
    register char *cs;

    cs = s;
    while (--n > 0 && (c = getc(iop)) != EOF)
        if ((*cs++ = c) == '\n')
            break;
    *cs = '\0';
    return (c == EOF && cs == s) ? NULL : s;
}
```

```
/*  fputs函数：将字符串s输出到iop指向的文件中   */
int fputs(char *s, FILE *iop)
{
    int c;

    while (c = *s++)
        putc(c, iop);
    return ferror(iop) ? EOF : 非负值;
}
```

ANSI标准规定，ferror在发生错误时返回非0值，而fputs在发生错误时返回EOF，其他情况返回一个非负值。

使用fgets函数很容易实现getline函数：

```
/*  getline函数：读入一个输入行，并返回其长度   */
int getline(char *line, int max)
{
    if (fgets(line, max, stdin) == NULL)
        return 0;
    else
        return strlen(line);
}
```

练习7-6 编写一个程序，比较两个文件并打印它们第一个不相同的行。

练习7-7 修改第5章的模式查找程序，使它从一个命名文件的集合中读取输入（有文件名参数时），如果没有文件名参数，则从标准输入中读取输入。当发现一个匹配行时，是否应该将相应的文件名打印出来？

练习7-8 编写一个程序，以打印一个文件集合，每个文件从新的一页开始打印，并且打印每个文件相应的标题和页数。 165

7.8 其他函数

标准库提供了很多功能各异的函数。本节将对其中特别有用的函数做一个简要的概述。更详细的信息以及其他许多没有介绍的函数请参见附录B。

7.8.1 字符串操作函数

前面已经提到过字符串函数strlen、strcpy、strcat和strcmp，它们都在头文件<string.h>中定义。在下面的各个函数中，s与t为char *类型，c与n为int类型。

strcat(s,t)	将t指向的字符串连接到s指向的字符串的末尾
strncat(s,t,n)	将t指向的字符串中前n个字符连接到s指向的字符串的末尾
strcmp(s,t)	根据s指向的字符串小于（s<t）、等于（s==t）或大于（s>t）t指向的字符串的不同情况，分别返回负整数、0或正整数
strncmp(s,t,n)	同strcmp相同，但只在前n个字符中比较
strcpy(s,t)	将t指向的字符串复制到s指向的位置
strncpy(s,t,n)	将t指向的字符串中前n个字符复制到s指向的位置
strlen(s)	返回s指向的字符串的长度
strchr(s,c)	在s指向的字符串中查找c，若找到，则返回指向它第一次出现的位置的指针，否则返回NULL
strrchr(s,c)	在s指向的字符串中查找c，若找到，则返回指向它最后一次出现的位置的指针，否则返回NULL

7.8.2 字符类别测试和转换函数

头文件<ctype.h>中定义了一些用于字符测试和转换的函数。在下面各个函数中，c是一个可表示为unsigned char类型或EOF的int对象。该函数的返回值类型为int。

isalpha(c)	若c是字母，则返回一个非0值，否则返回0
isupper(c)	若c是大写字母，则返回一个非0值，否则返回0
islower(c)	若c是小写字母，则返回一个非0值，否则返回0
isdigit(c)	若c是数字，则返回一个非0值，否则返回0
isalnum(c)	若isalpha(c)或isdigit(c)，则返回一个非0值，否则返回0
isspace(c)	若c是空格、横向制表符、换行符、回车符、换页符或纵向制表符，则返回一个非0值
toupper(c)	返回c的大写形式
tolower(c)	返回c的小写形式

7.8.3 ungetc函数

标准库提供了一个称为ungetc的函数，它与第4章中编写的函数ungetch相比功能更受限制。

```
int ungetc(int c, FILE *fp)
```

该函数将字符c写回到文件fp中。如果执行成功，则返回c，否则返回EOF。每个文件只能接收一个写回字符。ungetc函数可以和任何一个输入函数一起使用，比如scanf、getc或
166 getchar。

7.8.4 命令执行函数

函数system(char*s)执行包含在字符串s中的命令，然后继续执行当前程序。s的内容在很大程度上与所用的操作系统有关。下面来看一个UNIX操作系统环境的小例子。语句

```
system("date");
```

将执行程序date，它在标准输出上打印当天的日期和时间。system函数返回一个整型的状态值，其值来自于执行的命令，并同具体系统有关。在UNIX系统中，返回的状态是exit的返回值。

7.8.5 存储管理函数

函数malloc和calloc用于动态地分配存储块。函数malloc的声明如下：

```
void *malloc(size_t n)
```

当分配成功时，它返回一个指针，该指针指向n字节长度的未初始化的存储空间，否则返回NULL。函数calloc的声明为

```
void *calloc(size_t n, size_t size)
```

当分配成功时，它返回一个指针，该指针指向的空闲空间足以容纳由n个指定长度的对象组成的数组，否则返回NULL。该存储空间被初始化为0。

根据请求的对象类型，malloc或calloc函数返回的指针满足正确的对齐要求。下面的例子进行了类型转换：

```
int *ip;

ip = (int *) calloc(n, sizeof(int));
```

free(p)函数释放p指向的存储空间，其中，p是此前通过调用malloc或calloc函数得到的指针。存储空间的释放顺序没有什么限制，但是，如果释放一个不是通过调用malloc或calloc函数得到的指针所指向的存储空间，将是一个很严重的错误。

使用已经释放的存储空间同样是错误的。下面所示的代码是一个很典型的错误代码段，它通过一个循环释放列表中的项目：

```
for (p = head; p != NULL; p = p->next)   /*  错误的代码  */
    free(p);
```

正确的处理方法是，在释放项目之前先将一切必要的信息保存起来，如下所示：

```
for (p = head; p != NULL; p = q) {
    q = p->next;
    free(p);
}
```

8.7节给出了一个类似于malloc函数的存储分配程序的实现。该存储分配程序分配的存 167
储块可以以任意顺序释放。

7.8.6 数学函数

头文件<math.h>中声明了20多个数学函数。下面介绍一些常用的数学函数，每个函数带有一个或两个double类型的参数，并返回一个double类型的值。

sin(*x*)　　　　*x*的正弦函数，其中*x*用弧度表示

`cos(x)`	x的余弦函数，其中x用弧度表示
`atan2(y,x)`	y/x的反正切函数，其中，x和y用弧度表示
`exp(x)`	指数函数e^x
`log(x)`	x的自然对数（以e为底），其中，$x>0$
`log10(x)`	x的常用对数（以10为底），其中，$x>0$函数
`pow(x,y)`	计算x^y的值
`sqrt(x)`	x的平方根（$x \geqslant 0$）
`fabs(x)`	x的绝对值

7.8.7 随机数发生器函数

函数rand()生成介于0和RAND_MAX之间的伪随机整数序列。其中RAND_MAX是在头文件<stdlib.h>中定义的符号常量。下面是一种生成大于等于0但小于1的随机浮点数的方法：

```
#define frand() ((double) rand() / (RAND_MAX+1.0))
```

（如果所用的函数库中已经提供了一个生成浮点随机数的函数，那么它可能比上面这个函数具有更好的统计学特性。）

函数srand(unsigned)设置rand函数的种子数。我们在2.7节中给出了遵循标准的rand和srand函数的可移植的实现。

练习7-9 类似于isupper这样的函数可以通过某种方式实现以达到节省空间或时间的目的。考虑节省空间或时间的实现方式。 168

第8章 UNIX系统接口

UNIX操作系统通过一系列的*系统调用*提供服务，这些系统调用实际上是操作系统内的函数，它们可以被用户程序调用。本章将介绍如何在C语言程序中使用一些重要的系统调用。如果读者使用的是UNIX，本章将会对你有直接的帮助，这是因为，我们经常需要借助于系统调用以获得最高的效率，或者访问标准库中没有的某些功能。但是，即使读者是在其他操作系统上使用C语言，本章的例子也将会帮助你对C语言程序设计有更深入的了解。不同系统中的代码具有相似性，只是一些细节上有区别而已。因为ANSI C标准函数库是以UNIX系统为基础建立起来的，所以，学习本章中的程序还将有助于更好地理解标准库。

本章的内容包括3个主要部分：输入/输出、文件系统和存储分配。其中，前两部分的内容要求读者对UNIX系统的外部特性有一定的了解。

第7章介绍的输入/输出接口对任何操作系统都是一样的。在任何特定的系统中，标准库函数的实现必须通过宿主系统提供的功能来实现。接下来的几节将介绍UNIX系统中用于输入和输出的系统调用，并介绍如何通过它们实现标准库。

8.1 文件描述符

在UNIX操作系统中，所有的外围设备（包括键盘和显示器）都被看作是文件系统中的文件，因此，所有的输入/输出都要通过读文件或写文件完成。也就是说，通过一个单一的接口就可以处理外围设备和程序之间的所有通信。

通常情况下，在读或写文件之前，必须先将这个意图通知系统，该过程称为*打开文件*。如果是写一个文件，则可能需要先创建该文件，也可能需要丢弃该文件中原先已存在的内容。系统检查你的权力（该文件是否存在？是否有访问它的权限？），如果一切正常，操作系统将向程序返回一个小的非负整数，该整数称为*文件描述符*。任何时候对文件的输入/输出都是通过文件描述符标识文件，而不是通过文件名标识文件。（文件描述符类似于标准库中的文件指针或MS-DOS中的文件句柄。）系统负责维护已打开文件的所有信息，用户程序只能通过文件描述符引用文件。

因为大多数的输入/输出是通过键盘和显示器来实现的，为了方便起见，UNIX对此做了特别的安排。当命令解释程序（即“shell”）运行一个程序的时候，它将打开3个文件，对应的文件描述符分别为0、1、2，依次表示标准输入、标准输出和标准错误。如果程序从文件0中读，对1和2进行写，就可以进行输入/输出而不必关心打开文件的问题。

程序的使用者可通过<和>重定向程序的I/O：

```
prog <输入文件名>输出文件名
```

这种情况下，shell把文件描述符0和1的默认赋值改变为指定的文件。通常，文件描述符2仍与显示器相关联，这样，出错信息会输出到显示器上。与管道相关的输入/输出也有类似的特性。在任何情况下，文件赋值的改变都不是由程序完成的，而是由shell完成的。只要程序使用文件0作为输入，文件1和2作为输出，它就不会知道程序的输入从哪里来，并输出到哪里去。

8.2 低级I/O——read和write

输入与输出是通过read和write系统调用实现的。在C语言程序中，可以通过函数read和write访问这两个系统调用。这两个函数中，第一个参数是文件描述符，第二个参数是程序中存放读或写的数据的字符数组，第三个参数是要传输的字节数。

```
int n_read = read(int fd, char *buf, int n);
int n_written = write(int fd, char *buf, int n);
```

每个调用返回实际传输的字节数。在读文件时，函数的返回值可能会小于请求的字节数。如果返回值为0，则表示已到达文件的结尾；如果返回值为-1，则表示发生了某种错误。在写文件时，返回值是实际写入的字节数。如果返回值与请求写入的字节数不相等，则说明发生了错误。

在一次调用中，读出或写入的数据的字节数可以为任意大小。最常用的值为1，即每次读出或写入1个字符（无缓冲），或是类似于1024或4096这样的与外围设备的物理块大小相应的
170 值。用更大的值调用该函数可以获得更高的效率，因为系统调用的次数减少了。

结合以上的讨论，我们可以编写一个简单的程序，将输入复制到输出，这与第1章中的复制程序在功能上相同。程序可以将任意输入复制到任意输出，因为输入/输出可以重定向到任何文件或设备。

```
#include "syscalls.h"

main()  /*  将输入复制到输出   */
{
    char buf[BUFSIZ];
    int n;

    while ((n = read(0, buf, BUFSIZ)) > 0)
        write(1, buf, n);
    return 0;
}
```

我们已经将系统调用的函数原型集中放在一个头文件syscalls.h中，因此，本章中的程序都将包含该头文件。不过，该文件的名字不是标准的。

参数BUFSIZ也已经在syscalls.h头文件中定义。对于所使用的操作系统来说，该值是一个较合适的数值。如果文件大小不是BUFSIZ的倍数，则对read的某次调用会返回一个较小的字节数，write再按这个字节数写，此后再调用read将返回0。

为了更好地掌握有关概念，下面来说明如何用read和write构造类似于getchar、putchar等的高级函数。例如，以下是getchar函数的一个版本，它通过每次从标准输入读入一个字符来实现无缓冲输入。

```
#include "syscalls.h"

/*  getchar函数：无缓冲的单字符输入  */
int getchar(void)
{
    char c;

    return (read(0, &c, 1) == 1) ? (unsigned char) c : EOF;
}
```

其中，c必须是一个char类型的变量，因为read函数需要一个字符指针类型的参数（&c）。在返回语句中将c转换为unsigned char类型可以消除符号扩展问题。

getchar的第二个版本一次读入一组字符，但每次只输出一个字符。 171

```
#include "syscalls.h"

/*  getchar函数：简单的带缓冲区的版本  */
int getchar(void)
{
    static char buf[BUFSIZ];
    static char *bufp = buf;
    static int n = 0;

    if (n == 0) {    /*  缓冲区为空  */
        n = read(0, buf, sizeof buf);
        bufp = buf;
    }
    return (--n >= 0) ? (unsigned char) *bufp++ : EOF;
}
```

如果要在包含头文件<stdio.h>的情况下编译这些版本的getchar函数，就有必要用#undef预处理指令取消名字getchar的宏定义，因为在头文件中，getchar是以宏方式实现的。

8.3 open、creat、close和unlink

除了默认的标准输入、标准输出和标准错误文件外，其他文件都必须在读或写之前显式地打开。系统调用open和creat用于实现该功能。

open与第7章讨论的fopen很相似，不同的是，前者返回一个文件描述符，它仅仅只是一个int类型的数值，而后者返回一个文件指针。如果发生错误，open将返回-1。

```
#include <fcntl.h>

int fd;
int open(char *name, int flags, int perms);

fd = open(name, flags, perms);
```

与fopen一样，参数name是一个包含文件名的字符串。第二个参数flags是一个int类型的值，它说明以何种方式打开文件，主要的几个值如下所示：

O_RDONLY　　以只读方式打开文件
O_WRONLY　　以只写方式打开文件
O_RDWR　　以读写方式打开文件

在System V UNIX系统中，这些常量在头文件<fcntl.h>中定义，而在Berkeley（BSD）版本中则在<sys/file.h>中定义。

可以使用下列语句打开一个文件以执行读操作：

172

```
fd = open(name, O_RDONLY, 0);
```

在本章的讨论中，open的参数perms的值始终为0。

如果用open打开一个不存在的文件，则将导致错误。可以使用creat系统调用创建新文件或覆盖已有的旧文件，如下所示：

```
int creat(char *name, int perms);

fd = creat(name, perms);
```

如果creat成功地创建了文件，它将返回一个文件描述符，否则返回-1。如果此文件已存在，creat将把该文件的长度截断为0，从而丢弃原先已有的内容。使用creat创建一个已存在的文件不会导致错误。

如果要创建的文件不存在，则creat用参数perms指定的权限创建文件。在UNIX文件系统中，每个文件对应一个9比特的权限信息，它们分别控制文件的所有者、所有者组和其他成员对文件的读、写和执行访问。因此，通过一个3位的八进制数就可方便地说明不同的权限，例如，0755说明文件的所有者可以对它进行读、写和执行操作，而所有者组和其他成员只能进行读和执行操作。

下面通过一个简化的UNIX程序cp说明creat的用法。该程序将一个文件复制到另一个文件。我们编写的这个版本仅仅只能复制一个文件，不允许用目录作为第二个参数，并且，目标文件的权限不是通过复制获得的，而是重新定义的。

```
#include <stdio.h>
#include <fcntl.h>
#include "syscalls.h"
#define PERMS 0666    /*  对于所有者、所有者组和其他成员均可读写  */

void error(char *, ...);

/*  cp函数：将f1复制到f2  */
main(int argc, char *argv[])
{
    int f1, f2, n;
    char buf[BUFSIZ];

    if (argc != 3)
        error("Usage: cp from to");
    if ((f1 = open(argv[1], O_RDONLY, 0)) == -1)
```

```
        error("cp: can't open %s", argv[1]);
    if ((f2 = creat(argv[2], PERMS)) == -1)
        error("cp: can't create %s, mode %03o",
            argv[2], PERMS);
    while ((n = read(f1, buf, BUFSIZ)) > 0)
        if (write(f2, buf, n) != n)
            error("cp: write error on file %s", argv[2]);
    return 0;
}
```

该程序创建的输出文件具有固定的权限0666。利用8.6节中将要讨论的stat系统调用，可以获得一个已存在文件的模式，并将此模式赋值给它的副本。 173

注意，函数error类似于函数printf，在调用时可带变长参数表。下面通过error函数的实现说明如何使用printf函数家族的另一个成员vprintf。标准库函数vprintf函数与printf函数类似，所不同的是，它用一个参数取代了变长参数表，且此参数通过调用va_start宏进行初始化。同样，vfprintf和vsprintf函数分别与fprintf和sprintf函数类似。

```
#include <stdio.h>
#include <stdarg.h>
/*  error函数：打印一个出错信息，然后终止  */
void error(char *fmt, ...)
{
    va_list args;

    va_start(args, fmt);
    fprintf(stderr, "error: ");
    vfprintf(stderr, fmt, args);
    fprintf(stderr, "\n");
    va_end(args);
    exit(1);
}
```

一个程序同时打开的文件数是有限制的（通常为20）。相应地，如果一个程序需要同时处理许多文件，那么它必须重用文件描述符。函数close(int fd)用来断开文件描述符和已打开文件之间的连接，并释放此文件描述符，以供其他文件使用。close函数与标准库中的fclose函数相对应，但它不需要清洗（flush）缓冲区。如果程序通过exit函数退出或从主程序中返回，所有打开的文件将被关闭。

函数unlink(char*name)将文件name从文件系统中删除，它对应于标准库函数remove。

练习8-1　用read、write、open和close系统调用代替标准库中功能等价的函数，重写第7章的cat程序，并通过实验比较两个版本的相对执行速度。

8.4 随机访问——lseek

输入/输出通常是顺序进行的：每次调用read和write进行读写的位置紧跟在前一次操作的位置之后。但是，有时候需要以任意顺序访问文件，系统调用lseek可以在文件中任意

174 移动位置而不实际读写任何数据：

```
long lseek(int fd, long offset, int origin);
```

将文件描述符为fd的文件的当前位置设置为offset，其中，offset是相对于orgin指定的位置而言的。随后进行的读写操作将从此位置开始。origin的值可以为0、1或2，分别用于指定offset从文件开始、从当前位置或从文件结束处开始算起。例如，为了向一个文件的尾部添加内容（在UNIX shell程序中使用重定向符>>或在系统调用fopen中使用参数“a”），则在写操作之前必须使用下列系统调用找到文件的末尾：

```
lseek(fd, 0L, 2);
```

若要返回文件的开始处（即反绕），则可以使用下列调用：

```
lseek(fd, 0L, 0);
```

请注意，参数0L也可写为(long)0，或仅仅写为0，但是系统调用lseek的声明必须保持一致。

使用lseek系统调用时，可以将文件视为一个大数组，其代价是访问速度会慢一些。例如，下面的函数将从文件的任意位置读入任意数目的字节，它返回读入的字节数，若发生错误，则返回-1。

```
#include "syscalls.h"

/*  get函数：从pos位置处读入n个字节  */
int get(int fd, long pos, char *buf, int n)
{
    if (lseek(fd, pos, 0) >= 0)  /*  移动到位置pos处  */
        return read(fd, buf, n);
    else
        return -1;
}
```

lseek系统调用返回一个long类型的值，此值表示文件的新位置，若发生错误，则返回-1。标准库函数fseek与系统调用lseek类似，所不同的是，前者的第一个参数是FILE *类型，且在发生错误时返回一个非0值。

8.5 实例——fopen和getc函数的实现

下面以标准库函数fopen和getc的一种实现方法为例来说明如何将这些系统调用结合起来使用。

我们回忆一下，标准库中的文件不是通过文件描述符描述的，而是使用文件指针描述的。文件指针是一个指向包含文件各种信息的结构的指针，该结构包含下列内容：一个指向缓冲区的指针，通过它可以一次读入文件的一大块内容；一个记录缓冲区中剩余的字符数的计数器；一个指向缓冲区中下一个字符的指针；文件描述符；描述读/写模式的标志；描述错误状
175 态的标志等。

描述文件的数据结构包含在头文件<stdio.h>中，任何需要使用标准输入/输出库中函

数的程序都必须在源文件中包含这个头文件（通过#include指令包含头文件）。此文件也被库中的其他函数包含。在下面这段典型的<stdio.h>代码段中，只供标准库中其他函数所使用的名字以下划线开始，因此一般不会与用户程序中的名字冲突。所有的标准库函数都遵循该约定。

```
#define NULL      0
#define EOF       (-1)
#define BUFSIZ    1024
#define OPEN_MAX  20   /*  一次最多可打开的文件数  */

typedef struct _iobuf {
    int  cnt;          /*  剩余的字符数  */
    char *ptr;         /*  下一个字符的位置  */
    char *base;        /*  缓冲区的位置  */
    int  flag;         /*  文件访问模式  */
    int  fd;           /*  文件描述符  */
} FILE;
extern FILE _iob[OPEN_MAX];

#define stdin   (&_iob[0])
#define stdout  (&_iob[1])
#define stderr  (&_iob[2])

enum _flags {
    _READ   = 01,      /*  以读方式打开文件  */
    _WRITE  = 02,      /*  以写方式打开文件  */
    _UNBUF  = 04,      /*  不对文件进行缓冲  */
    _EOF    = 010,     /*  已到文件的末尾  */
    _ERR    = 020      /*  该文件发生错误  */
};

int _fillbuf(FILE *);
int _flushbuf(int, FILE *);

#define feof(p)     (((p)->flag & _EOF) != 0)
#define ferror(p)   (((p)->flag & _ERR) != 0)
#define fileno(p)   ((p)->fd)

#define getc(p)   (--(p)->cnt >= 0 \
               ? (unsigned char) *(p)->ptr++ : _fillbuf(p))
#define putc(x,p) (--(p)->cnt >= 0 \
               ? *(p)->ptr++ = (x) : _flushbuf((x),p))

#define getchar()   getc(stdin)
#define putchar(x)  putc((x), stdout)
```

宏getc一般先将计数器减1，将指针移到下一个位置，然后返回字符。（前面讲过，一个长的#define语句可用反斜杠分成几行。）但是，如果计数值变为负值，getc就调用函数_fillbuf填充缓冲区，重新初始化结构的内容，并返回一个字符。返回的字符为unsigned类型，以确保所有的字符为正值。 176

尽管在这里我们并不想讨论一些细节，但程序中还是给出了putc函数的定义，以表明它的操作与getc函数非常类似，当缓冲区满时，它将调用函数_flushbuf。此外，我们还在其中包含了访问错误输出、文件结束状态和文件描述符的宏。

下面我们来着手编写函数fopen。fopen函数的主要功能是打开文件，定位到合适的位置，设置标志位以指示相应的状态。它不分配任何缓冲区空间，缓冲区的分配是在第一次读文件时由函数_fillbuf完成的。

```
#include <fcntl.h>
#include "syscalls.h"
#define PERMS 0666   /* 所有者、所有者组和其他成员都可以读写 */

/* fopen函数：打开文件，并返回文件指针 */
FILE *fopen(char *name, char *mode)
{
    int fd;
    FILE *fp;

    if (*mode != 'r' && *mode != 'w' && *mode != 'a')
        return NULL;
    for (fp = _iob; fp < _iob + OPEN_MAX; fp++)
        if ((fp->flag & (_READ | _WRITE)) == 0)
            break;        /* 寻找一个空闲位 */
    if (fp >= _iob + OPEN_MAX)    /* 没有空闲位置 */
        return NULL;

    if (*mode == 'w')
        fd = creat(name, PERMS);
    else if (*mode == 'a') {
        if ((fd = open(name, O_WRONLY, 0)) == -1)
            fd = creat(name, PERMS);
        lseek(fd, 0L, 2);
    } else
        fd = open(name, O_RDONLY, 0);
    if (fd == -1)        /* 不能访问名字 */
        return NULL;
    fp->fd = fd;
    fp->cnt = 0;
    fp->base = NULL;
    fp->flag = (*mode == 'r') ? _READ : _WRITE;
    return fp;
}
```

177 该版本的fopen函数没有涉及标准C的所有访问模式，但是，加入这些模式并不需要增加多少代码。特别是，该版本的fopen不能识别表示二进制访问方式的b标志，这是因为，在UNIX系统中这种方式是没有意义的。同时，它也不能识别允许同时进行读和写的+标志。

对于某一特定的文件，第一次调用getc函数时计数值为0，这样就必须调用一次函数_fillbuf。如果_fillbuf发现文件不是以读方式打开的，它将立即返回EOF；否则，它将试图分配一个缓冲区（如果读操作是以缓冲方式进行的话）。

建立缓冲区后，_fillbuf调用read填充此缓冲区，设置计数值和指针，并返回缓冲区中的第一个字符。随后进行的_fillbuf调用会发现缓冲区已经分配。

```
#include "syscalls.h"

/* _fillbuf函数：分配并填充输入缓冲区 */
```

```
int _fillbuf(FILE *fp)
{
    int bufsize;

    if ((fp->flag&(_READ|_EOF|_ERR)) != _READ)
        return EOF;
    bufsize = (fp->flag & _UNBUF) ? 1 : BUFSIZ;
    if (fp->base == NULL)      /* 还未分配缓冲区 */
        if ((fp->base = (char *) malloc(bufsize)) == NULL)
            return EOF;        /* 不能分配缓冲区 */
    fp->ptr = fp->base;
    fp->cnt = read(fp->fd, fp->ptr, bufsize);
    if (--fp->cnt < 0) {
        if (fp->cnt == -1)
            fp->flag |= _EOF;
        else
            fp->flag |= _ERR;
        fp->cnt = 0;
        return EOF;
    }
    return (unsigned char) *fp->ptr++;
}
```

最后一件事情便是如何执行这些函数。我们必须定义和初始化数组_iob中的stdin、stdout和stderr值：

```
FILE _iob[OPEN_MAX] = {    /* stdin, stdout, stderr: */
    { 0, (char *) 0, (char *) 0, _READ, 0 },
    { 0, (char *) 0, (char *) 0, _WRITE, 1 },
    { 0, (char *) 0, (char *) 0, _WRITE | _UNBUF, 2 }
};
```

该结构中flag部分的初值表明，将对stdin执行读操作、对stdout执行写操作、对stderr执行缓冲方式的写操作。

练习8-2 用字段代替显式的按位操作，重写fopen和_fillbuf函数。比较相应代码的长度和执行速度。 178

练习8-3 设计并编写函数_flushbuf、fflush和fclose。

练习8-4 标准库函数

```
int fseek(FILE *fp, long offset, int origin)
```

类似于函数lseek，所不同的是，该函数中的fp是一个文件指针而不是文件描述符，且返回值是一个int类型的状态而非位置值。编写函数fseek，并确保该函数与库中其他函数使用的缓冲能够协同工作。

8.6 实例——目录列表

我们常常还需要对文件系统执行另一种操作，以获得文件的有关信息，而不是读取文件的具体内容。目录列表程序便是其中的一个例子，比如UNIX命令ls，它打印一个目录中的文件名以及其他一些可选信息，如文件长度、访问权限等等。MS-DOS操作系统中的dir命令也有类似的功能。

由于UNIX中的目录就是一种文件，因此，ls只需要读此文件就可获得所有的文件名。但是，如果需要获取文件的其他信息，比如长度等，就需要使用系统调用。在其他一些系统中，甚至获取文件名也需要使用系统调用，例如在MS-DOS系统中即如此。无论实现方式是否同具体的系统有关，我们需要提供一种与系统无关的访问文件信息的途径。

以下将通过程序fsize说明这一点。fsize程序是ls命令的一个特殊形式，它打印命令行参数表中指定的所有文件的长度。如果其中一个文件是目录，则fsize程序将对此目录递归调用自身。如果命令行中没有任何参数，则fsize程序处理当前目录。

我们首先回顾UNIX文件系统的结构。在UNIX系统中，目录就是文件，它包含了一个文件名列表和一些指示文件位置的信息。“位置”是一个指向其他表（即i结点表）的索引。文件的i结点是存放除文件名以外的所有文件信息的地方。目录项通常仅包含两个条目：文件名和i结点编号。

遗憾的是，在不同版本的系统中，目录的格式和确切的内容是不一样的。因此，为了分离出不可移植的部分，我们把任务分成两部分。外层定义了一个称为Dirent的结构和3个函数opendir、readdir和closedir，它们提供与系统无关的对目录项中的名字和i结点编号的访问。我们将利用此接口编写fsize程序，然后说明如何在与Version 7和System V

179 UNIX系统的目录结构相同的系统上实现这些函数。其他情况留作练习。

结构Dirent包含i结点编号和文件名。文件名的最大长度由NAME_MAX设定，NAME_MAX的值由系统决定。opendir返回一个指向称为DIR的结构的指针，该结构与结构FILE类似，它将被readdir和closedir使用。所有这些信息存放在头文件dirent.h中。

```
#define NAME_MAX   14  /*  最长文件名；由具体的系统决定  */


typedef struct {           /*  可移植的目录项  */
    long ino;                  /*  i结点编号  */
    char name[NAME_MAX+1];     /*  文件名加结束符'\0'  */
} Dirent;

typedef struct {           /*  最小的DIR：无缓冲等特性  */
    int fd;                    /*  目录的文件描述符  */
    Dirent d;                  /*  目录项  */
} DIR;

DIR *opendir(char *dirname);
Dirent *readdir(DIR *dfd);
void closedir(DIR *dfd);
```

系统调用stat以文件名作为参数，返回文件的i结点中的所有信息；若出错，则返回-1。如下所示：

```
char *name;
struct stat stbuf;
int stat(char *, struct stat *);

stat(name, &stbuf);
```

它用文件name的i结点信息填充结构stbuf。头文件<sys/stat.h>中包含了描述stat的返回值的结构。该结构的一个典型形式如下所示：

```
struct stat    /*  由stat返回的i结点信息   */
{
    dev_t     st_dev;   /*  i结点设备   */
    ino_t     st_ino;   /*  i结点编号   */
    short     st_mode;  /*  模式位   */
    short     st_nlink; /*  文件的总的链接数   */
    short     st_uid;   /*  所有者的用户id   */
    short     st_gid;   /*  所有者的组id   */
    dev_t     st_rdev;  /*  用于特殊的文件   */
    off_t     st_size;  /*  用字符数表示的文件长度   */
    time_t    st_atime; /*  上一次访问的时间   */
    time_t    st_mtime; /*  上一次修改的时间   */
    time_t    st_ctime; /*  上一次改变i结点的时间   */
};
```

该结构中大部分的值已在注释中进行了解释。dev_t和ino_t等类型在头文件<sys/types.h>中定义，程序中必须包含此文件。 180

st_mode项包含了描述文件的一系列标志，这些标志在<sys/stat.h>中定义。我们只需要处理文件类型的有关部分：

```
#define   S_IFMT 0160000    /*  文件的类型   */
#define   S_IFDIR  0040000  /*  目录   */
#define   S_IFCHR  0020000  /*  特殊字符   */
#define   S_IFBLK  0060000  /*  特殊块   */
#define   S_IFREG  0100000  /*  普通   */

/* ... */
```

下面我们来着手编写程序fsize。如果由stat调用获得的模式说明某文件不是一个目录，就很容易获得该文件的长度，并直接输出。但是，如果文件是一个目录，则必须逐个处理目录中的文件。由于该目录可能包含子目录，因此该过程是递归的。

主程序main处理命令行参数，并将每个参数传递给函数fsize。

```
#include <stdio.h>
#include <string.h>
#include "syscalls.h"
#include <fcntl.h>          /*  读写标志   */
#include <sys/types.h>      /*  类型定义   */
#include <sys/stat.h>       /*  stat返回的结构   */
#include "dirent.h"

void fsize(char *);

/*  打印文件长度   */
main(int argc, char **argv)
{
    if (argc == 1)          /*  默认为当前目录   */
        fsize(".");
    else
        while (--argc > 0)
```

```
        fsize(*++argv);
    return 0;
}
```

函数fsize打印文件的长度。但是，如果此文件是一个目录，则fsize首先调用dirwalk函数处理它所包含的所有文件。注意如何使用文件<sys/stat.h>中的标志名S_IFMT和S_IFDIR来判定文件是不是一个目录。括号是必须的，因为&运算符的优先级低于

181 ==运算符的优先级。

```
int stat(char *, struct stat *);
void dirwalk(char *, void (*fcn)(char *));

/*  fsize函数：打印文件name的长度  */
void fsize(char *name)
{
    struct stat stbuf;

    if (stat(name, &stbuf) == -1) {
        fprintf(stderr, "fsize: can't access %s\n", name);
        return;
    }
    if ((stbuf.st_mode & S_IFMT) == S_IFDIR)
        dirwalk(name, fsize);
    printf("%8ld %s\n", stbuf.st_size, name);
}
```

函数dirwalk是一个通用的函数，它对目录中的每个文件都调用函数fcn一次。它首先打开目录，循环遍历其中的每个文件，并对每个文件调用该函数，然后关闭目录返回。因为fsize函数对每个目录都要调用dirwalk函数，所以这两个函数是相互递归调用的。

```
#define MAX_PATH 1024

/*  dirwalk函数：对dir中的所有文件调用函数fcn  */
void dirwalk(char *dir, void (*fcn)(char *))
{
    char name[MAX_PATH];
    Dirent *dp;
    DIR *dfd;

    if ((dfd = opendir(dir)) == NULL) {
        fprintf(stderr, "dirwalk: can't open %s\n", dir);
        return;
    }
    while ((dp = readdir(dfd)) != NULL) {
        if (strcmp(dp->name, ".") == 0
         || strcmp(dp->name, "..") == 0)
            continue;    /*  跳过自身和父目录  */
        if (strlen(dir)+strlen(dp->name)+2 > sizeof(name))
            fprintf(stderr, "dirwalk: name %s/%s too long\n",
                dir, dp->name);
        else {
            sprintf(name, "%s/%s", dir, dp->name);
            (*fcn)(name);
        }
    }
```

```
    closedir(dfd);
}
```

每次调用readdir都将返回一个指针，它指向下一个文件的信息。如果目录中已没有待处理的文件，该函数将返回NULL。每个目录都包含自身“.”和父目录“..”的项目，在处理时必须跳过它们，否则将会导致无限循环。 182

到现在这一步为止，代码与目录的格式无关。下一步要做的事情就是在某个具体的系统上提供一个opendir、readdir和closedir的最简单版本。以下的函数适用于Version 7和System V UNIX系统，它们使用了头文件<sys/dir.h>中的目录信息，如下所示：

```
#ifndef DIRSIZ
#define DIRSIZ  14
#endif
struct direct    /*  目录项  */
{
    ino_t d_ino;            /*  i结点编号  */
    char  d_name[DIRSIZ]; /*  长文件名不包含'\0'  */
};
```

某些版本的系统支持更长的文件名和更复杂的目录结构。

类型ino_t是使用typedef定义的类型，它用于描述i结点表的索引。在我们通常使用的系统中，此类型为unsigned short，但是这种信息不应在程序中使用。因为不同的系统中该类型可能不同，所以使用typedef定义要好一些。所有的“系统”类型可以在文件<sys/types.h>中找到。

opendir函数首先打开目录，验证此文件是一个目录（调用系统调用fstat，它与stat类似，但它以文件描述符作为参数），然后分配一个目录结构，并保存信息：

```
int fstat(int fd, struct stat *);

/*  opendir函数：打开目录供函数readdir使用  */
DIR *opendir(char *dirname)
{
    int fd;
    struct stat stbuf;
    DIR *dp;

    if ((fd = open(dirname, O_RDONLY, 0)) == -1
     || fstat(fd, &stbuf) == -1
     || (stbuf.st_mode & S_IFMT) != S_IFDIR
     || (dp = (DIR *) malloc(sizeof(DIR))) == NULL)
        return NULL;
    dp->fd = fd;
    return dp;
}
```

closedir函数用于关闭目录文件并释放内存空间： 183

```
/*  closedir函数：关闭由opendir打开的目录  */
void closedir(DIR *dp)
{
```

```
    if (dp) {
        close(dp->fd);
        free(dp);
    }
}
```

最后，函数readdir使用read系统调用读取每个目录项。如果某个目录位置当前没有使用（因为删除了一个文件），则它的i结点编号为0，并跳过该位置。否则，将i结点编号和目录名放在一个static类型的结构中，并给用户返回一个指向此结构的指针。每次调用readdir函数将覆盖前一次调用获得的信息。

```
#include <sys/dir.h>     /*  本地目录结构  */

/*  readdir函数：按顺序读取目录项  */
Dirent *readdir(DIR *dp)
{
    struct direct dirbuf; /*  本地目录结构  */
    static Dirent d;      /*  返回：可移植的结构  */

    while (read(dp->fd, (char *) &dirbuf, sizeof(dirbuf))
                == sizeof(dirbuf)) {
        if (dirbuf.d_ino == 0)  /*  目录位置未使用  */
            continue;
        d.ino = dirbuf.d_ino;
        strncpy(d.name, dirbuf.d_name, DIRSIZ);
        d.name[DIRSIZ] = '\0';  /*  添加终止符  */
        return &d;
    }
    return NULL;
}
```

尽管fsize程序非常特殊，但是它的确说明了一些重要的思想。首先，许多程序并不是“系统程序”，它们仅仅使用由操作系统维护的信息。对于这样的程序，很重要的一点是，信息的表示仅出现在标准头文件中，使用它们的程序只需要在文件中包含这些头文件即可，而不需要包含相应的声明。其次，有可能为与系统相关的对象创建一个与系统无关的接口。标准库中的函数就是很好的例子。

184 **习题8-5** 修改fsize程序，打印i结点项中包含的其他信息。

8.7 实例——存储分配程序

我们在第5章给出了一个功能有限的面向栈的存储分配程序。本节将要编写的版本没有限制，可以以任意次序调用malloc和free。malloc在必要时调用操作系统以获取更多的存储空间。这些程序说明了通过一种与系统无关的方式编写与系统有关的代码时应考虑的问题，同时也展示了结构、联合和typedef的实际应用。

malloc并不是从一个在编译时就确定的固定大小的数组中分配存储空间，而是在需要时向操作系统申请空间。因为程序中的某些地方可能不通过malloc调用申请空间（也就是说，通过其他方式申请空间），所以，malloc管理的空间不一定是连续的。这样，空闲存储空间以空闲块链表的方式组织，每个块包含一个长度、一个指向下一块的指针以及一个指向自身存储空间的指针。这些块按照存储地址的升序组织，最后一块（最高地址）指向第一块（参见图8-1）。

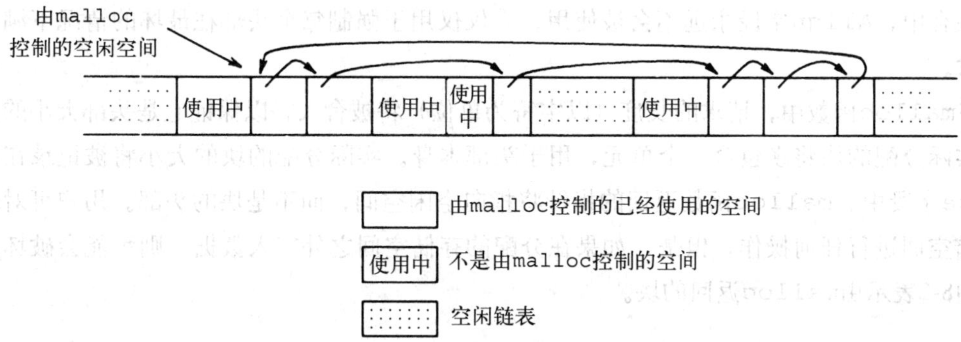

图 8-1

当有申请请求时，malloc将扫描空闲块链表，直到找到一个足够大的块为止。该算法称为“首次适应”(first fit)；与之相对的算法是“最佳适应”(best fit)，它寻找满足条件的最小块。如果该块恰好与请求的大小相符合，则将它从链表中移走并返回给用户。如果该块太大，则将它分成两部分：大小合适的块返回给用户，剩下的部分留在空闲块链表中。如果找不到一个足够大的块，则向操作系统申请一个大块并加入到空闲块链表中。

释放过程也是首先搜索空闲块链表，以找到可以插入被释放块的合适位置。如果与被释放块相邻的任一边是一个空闲块，则将这两个块合成一个更大的块，这样存储空间不会有太多的碎片。因为空闲块链表是以地址的递增顺序链接在一起的，所以很容易判断相邻的块是否空闲。

我们在第5章中曾提出了这样的问题，即确保由malloc函数返回的存储空间满足将要保存的对象的对齐要求。虽然机器类型各异，但是，每个特定的机器都有一个最受限的类型：如果最受限的类型可以存储在某个特定的地址中，则其他所有的类型也可以存放在此地址中。在某些机器中，最受限的类型是double类型；而在另外一些机器中，最受限的类型是int或long类型。 185

空闲块包含一个指向链表中下一个块的指针、一个块大小的记录和一个指向空闲空间本身的指针。位于块开始处的控制信息称为“头部”。为了简化块的对齐，所有块的大小都必须是头部大小的整数倍，且头部已正确地对齐。这是通过一个联合实现的，该联合包含所需的头部结构以及一个对齐要求最受限的类型的实例，在下面这段程序中，我们假定long类型为最受限的类型：

```
typedef long Align;  /*  按照long类型的边界对齐 */

union header {           /*  块的头部  */
    struct {
        union header *ptr; /*  空闲块链表中的下一块  */
        unsigned size;     /*  本块的大小  */
```

```
    } s;
    Align x;          /*  强制块的对齐  */
};

typedef union header Header;
```

在该联合中，Align字段永远不会被使用，它仅仅用于强制每个头部在最坏的情况下满足对齐要求。

在malloc函数中，请求的长度（以字符为单位）将被舍入，以保证它是头部大小的整数倍。实际分配的块将多包含一个单元，用于头部本身。实际分配的块的大小将被记录在头部的size字段中。malloc函数返回的指针将指向空闲空间，而不是块的头部。用户可对获得的存储空间进行任何操作，但是，如果在分配的存储空间之外写入数据，则可能会破坏块链表。图8-2表示由malloc返回的块。

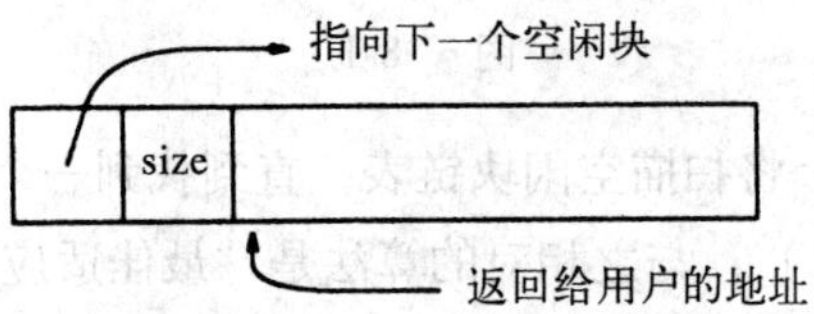

图8-2 malloc返回的块

其中的size字段是必需的，因为由malloc函数控制的块不一定是连续的，这样就不可能通过指针算术运算计算其大小。

变量base表示空闲块链表的头部。第一次调用malloc函数时，freep为NULL，系统将创建一个退化的空闲块链表，它只包含一个大小为0的块，且该块指向它自己。任何情况下，当请求空闲空间时，都将搜索空闲块链表。搜索从上一次找到空闲块的地方（freep）开始。该策略可以保证链表是均匀的。如果找到的块太大，则将其尾部返回给用户，这样，初始块的头部只需要修改size字段即可。在任何情况下，返回给用户的指针都指向块内的空闲存储
186 空间，即比指向头部的指针大一个单元。

```
static Header base;          /*  从空链表开始  */
static Header *freep = NULL;      /*  空闲链表的初始指针  */

/*  malloc函数：通用存储分配函数  */
void *malloc(unsigned nbytes)
{
    Header *p, *prevp;
    Header *morecore(unsigned);
    unsigned nunits;

    nunits = (nbytes+sizeof(Header)-1)/sizeof(Header) + 1;
    if ((prevp = freep) == NULL) {  /*  没有空闲链表  */
        base.s.ptr = freep = prevp = &base;
        base.s.size = 0;
    }
    for (p = prevp->s.ptr; ; prevp = p, p = p->s.ptr) {
```

```
        if (p->s.size >= nunits) {    /*  足够大   */
            if (p->s.size == nunits)     /*  正好   */
                prevp->s.ptr = p->s.ptr;
            else {                 /*  分配末尾部分   */
                p->s.size -= nunits;
                p += p->s.size;
                p->s.size = nunits;
            }
            freep = prevp;
            return (void *)(p+1);
        }
        if (p == freep)  /*  闭环的空闲链表   */
            if ((p = morecore(nunits)) == NULL)
                return NULL;    /*  没有剩余的存储空间   */
    }
}
```

函数morecore用于向操作系统请求存储空间，其实现细节因系统的不同而不同。因为向系统请求存储空间是一个开销很大的操作，因此，我们不希望每次调用malloc函数时都执行该操作，基于这个考虑，morecore函数请求至少NALLOC个单元。这个较大的块将根据需要分成较小的块。在设置完size字段之后，morecore函数调用free函数把多余的存储空间插入到空闲区域中。

UNIX系统调用sbrk(n)返回一个指针，该指针指向n个字节的存储空间。如果没有空闲空间，尽管返回NULL可能更好一些，但sbrk调用返回-1。必须将-1强制转换为char *类型，以便与返回值进行比较。而且，强制类型转换使得该函数不会受不同机器中指针表示的不同的影响。但是，这里仍然假定，由sbrk调用返回的指向不同块的多个指针之间可以进行有意义的比较。ANSI标准并没有保证这一点，它只允许指向同一个数组的指针间的比较。因此，只有在一般指针间的比较操作有意义的机器上，该版本的malloc函数才能够移植。 187

```
#define NALLOC   1024     /*  最小申请单元数   */

/*  morecore函数：向系统申请更多的存储空间   */
static Header *morecore(unsigned nu)
{
    char *cp, *sbrk(int);
    Header *up;

    if (nu < NALLOC)
        nu = NALLOC;
    cp = sbrk(nu * sizeof(Header));
    if (cp == (char *) -1)   /*  没有空间   */
        return NULL;
    up = (Header *) cp;
    up->s.size = nu;
    free((void *)(up+1));
    return freep;
}
```

我们最后来看一下free函数。它从freep指向的地址开始，逐个扫描空闲块链表，寻找可以插入空闲块的地方。该位置可能在两个空闲块之间，也可能在链表的末尾。在任何一种情况下，如果被释放的块与另一空闲块相邻，则将这两个块合并起来。合并两个块的操作很简单，只需要设置指针指向正确的位置，并设置正确的块大小就可以了。

```
/*  free函数：将块ap放入空闲块链表中   */
void free(void *ap)
{
    Header *bp, *p;

    bp = (Header *)ap - 1;     /*  指向块头   */
    for (p = freep; !(bp > p && bp < p->s.ptr); p = p->s.ptr)
        if (p >= p->s.ptr && (bp > p || bp < p->s.ptr))
            break;  /*  被释放的块在链表的开头或末尾   */

    if (bp + bp->s.size == p->s.ptr) { /*  与上一相邻块合并   */
        bp->s.size += p->s.ptr->s.size;
        bp->s.ptr = p->s.ptr->s.ptr;
    } else
        bp->s.ptr = p->s.ptr;
    if (p + p->s.size == bp) {          /*  与下一相邻块合并   */
        p->s.size += bp->s.size;
        p->s.ptr = bp->s.ptr;
    } else
        p->s.ptr = bp;
    freep = p;
}
```

虽然存储分配从本质上是与机器相关的，但是，以上的代码说明了如何控制与具体机器
188 相关的部分，并将这部分程序控制到最少量。typedef和union的使用解决了地址的对齐（假定sbrk返回的是合适的指针）问题。类型的强制转换使得指针的转换是显式进行的，这样做甚至可以处理设计不够好的系统接口问题。虽然这里所讲的内容只涉及到存储分配，但是，这种通用方法也适用于其他情况。

练习8-6 标准库函数calloc(n,size)返回一个指针，它指向n个长度为size的对象，且所有分配的存储空间都被初始化为 0。通过调用或修改malloc函数来实现calloc函数。

练习8-7 malloc接收对存储空间的请求时，并不检查请求长度的合理性；而free则认为被释放的块包含一个有效的长度字段。改进这些函数，使它们具有错误检查的功能。

练习8-8 编写函数bfree(p,n)，释放一个包含n个字符的任意块p，并将它放入由malloc和free维护的空闲块链表中。通过使用bfree，用户可以在任意时刻向空闲块链表
189 中添加一个静态或外部数组。

附录A 参考手册

A.1 引言

本手册描述的C语言是1988年10月31日提交给ANSI的草案，批准号为“美国国家信息系统标准——C程序设计语言，X3.159-1989”。尽管我们已尽最大努力，力求准确地将该手册作为C语言的指南介绍给读者，但它毕竟不是标准本身，而仅仅只是对标准的一个解释而已。

该手册的组织与标准基本类似，与本书的第1版也类似，但是对细节的组织有些不同。本手册给出的语法与标准是相同的，但是，其中少量元素的命名可能有些不同，词法记号和预处理器的定义也没有形式化。

本手册中，说明部分的文字指出了ANSI标准C语言与本书第1版定义的C语言或其他编译器支持的语言之间的差别。

A.2 词法规则

程序由存储在文件中的一个或多个翻译单元（translation unit）组成。程序的翻译分几个阶段完成，这部分内容将在A.12节中介绍。翻译的第一阶段完成低级的词法转换，执行以字符#开头的行中的指令，并进行宏定义和宏扩展。在预处理（将在A.12节中介绍）完成后，程序被归约成一个记号序列。

A.2.1 记号

C语言中共有6类记号：标识符、关键字、常量、字符串字面值、运算符和其他分隔符。空格、横向制表符和纵向制表符、换行符、换页符和注释（统称空白符）在程序中仅用来分隔记号，因此将被忽略。相邻的标识符、关键字和常量之间需要用空白符来分隔。 191

如果到某一字符为止的输入流被分隔成若干记号，那么，下一个记号就是后续字符序列中可能构成记号的最长的字符串。

A.2.2 注释

注释以字符/*开始，以*/结束。注释不能够嵌套，也不能够出现在字符串字面值或字符字面值中。

A.2.3 标识符

标识符是由字母和数字构成的序列。第一个字符必须是字母，下划线“_”也被看成是字母。大写字母和小写字母是不同的。标识符可以为任意长度。对于内部标识符来说，至少前31个字母是有效的，在某些实现中，有效的字符数可能更多。内部标识符包括预处理器的宏名和其他所有没有外部连接（参见A.11.2节）的名字。带有外部连接的标识符的限制更严格一些，实现可能只认为这些标识符的前6个字符是有效的，而且有可能忽略大小写的不同。

A.2.4 关键字

下列标识符被保留作为关键字，且不能用于其他用途：

```
auto        double    int         struct
break       else      long        switch
case        enum      register    typedef
char        extern    return      union
const       float     short       unsigned
continue    for       signed      void
default     goto      sizeof      volatile
do          if        static      while
```

某些实现还把fortran和asm保留为关键字。

说明：关键字const、signed和volatile是ANSI标准中新增加的；enum和void是第1版后新增加的，现已被广泛应用；entry曾经被保留为关键字但从未被使用过，现在已经不是了。

A.2.5 常量

常量有多种类型。每种类型的常量都有一个数据类型。基本数据类型将在A.4.2节讨论。

常量：

　　整型常量
　　字符常量
　　浮点常量
192 　　枚举常量

1. 整型常量

整型常量由一串数字组成。如果它以数字0开头，则为八进制数，否则为十进制数。八进制常量不包括数字8和9。以0x和0X开头的数字序列表示十六进制数，十六进制数包含从a（或A）到f（或F）的字母，它们分别表示数值10到15。

整型常量若以字母u或U为后缀，则表示它是一个无符号数；若以字母l或L为后缀，则表示它是一个长整型数；若以字母UL为后缀，则表示它是一个无符号长整型数。

整型常量的类型同它的形式、值和后缀有关（有关类型的讨论，参见A.4节）。如果它没有后缀且是十进制表示，则其类型很可能是int、long int或unsigned long int。如果它没有后缀且是八进制或十六进制表示，则其类型很可能是int、unsigned int、long int或unsigned long int。如果它的后缀为u或U，则其类型很可能是unsigned int或unsigned long int。如果它的后缀为l或L，则其类型很可能是long int或

unsigned long int。

说明：ANSI标准中，整型常量的类型比第1版要复杂得多。在第1版中，大的整型常量仅被看做是long类型。U后缀是新增加的。

2.字符常量

字符常量是用单引号引起来的一个或多个字符构成的序列，如'x'。单字符常量的值是执行时机器字符集中此字符对应的数值，多字符常量的值由具体实现定义。

字符常量不包括字符' 和换行符。可以使用以下转义字符序列表示这些字符以及其他一些字符：

换行符	NL（LF）	\n	反斜杠	\	\\
横向制表符	HT	\t	问号	?	\?
纵向制表符	VT	\v	单引号	'	\'
回退符	BS	\b	双引号	"	\"
回车符	CR	\r	八进制数	*ooo*	*ooo*
换页符	FF	\f	十六进制数	*hh*	\x*hh*
响铃符	BEL	\a			

转义序列*ooo*由反斜杠后跟1个、2个或3个八进制数字组成，这些八进制数字用来指定所期望的字符的值。\0（其后没有数字）便是一个常见的例子，它表示字符NUL。转义序列\x*hh*中，反斜杠后面紧跟x以及十六进制数字，这些十六进制数用来指定所期望的字符的值。数字的个数没有限制，但如果字符值超过最大的字符值，该行为是未定义的。对于八进制或十六进制转义字符，如果实现中将类型char看做是带符号的，则将对字符值进行符号扩展，就好像它被强制转换为char类型一样。如果\后面紧跟的字符不在以上指定的字符中，则其行为是未定义的。

在C语言的某些实现中，还有一个扩展的字符集，它不能用char类型表示。扩展集中的常量要以一个前导符L开头（例如L'x'），称为宽字符常量。这种常量的类型为wchar_t。这是一种整型类型，定义在标准头文件<stddef.h>中。与通常的字符常量一样，宽字符常 193
量可以使用八进制或十六进制转义字符序列；但是，如果值超过wchar_t可以表示的范围，则结果是未定义的。

说明：某些转义序列是新增加的，特别是十六进制字符的表示。扩展字符也是新增加的。通常情况下，美国和西欧所用的字符集可以用char类型进行编码，增加wchar_t的主要目的是为了表示亚洲的语言。

3. 浮点常量

浮点常量由整数部分、小数点、小数部分、一个e或E、一个可选的带符号整型类型的指数和一个可选的表示类型的后缀（即f、F、l或L之一）组成。整数和小数部分均由数字序列组成。可以没有整数部分或小数部分（但不能两者都没有），还可以没有小数点或者e和指数部分（但不能两者都没有）。浮点常量的类型由后缀确定，F或f后缀表示它是float类型；l

或L后缀表明它是long double类型；没有后缀则表明是double类型。

说明：浮点常量的后缀是新增加的。

4. 枚举常量

声明为枚举符的标识符是int类型的常量（参见A.8.4节）。

A.2.6 字符串字面值

字符串字面值（string literal）也称为字符串常量，是用双引号引起来的一个字符序列，如"…"。字符串的类型为“字符数组”，存储类为static（参见A.4节），它使用给定的字符进行初始化。对相同的字符串字面值是否进行区分取决于具体的实现。如果程序试图修改字符串字面值，则行为是未定义的。

我们可以把相邻的字符串字面值连接为一个单一的字符串。执行任何连接操作后，都将在字符串的后面增加一个空字节\0，这样，扫描字符串的程序便可以找到字符串的结束位置。字符串字面值不包含换行符和双引号字符，但可以用与字符常量相同的转义字符序列表示它们。

与字符常量一样，扩展字符集中的字符串字面值也以前导符L表示，如L"…"。宽字符字符串字面值的类型为“wchar_t类型的数组”。将普通字符串字面值和宽字符字符串字面值进行连接的行为是未定义的。

说明：下列规定都是ANSI标准中新增加的：字符串字面值不必进行区分、禁止修改字符串字面值以及允许相邻字符串字面值进行连接。宽字符字符串字面值也是ANSI标准中新增加的。

A.3 语法符号

在本手册用到的语法符号中，语法类别用楷体及斜体字表示。文字和字符以打字型字体表示。多个候选类别通常列在不同的行中，但在一些情况下，一组字符长度较短的候选项可以放在一行中，并以短语“one of”标识。可选的终结符或非终结符带有下标“*opt*”。

194 例如：

{表达式$_{opt}$}

表示一个括在花括号中的表达式，该表达式是可选的。A.13节对语法进行了总结。

说明：与本书第1版给出的语法所不同的是，此处给出的语法将表达式运算符的优先级和结合性显式表达出来了。

A.4 标识符的含义

标识符也称为名字，可以指代多种实体：函数、结构标记、联合标记和枚举标记；结构成员或联合成员；枚举常量；类型定义名；标号以及对象等。对象有时也称为变量，它是一个存储位置。对它的解释依赖于两个主要属性：*存储类*和*类型*。存储类决定了与该标识对象相关联的存储区域的生存期，类型决定了标识对象中值的含义。名字还具有一个作用域和一个连接。作用域即程序中可以访问此名字的区域，连接决定另一作用域中的同一个名字是否指向同一个对象或函数。作用域和连接将在A.11节中讨论。

A.4.1 存储类

存储类分为两类：自动存储类（automatic）和静态存储类（static）。声明对象时使用的一些关键字和声明的上下文共同决定了对象的存储类。自动存储类对象对于一个程序块（参见A.9.3节）来说是局部的，在退出程序块时该对象将消失。如果没有使用存储类说明符，或者如果使用了auto限定符，则程序块中的声明生成的都是自动存储类对象。声明为register的对象也是自动存储类对象，并且将被存储在机器的快速寄存器中（如果可能的话）。

静态对象可以是某个程序块的局部对象，也可以是所有程序块的外部对象。无论是哪一种情况，在退出和再进入函数或程序块时其值将保持不变。在一个程序块（包括提供函数代码的程序块）内，静态对象用关键字static声明。在所有程序块外部声明且与函数定义在同一级的对象总是静态的。可以通过static关键字将对象声明为某个特定翻译单元的局部对象，这种类型的对象将具有*内部连接*。当省略显式的存储类或通过关键字extern进行声明时，对象对整个程序来说是全局可访问的，并且具有*外部连接*。

A.4.2 基本类型

基本类型包括多种。附录B中描述的标准头文件<limits.h>中定义了本地实现中每种类型的最大值和最小值。附录B给出的数值表示最小的可接受限度。

声明为字符（char）的对象要大到足以存储执行字符集中的任何字符。如果字符集中的某个字符存储在一个char类型的对象中，则该对象的值等于字符的整型编码值，并且是非负值。其他类型的对象也可以存储在char类型的变量中，但其取值范围，特别是其值是否带符号，同具体的实现有关。

以unsigned char声明的无符号字符与普通字符占用同样大小的空间，但其值总是非负的。以signed char显式声明的带符号字符与普通字符也占用同样大小的空间。 195

说明：本书的第1版中没有unsigned char类型，但这种用法很常见。signed char是新增加的。

除char类型外，还有3种不同大小的整型类型：short int、int和long int。普通int对象的长度与由宿主机器的体系结构决定的自然长度相同。其他类型的整型可以满足各种特殊的用途。较长的整数至少要占有与较短整数一样的存储空间；但是具体的实现可以使得一般整型（int）与短整型（short int）或长整型 （long int）具有同样的大小。除非特别说明，int类型都表示带符号数。

以关键字unsigned声明的无符号整数遵守算术模2^n的规则，其中，n是表示相应整数的二进制位数，这样，对无符号数的算术运算永远不会溢出。可以存储在带符号对象中的非负值的集合是可以存储在相应的无符号对象中的值的子集，并且，这两个集合的重叠部分的表示是相同的。

单精度浮点数（float）、双精度浮点数（double）和多精度浮点数（long double）中的任何类型都可能是同义的，但精度从前到后是递增的。

说明：long double是新增加的类型。在第1版中， long float与 double类型等价，但现在是不相同的。

枚举是一个具有整型值的特殊的类型。与每个枚举相关联的是一个命名常量的集合（参见A.8.4节）。枚举类型类似于整型。但是，如果某个特定枚举类型的对象的赋值不是其常量中的一个，或者赋值不是一个同类型的表达式，则编译器通常会产生警告信息。

因为以上这些类型的对象都可以被解释为数字，所以，可以将它们统称为算术类型。char类型、各种大小的int类型（无论是否带符号）以及枚举类型都统称为整型类型（integral type）。类型float、double和long double统称为浮点类型（floating type）。

void类型说明一个值的空集合，它常被用来说明不返回任何值的函数的类型。

A.4.3 派生类型

除基本类型外，我们还可以通过以下几种方法构造派生类型，从概念来讲，这些派生类型可以有无限多个：

- 给定类型对象的数组
- 返回给定类型对象的函数
- 指向给定类型对象的指针
- 包含一系列不同类型对象的结构
- 可以包含多个不同类型对象中任意一个对象的联合

一般情况下，这些构造对象的方法可以递归使用。

A.4.4 类型限定符

对象的类型可以通过附加的限定符进行限定。声明为const的对象表明此对象的值不可以修改；声明为volatile的对象表明它具有与优化相关的特殊属性。限定符既不影响对象
196 取值的范围，也不影响其算术属性。限定符将在A.8.2节中讨论。

A.5 对象和左值

对象是一个命名的存储区域，*左值*（lvalue）是引用某个对象的表达式。具有合适类型与存储类的标识符便是左值表达式的一个明显的例子。某些运算符可以产生左值。例如，如果E是一个指针类型的表达式，*E则是一个左值表达式，它引用由E指向的对象。名字“左值”来源于赋值表达式E1=E2，其中，左操作数E1必须是一个左值表达式。对每个运算符的讨论需要说明此运算符是否需要一个左值操作数以及它是否产生一个左值。

A.6 转换

根据操作数的不同，某些运算符会引起操作数的值从某种类型转换为另一种类型。本节将说明这种转换产生的结果。A.6.5节将讨论大多数普通运算符所要求的转换，我们在讲解每个运算符时将做一些补充。

A.6.1 整型提升

在一个表达式中，凡是可以使用整型的地方都可以使用带符号或无符号的字符、短整型或整型位字段，还可以使用枚举类型的对象。如果原始类型的所有值都可用`int`类型表示，则其值将被转换为`int`类型；否则将被转换为`unsigned int`类型。这一过程称为*整型提升*(integral promotion)。

A.6.2 整型转换

将任何整数转换为某种指定的无符号类型数的方法是：以该无符号类型能够表示的最大值加1为模，找出与此整数同余的最小的非负值。在对二的补码表示中，如果该无符号类型的位模式较窄，这就相当于左截取；如果该无符号类型的位模式较宽，这就相当于对带符号值进行符号扩展和对无符号值进行0填充。

将任何整数转换为带符号类型时，如果它可以在新类型中表示出来，则其值保持不变，否则它的值同具体的实现有关。

A.6.3 整数和浮点数

当把浮点类型的值转换为整型时，小数部分将被丢弃。如果结果值不能用整型表示，则其行为是未定义的。特别是，将负的浮点数转换为无符号整型的结果是没有定义的。

当把整型值转换为浮点类型时，如果该值在该浮点类型可表示的范围内但不能精确表示，则结果可能是下一个较高或较低的可表示值。如果该值超出可表示的范围，则其行为是未定义的。 197

A.6.4 浮点类型

将一个精度较低的浮点值转换为相同或更高精度的浮点类型时，它的值保持不变。将一个较高精度的浮点类型值转换为较低精度的浮点类型时，如果它的值在可表示范围内，则结果可能是下一个较高或较低的可表示值。如果结果在可表示范围之外，则其行为是未定义的。

A.6.5 算术类型转换

许多运算符都会以类似的方式在运算过程中引起转换，并产生结果类型。其效果是将所有操作数转换为同一公共类型，并以此作为结果的类型。这种方式的转换称为*普通算术类型转换*。

首先，如果任何一个操作数为`long double`类型，则将另一个操作数转换为`long`

double类型。

否则，如果任何一个操作数为double类型，则将另一个操作数转换为double类型。

否则，如果任何一个操作数为float类型，则将另一个操作数转换为float类型。

否则，同时对两个操作数进行整型提升；然后，如果任何一个操作数为unsigned long int类型，则将另一个操作数转换为unsigned long int类型。

否则，如果一个操作数为long int类型且另一个操作数为unsigned int类型，则结果依赖于long int类型是否可以表示所有的unsigned int类型的值。如果可以，则将unsigned int类型的操作数转换为long int；如果不可以，则将两个操作数都转换为unsigned long int类型。

否则，如果一个操作数为long int类型，则将另一个操作数转换为long int类型。

否则，如果任何一个操作数为unsigned int类型，则将另一个操作数转换为unsigned int类型。

否则，将两个操作数都转换为int类型。

说明：这里有两个变化。第一，对float类型操作数的算术运算可以只用单精度而不是双精度；而在第1版中规定，所有的浮点运算都是双精度。第二，当较短的无符号类型与较长的带符号类型一起运算时，不将无符号类型的属性传递给结果类型；而在第1版中，无符号类型总是处于支配地位。新规则稍微复杂一些，但减少了无符号数与带符号数混合使用情况下的麻烦。当一个无符号表达式与一个具有同样长度的带符号表达式相比较时，结果仍然是无法预料的。

A.6.6 指针和整数

指针可以加上或减去一个整型表达式。在这种情况下，整型表达式的转换按照加法运算符的方式进行（参见A.7.7节）。

两个指向同一数组中同一类型的对象的指针可以进行减法运算，其结果将被转换为整型；转换方式按照减法运算符的方式进行（参见A.7.7节）。

值为0的整型常量表达式或强制转换为void *类型的表达式可通过强制转换、赋值或比较操作转换为任意类型的指针。其结果将产生一个空指针，此空指针等于指向同一类型的另一空指针，但不等于任何指向函数或对象的指针。

还允许进行指针相关的其他某些转换，但其结果依赖于具体的实现。这些转换必须由一个显式的类型转换运算符或强制类型转换来指定（参见A.7.5节和A.8.8节）。 198

指针可以转换为整型，但此整型必须足够大；所要求的大小依赖于具体的实现。映射函数也依赖于具体的实现。

整型对象可以显式地转换为指针。这种映射总是将一个足够宽的从指针转换来的整数转换为同一个指针，其他情况依赖于具体的实现。

指向某一类型的指针可以转换为指向另一类型的指针，但是，如果该指针指向的对象不满足一定的存储对齐要求，则结果指针可能会导致地址异常。指向某对象的指针可以转换为一个指向具有更小或相同存储对齐限制的对象的指针，并可以保证原封不动地再转换回来。“对齐”的概念依赖于具体的实现，但char类型的对象具有最小的对齐限制。我们将在A.6.8节的讨论中看到，指针也可以转换为void *类型，并可原封不动地转换回来。

一个指针可以转换为同类型的另一个指针，但增加或删除了指针所指的对象类型的限定符（参见A.4.4节和A.8.2节）的情况除外。如果增加了限定符，则新指针与原指针等价，不同的是增加了限定符带来的限制。如果删除了限定符，则对底层对象的运算仍受实际声明中的限定符的限制。

最后，指向一个函数的指针可以转换为指向另一个函数的指针。调用转换后指针所指的函数的结果依赖于具体的实现。但是，如果转换后的指针被重新转换为原来的类型，则结果与原来的指针一致。

A.6.7 void

void对象的（不存在的）值不能够以任何方式使用，也不能被显式或隐式地转换为任一非空类型。因为空（void）表达式表示一个不存在的值，这样的表达式只可以用在不需要值的地方，例如作为一个表达式语句（参见A.9.2节）或作为逗号运算符的左操作数（参见A.7.18节）。

可以通过强制类型转换将表达式转换为void类型。例如，在表达式语句中，一个空的强制类型转换将丢掉函数调用的返回值。

说明：void没有在本书的第1版中出现，但是在本书第1版出版后，它一直被广泛使用着。

A.6.8 指向void的指针

指向任何对象的指针都可以转换为void *类型，且不会丢失信息。如果将结果再转换为初始指针类型，则可以恢复初始指针。我们在A.6.6节中讨论过，执行指针到指针的转换时，一般需要显式的强制转换，这里所不同的是，指针可以被赋值为void *类型的指针，也可以赋值给void *类型的指针，并可与void *类型的指针进行比较。

说明：对 void *指针的解释是新增加的。以前，char *指针扮演着通用指针的角色。ANSI标准特别允许void *类型的指针与其他对象指针在赋值表达式和关系表达式中混用，而对其他类型指针的混用则要求进行显式强制类型转换。 199

A.7 表达式

本节中各主要小节的顺序就代表了表达式运算符的优先级，我们将依次按照从高到低的优先级介绍。举个例子，按照这种关系，A.7.1至A.7.6节中定义的表达式可以用作加法运算符+（参见A.7.7节）的操作数。在每一小节中，各个运算符的优先级相同。每个小节中还将讨论该节涉及到的运算符的左、右结合性。A.13节中给出的语法综合了运算符的优先级和结合性。

运算符的优先级和结合性有明确的规定，但是，除少数例外情况外，表达式的求值次序没有定义，甚至某些有副作用的子表达式也没有定义。也就是说，除非运算符的定义保证了其操作数按某一特定顺序求值，否则，具体的实现可以自由选择任一求值次序，甚至可以交换求值次序。但是，每个运算符将其操作数生成的值结合起来的方式与表达式的语法分析方式是兼容的。

说明：该规则废除了原先的一个规则，即：当表达式中的运算符在数学上满足交换律和结合律时，可以对表达式重新排序，但是，在计算时可能会不满足结合律。这个改变仅影响浮点数在接近其精度限制时的计算以及可能发生溢出的情况。

C语言没有定义表达式求值过程中的溢出、除法检查和其他异常的处理。大多数现有C语言的实现在进行带符号整型表达式的求值以及赋值时忽略溢出异常，但并不是所有的实现都这么做。对除数为0和所有浮点异常的处理，不同的实现采用不同的方式，有时候可以用非标准库函数进行调整。

A.7.1 指针生成

对于某类型*T*，如果某表达式或子表达式的类型为“*T*类型的数组”，则此表达式的值是指向数组中第一个对象的指针，并且此表达式的类型将被转换为“指向*T*类型的指针”。如果此表达式是一元运算符`&`或`sizeof`，则不会进行转换。类似地，除非表达式被用作`&`运算符的操作数，否则，类型为“返回*T*类型值的函数”的表达式将被转换为“指向返回*T*类型值的函数的指针”类型。

A.7.2 初等表达式

初等表达式包括标识符、常量、字符串或带括号的表达式。

初等表达式：
　　标识符
　　常量
　　字符串
　　(表达式)

如果按照下面的方式对标识符进行适当的声明，该标识符就是初等表达式。其类型由其声明指定。如果标识符引用一个对象（参见A.5节），并且其类型是算术类型、结构、联合或指针，那么它就是一个左值。

常量是初等表达式，其类型同其形式有关。更详细的信息，参见A.2.5节中的讨论。

字符串字面值是初等表达式。它的初始类型为“`char`类型的数组”类型（对于宽字符字
200 符串，则为“`wchar_t`类型的数组”类型），但遵循A.7.1节中的规则。它通常被修改为“指向`char`类型（或`wchar_t`类型）的指针”类型，其结果是指向字符串中第一个字符的指针。某些初始化程序中不进行这样的转换，详细信息，参见A.8.7节。

用括号括起来的表达式是初等表达式，它的类型和值与无括号的表达式相同。此表达式是否是左值不受括号的影响。

A.7.3 后缀表达式

后缀表达式中的运算符遵循从左到右的结合规则。

```
后缀表达式:
        初等表达式
        后缀表达式[表达式]
        后缀表达式(参数表达式表_opt)
        后缀表达式.标识符
        后缀表达式->标识符
        后缀表达式++
        后缀表达式--
参数表达式表:
        赋值表达式
        参数表达式表,赋值表达式
```

1. 数组引用

带下标的数组引用后缀表达式由一个后缀表达式后跟一个括在方括号中的表达式组成。方括号前的后缀表达式的类型必须为"指向*T*类型的指针"，其中*T*为某种类型；方括号中表达式的类型必须为整型。结果得到下标表达式的类型为*T*。表达式`E1[E2]`在定义上等同于`*((E1)+(E2))`。有关数组引用的更多讨论，参见A.8.6节。

2. 函数调用

函数调用由一个后缀表达式（称为函数标志符，function designator）后跟由圆括号括起来的赋值表达式列表组成，其中的赋值表达式列表可能为空，并由逗号进行分隔，这些表达式就是函数的参数。如果后缀表达式包含一个当前作用域中不存在的标识符，则此标识符将被隐式地声明，等同于在执行此函数调用的最内层程序块中包含下列声明：

```
extern int 标识符();
```

该后缀表达式（在可能的隐式声明和指针生成之后，参见A.7.1节）的类型必须为"指向返回*T*类型的函数的指针"，其中*T*为某种类型，且函数调用的值的类型为*T*。

说明：在第1版中，该类型被限制为"函数"类型，并且，通过指向函数的指针调用函数时必须有一个显式的*运算符。ANSI标准允许现有的一些编译器用同样的语法进行函数调用和通过指向函数的指针进行函数调用。旧的语法仍然有效。

通常用术语"实际参数"表示传递给函数调用的表达式，而术语"形式参数"则用来表示函数定义或函数声明中的输入对象（或标识符）。 201

在调用函数之前，函数的每个实际参数将被复制，所有的实际参数严格地按值传递。函数可能会修改形式参数对象的值（即实际参数表达式的副本），但这个修改不会影响实际参数的值。但是，可以将指针作为实际参数传递，这样，函数便可以修改指针指向的对象的值。

可以通过两种方式声明函数。在新的声明方式中，形式参数的类型是显式声明的，并且是函数类型的一部分，这种声明称为函数原型。在旧的方式中，不指定形式参数类型。有关函数声明的讨论，参见A.8.6节和A.10.1节。

在函数调用的作用域中，如果函数是以旧式方式声明的，则按以下方式对每个实际参数进行默认参数提升：对每个整型参数进行整型提升（参见A.6.1节）；将每个float类型的参数转换为double类型。如果调用时实际参数的数目与函数定义中形式参数的数目不等，或者某个实际参数的类型提升后与相应的形式参数类型不一致，则函数调用的结果是未定义的。类型一致性依赖于函数是以新式方式定义的还是以旧式方式定义的。如果是旧式的定义，则比较经提升后函数调用中的实际参数类型和提升后的形式参数类型；如果是新式的定义，则提升后的实际参数类型必须与没有提升的形式参数自身的类型保持一致。

在函数调用的作用域中，如果函数是以新式方式声明的，则实际参数将被转换为函数原型中的相应形式参数类型，这个过程类似于赋值。实际参数数目必须与显式声明的形式参数数目相同，除非函数声明的形式参数表以省略号（, …）结尾。在这种情况下，实际参数的数目必须等于或超过形式参数的数目；对于尾部没有显式指定类型的形式参数，相应的实际参数要进行默认的参数提升，提升方法同前面所述。如果函数是以旧式方式定义的，那么，函数原型中每个形式参数的类型必须与函数定义中相应的形式参数类型一致（函数定义中的形式参数类型经过参数提升后）。

说明：这些规则非常复杂，因为必须要考虑新旧式函数的混合使用。应尽可能避免新旧式函数声明混合使用。

实际参数的求值次序没有指定。不同编译器的实现方式各不相同。但是，在进入函数前，实际参数和函数标志符是完全求值的，包括所有的副作用。对任何函数都允许进行递归调用。

3. 结构引用

后缀表达式后跟一个圆点和一个标识符仍是后缀表达式。第一个操作数表达式的类型必须是结构或联合，标识符必须是结构或联合的成员的名字。结果值是结构或联合中命名的成员，其类型是对应成员的类型。如果第一个表达式是一个左值，并且第二个表达式的类型不
202 是数组类型，则整个表达式是一个左值。

后缀表达式后跟一个箭头（由-和>组成）和一个标识符仍是后缀表达式。第一个操作数表达式必须是一个指向结构或联合的指针，标识符必须是结构或联合的成员的名字。结果指向指针表达式指向的结构或联合中命名的成员，结果类型是对应成员的类型。如果该类型不是数组类型，则结果是一个左值。

因此，表达式E1->MOS与(*E1).MOS等价。结构和联合将在A.8.3节中讨论。

说明：在本书的第1版中，规定了这种表达式中成员的名字必须属于后缀表达式指定的结构或联合，但是，该规则并没有强制执行。最新的编译器和ANSI标准强制执行了这一规则。

4. 后缀自增运算符与后缀自减运算符

后缀表达式后跟一个++或--运算符仍是一个后缀表达式。表达式的值就是操作数的值。

执行完该表达式后，操作数的值将加1（++）或减1（--）。操作数必须是一个左值。有关操作数的限制和运算细节的详细信息，参见加法类运算符（A.7.7节）和赋值类运算符（A.7.17节）中的讨论。其结果不是左值。

A.7.4 一元运算符

带一元运算符的表达式遵循从右到左的结合性。

一元表达式:

  后缀表达式
  ++*一元表达式*
  --*一元表达式*
  一元运算符　强制类型转换表达式
  sizeof *一元表达式*
  sizeof(*类型名*)

一元运算符: one of

  & * + - ~ !

1.前缀自增运算符与前缀自减运算符

在一元表达式的前面添加运算符++或--后得到的表达式是一个一元表达式。操作数将被加1（++）或减1（--），表达式的值是经过加1、减1以后的值。操作数必须是一个左值。有关操作数的限制和运算细节的详细信息，参见加法类运算符（参见A.7.7节）和赋值类运算符（参见A.7.17节）。其结果不是左值。

2. 地址运算符

一元运算符&用于取操作数的地址。该操作数必须是一个左值（不指向位字段、不指向声明为register类型的对象），或者为函数类型。结果值是一个指针，指向左值指向的对象或函数。如果操作数的类型为*T*，则结果的类型为指向*T*类型的指针。 203

3. 间接寻址运算符

一元运算符*表示间接寻址，它返回其操作数指向的对象或函数。如果它的操作数是一个指针且指向的对象是算术、结构、联合或指针类型，则它是一个左值。如果表达式的类型为"指向*T*类型的指针"，则结果类型为*T*。

4. 一元加运算符

一元运算符+的操作数必须是算术类型，其结果是操作数的值。如果操作数是整型，则将进行整型提升，结果类型是经过提升后的操作数的类型。

说明：一元运算符＋是ANSI标准新增加的，增加该运算符是为了与一元运算符-对应。

5. 一元减运算符

一元运算符-的操作数必须是算术类型，结果为操作数的负值。如果操作数是整型，则将进行整型提升。带符号数的负值的计算方法为：将提升后得到的类型能够表示的最大值减去提升后的操作数的值，然后加1；但0的负值仍为0。结果类型为提升后的操作数的类型。

6. 二进制反码运算符

一元运算符~的操作数必须是整型，结果为操作数的二进制反码。在运算过程中需要对操作数进行整型提升。如果操作数为无符号类型，则结果为提升后的类型能够表示的最大值减去操作数的值而得到的结果值。如果操作数为带符号类型，则结果的计算方式为：将提升后的操作数转换为相应的无符号类型，使用运算符~计算反码，再将结果转换为带符号类型。结果的类型为提升后的操作数的类型。

7. 逻辑非运算符

运算符!的操作数必须是算术类型或者指针。如果操作数等于0，则结果为1，否则结果为0。结果类型为int。

8. sizeof运算符

sizeof运算符计算存储与其操作数同类型的对象所需的字节数。操作数可以为一个未求值的表达式，也可以为一个用括号括起来的类型名。将sizeof应用于char类型时，其结果值为1；将它应用于数组时，其值为数组中字节的总数。应用于结构或联合时，结果为对象的字节数，包括对象中包含的数组所需要的任何填充空间：有n个元素的数组的长度是一个数组元素长度的n倍。此运算符不能用于函数类型和不完整类型的操作数，也不能用于位字段。结果是一个无符号整型常量，具体的类型由实现定义。在标准头文件<stddef.h>（参见附
204 录B）中，这一类型被定义为size_t类型。

A.7.5 强制类型转换

以括号括起来的类型名开头的一元表达式将导致表达式的值被转换为指定的类型。

强制类型转换表达式：
　　一元表达式
　　(类型名)强制类型转换表达式

这种结构称为*强制类型转换*。类型名将在A.8.8节描述。转换的结果已在A.6节讨论过。包含强制类型转换的表达式不是左值。

A.7.6 乘法类运算符

乘法类运算符*、/和%遵循从左到右的结合性。

乘法类表达式：
　　强制类型转换表达式
　　乘法类表达式*强制类型转换表达式
　　乘法类表达式/强制类型转换表达式
　　乘法类表达式%强制类型转换表达式

运算符*和/的操作数必须为算术类型，运算符%的操作数必须为整型。这些操作数需要进行普通的算术类型转换，结果类型由执行的转换决定。

二元运算符*表示乘法。

二元运算符/用于计算第一个操作数同第二个操作数相除所得的商，而运算符%用于计算两个操作数相除后所得的余数。如果第二个操作数为0，则结果没有定义。并且，(a/b)*b+a%b等于a永远成立。如果两个操作数均为非负，则余数为非负值且小于除数，否则，仅保证余数的绝对值小于除数的绝对值。

A.7.7 加法类运算符

加法类运算符+和-遵循从左到右的结合性。如果操作数中有算术类型的操作数，则需要进行普通的算术类型转换。每个运算符可能为多种类型。

加法类表达式:
  乘法类表达式
  加法类表达式+乘法类表达式
  加法类表达式-乘法类表达式

运算符+用于计算两个操作数的和。指向数组中某个对象的指针可以和一个任何整型的值相加，后者将通过乘以所指对象的长度被转换为地址偏移量。相加得到的和是一个指针，它与初始指针具有相同的类型，并指向同一数组中的另一个对象，此对象与初始对象之间具有一定的偏移量。因此，如果P是一个指向数组中某个对象的指针，则表达式P+1是指向数组中下一个对象的指针。如果相加所得的和对应的指针不在数组的范围内，且不是数组末尾元素后的第一个位置，则结果没有定义。

说明：允许指针指向数组末尾元素的下一个元素是ANSI中新增加的特征，它使得我们可以按照通常的习惯循环地访问数组元素。

运算符-用于计算两个操作数的差值。可以从某个指针上减去一个任何整型的值，减法运算的转换规则和条件与加法的相同。 205

如果指向同一类型的两个指针相减，则结果是一个带符号整型数，表示它们指向的对象之间的偏移量。相邻对象间的偏移量为1。结果的类型同具体的实现有关，但在标准头文件<stddef.h>中定义为ptrdiff_t。只有当指针指向的对象属于同一数组时，差值才有意义。但是，如果P指向数组的最后一个元素，则(P+1)-P的值为1。

A.7.8 移位运算符

移位运算符<<和>>遵循从左到右的结合性。每个运算符的各操作数都必须为整型，并且遵循整型提升原则。结果的类型是提升后的左操作数的类型。如果右操作数为负值，或者大于或等于左操作数类型的位数，则结果没有定义。

移位表达式:
  加法类表达式

移位表达式<<加法类表达式
移位表达式>>加法类表达式

E1<<E2的值为E1（按位模式解释）向左移E2位得到的结果。如果不发生溢出，这个结果值等价于E1乘以2^{E2}。E1>>E2的值为E1向右移E2位得到的结果。如果E1为无符号数或为非负值，则右移等同于E1除以2^{E2}。其他情况下的执行结果由具体实现定义。

A.7.9 关系运算符

关系运算符遵循从左到右的结合性，但这个规则没有什么作用。a<b<c在语法分析时将被解释为(a<b)<c，并且a<b的结果值只能为0或1。

关系表达式：
　　移位表达式
　　关系表达式<移位表达式
　　关系表达式>移位表达式
　　关系表达式<=移位表达式
　　关系表达式>=移位表达式

当关系表达式的结果为假时，运算符<（小于）、>（大于）、<=（小于等于）和>=（大于等于）的结果值都为0；当关系表达式的结果为真时，它们的结果值都为1。结果的类型为int类型。如果操作数为算术类型，则要进行普通的算术类型转换。可以对指向同一类型的对象的指针进行比较（忽略任何限定符），其结果依赖于所指对象在地址空间中的相对位置。指针比较只对相同对象才有意义：如果两个指针指向同一个简单对象，则相等；如果指针指向同一个结构的不同成员，则指向结构中后声明的成员的指针较大；如果指针指向同一个联合的不同成员，则相等；如果指针指向一个数组的不同成员，则它们之间的比较等价于对应下标之间的比较。如果指针P指向数组的最后一个成员，尽管P+1已指向数组的界外，但P+1仍比P大。其他情况下指针的比较没有定义。

说明：这些规则允许指向同一个结构或联合的不同成员的指针之间进行比较，与第1版比较起来放宽了一些限制。这些规则还使得与超出数组末尾的第一个指针进行比较合
206 法化。

A.7.10 相等类运算符

相等类表达式：
　　关系表达式
　　相等类表达式==关系表达式
　　相等类表达式!=关系表达式

运算符==（等于）和!=（不等于）与关系运算符相似，但它们的优先级更低。（只要a<b与c<d具有相同的真值，则a<b==c<d的值总为1。）

相等类运算符与关系运算符具有相同的规则，但这类运算符还允许执行下列比较：指针可以与值为0的常量整型表达式或指向void的指针进行比较。参见A.6.6节。

A.7.11 按位与运算符

按位与表达式：

　　相等类表达式

　　按位与表达式&相等类表达式

执行按位与运算时要进行普通的算术类型转换。结果为操作数经按位与运算后得到的值。该运算符仅适用于整型操作数。

A.7.12 按位异或运算符

按位异或表达式：

　　按位与表达式

　　按位异或表达式^按位与表达式

执行按位异或运算时要进行普通的算术类型转换，结果为操作数经按位异或运算后得到的值。该运算符仅适用于整型操作数。

A.7.13 按位或运算符

按位或表达式：

　　按位异或表达式

　　按位或表达式|按位异或表达式

执行按位或运算时要进行常规的算术类型转换，结果为操作数经按位或运算后得到的值。该运算符仅适用于整型操作数。

A.7.14 逻辑与运算符

逻辑与表达式：

　　按位或表达式

　　逻辑与表达式&&按位或表达式

运算符&&遵循从左到右的结合性。如果两个操作数都不等于0，则结果值为1，否则结果值0。与运算符&不同的是，&&确保从左到右的求值次序：首先计算第一个操作数，包括所有可能的副作用；如果为0，则整个表达式的值为0；否则，计算右操作数，如果为0，则整个表达式的值为0，否则为1。

两个操作数不需要为同一类型，但是，每个操作数必须为算术类型或者指针。其结果为`int`类型。 207

A.7.15 逻辑或运算符

逻辑或表达式：

　　逻辑与表达式

　　逻辑或表达式||逻辑与表达式

运算符||遵循从左到右的结合性。如果该运算符的某个操作数不为0，则结果值为1；否则结果值为0。与运算符|不同的是，||确保从左到右的求值次序：首先计算第一个操作数，包括所有可能的副作用；如果不为0，则整个表达式的值为1；否则，计算右操作数，如果不为0，则整个表达式的值为1；否则结果为0。

两个操作数不需要为同一类型，但是每个操作数必须为算术类型或者指针。其结果为int类型。

A.7.16 条件运算符

条件表达式:

  逻辑或表达式

  逻辑或表达式?表达式:条件表达式

首先计算第一个表达式（包括所有可能的副作用），如果该表达式的值不等于0，则结果为第二个表达式的值，否则结果为第三个表达式的值。第二个和第三个操作数中仅有一个操作数会被计算。如果第二个和第三个操作数为算术类型，则要进行普通的算术类型转换，以使它们的类型相同，该类型也是结果的类型。如果它们都是void类型，或者是同一类型的结构或联合，或者是指向同一类型的对象的指针，则结果的类型与这两个操作数的类型相同。如果其中一个操作数是指针，而另一个是常量0，则0将被转换为指针类型，且结果为指针类型。如果一个操作数为指向void的指针，而另一个操作数为指向其他类型的指针，则指向其他类型的指针将被转换为指向void的指针，这也是结果的类型。

在比较指针的类型时，指针所指对象的类型的任何类型限定符（参见A.8.2节）都将被忽略，但结果类型会继承条件的各分支的限定符。

A.7.17 赋值表达式

赋值运算符有多个，它们都是从左到右结合。

赋值表达式:

  条件表达式

  一元表达式 赋值运算符 赋值表达式

赋值运算符: one of

  = *= /= %= += -= <<= >>= &= ^= |=

所有这些运算符都要求左操作数为左值，且该左值是可以修改的：它不可以是数组、不完整类型或函数。同时其类型不能包括const限定符；如果它是结构或联合，则它的任意一个成员或递归子成员不能包括const限定符。赋值表达式的类型是其左操作数的类型，值是赋值操作执行后存储在左操作数中的值。

在使用运算符=的简单赋值中，表达式的值将替换左值所指向的对象的值。下面几个条件中必须有一个条件成立：两个操作数均为算术类型，在此情况下右操作数的类型通过赋值转
208 换为左操作数的类型；两个操作数为同一类型的结构或联合；一个操作数是指针，另一个操作数是指向void的指针；左操作数是指针，右操作数是值为0的常量表达式；两个操作数都

是指向同一类型的函数或对象的指针，但右操作数可以没有const或volatile限定符。

形式为E1 *op*= E2的表达式等价于E1=E1 *op* (E2)，惟一的区别是前者对E1仅求值一次。

A.7.18 逗号运算符

表达式:
　　赋值表达式
　　表达式, *赋值表达式*

由逗号分隔的两个表达式的求值次序为从左到右，并且左表达式的值被丢弃。右操作数的类型和值就是结果的类型和值。在开始计算右操作数以前，将完成左操作数涉及到的副作用的计算。在逗号有特别含义的上下文中，如在函数参数表（参见A.7.3节）和初值列表（A.8.7节）中，需要使用赋值表达式作为语法单元，这样，逗号运算符仅出现在圆括号中。例如，下列函数调用：

```
f(a, (t=3, t+2), c)
```

包含3个参数，其中第二个参数的值为5。

A.7.19 常量表达式

从语法上看，常量表达式是限定于运算符的某一个子集的表达式：

常量表达式:
　　条件表达式

某些上下文要求表达式的值为常量，例如，switch语句中case后面的数值、数组边界和位字段的长度、枚举常量的值、初值以及某些预处理器表达式。

除了作为sizeof的操作数之外，常量表达式中可以不包含赋值、自增或自减运算符、函数调用或逗号运算符。如果要求常量表达式为整型，则它的操作数必须由整型、枚举、字符和浮点常量组成；强制类型转换必须指定为整型，任何浮点常量都将被强制转换为整型。此规则对数组、间接访问、取地址运算符和结构成员操作不适用。（但是，sizeof可以带任何类型的操作数。）

初值中的常量表达式允许更大的范围：操作数可以是任意类型的常量，一元运算符&可以作用于外部、静态对象以及以常量表达式为下标的外部或静态数组。对于无下标的数组或函数的情况，一元运算符&将被隐式地应用。初值计算的结果值必须为下列二者之一：一个常量；前面声明的外部或静态对象的地址加上或减去一个常量。

允许出现在#if后面的整型常量表达式的范围较小，它不允许为sizeof表达式、枚举常量和强制类型转换。详细信息参见A.12.5节。 209

A.8 声明

声明（declaration）用于说明每个标识符的含义，而并不需要为每个标识符预留存储空间。预留存储空间的声明称为*定义*（definition）。声明的形式如下：

声明:

　　声明说明符　初始化声明符表$_{opt}$;

初始化声明符表中的声明符包含被声明的标识符；声明说明符由一系列的类型和存储类说明符组成。

声明说明符:

　　存储类说明符 声明说明符$_{opt}$
　　类型说明符 声明说明符$_{opt}$
　　类型限定符 声明说明符$_{opt}$

初始化声明符表:

　　初始化声明符
　　初始化声明符表,初始化声明符

初始化声明符:

　　声明符
　　声明符 = 初值

声明符将在稍后部分讨论（参见A.8.5节）。声明符包含了被声明的名字。一个声明中必须至少包含一个声明符，或者其类型说明符必须声明一个结构标记、一个联合标记或枚举的成员。不允许空声明。

A.8.1 存储类说明符

存储类说明符如下所示：

存储类说明符:

```
auto
register
static
extern
typedef
```

有关存储类的意义，我们已在A.4节中讨论过。

说明符auto和register将声明的对象说明为自动存储类对象，这些对象仅可用在函数中。这种声明也具有定义的作用，并将预留存储空间。带有register说明符的声明等价于带有auto说明符的声明，所不同的是，前者暗示了声明的对象将被频繁地访问。只有很少的对象被真正存放在寄存器中，并且只有特定类型才可以。该限制同具体的实现有关。但是，如果一个对象被声明为register，则将不能对它应用一元运算符&（显式应用或隐式应用都不允许）。

说明：对声明为register但实际按照auto类型处理的对象的地址进行计算是非法的。这是一个新增加的规则。

说明符static将声明的对象说明为静态存储类。这种对象可以用在函数内部或函数外部。在函数内部，该说明符将引起存储空间的分配，具有定义的作用。有关该说明符在函数外部

的作用参见A.11.2节。 210

函数内部的extern声明表明，被声明的对象的存储空间定义在其他地方。有关该说明符在函数外部的作用参见A.11.2节。

typedef说明符并不会为对象预留存储空间。之所以将它称为存储类说明符，是为了语法描述上的方便。我们将在A.8.9节中讨论它。

一个声明中最多只能有一个存储类说明符。如果没有指定存储类说明符，则将按照下列规则进行：在函数内部声明的对象被认为是auto类型；在函数内部声明的函数被认为是extern类型；在函数外部声明的对象与函数将被认为是static类型，且具有外部连接。详细信息参见A.10节和A.11节。

A.8.2 类型说明符

类型说明符的定义如下：

类型说明符:

```
    void
    char
    short
    int
    long
    float
    double
    signed
    unsigned
        结构或联合说明符
        枚举说明符
        类型定义名
```

其中，long和short这两个类型说明符中最多有一个可同时与int一起使用，并且，在这种情况下省略关键字int的含义也是一样的。long可与double一起使用。signed和unsigned这两个类型说明符中最多有一个可同时与int、int的short或long形式、char一起使用。signed和unsigned可以单独使用，这种情况下默认为int类型。signed说明符对于强制char对象带符号位是非常有用的；其他整型也允许带signed声明，但这是多余的。

除了上面这些情况之外，在一个声明中最多只能使用一个类型说明符。如果声明中没有类型说明符，则默认为int类型。

类型也可以用限定符限定，以指定被声明对象的特殊属性。

类型限定符:

```
    const
    volatile
```

类型限定符可与任何类型说明符一起使用。可以对const对象进行初始化，但在初始化以后不能进行赋值。volatile对象没有与实现无关的语义。

说明：const和volatile属性是ANSI标准新增加的特性。const用于声明可以存放在只读存储器中的对象，并可能提高优化的可能性。volatile用于强制某个实现屏蔽可能的优化。例如，对于具有内存映像输入/输出的机器，指向设备寄存器的指针可以声明为指向volatile的指针，目的是防止编译器通过指针删除明显多余的引用。
211 除了诊断显式尝试修改const对象的情况外，编译器可能会忽略这些限定符。

A.8.3 结构和联合声明

结构是由不同类型的命名成员序列组成的对象。联合也是对象，在不同时刻，它包含多个不同类型成员中的任意一个成员。结构和联合说明符具有相同的形式。

结构或联合说明符：
　　结构或联合 标识符$_{opt}$ {结构声明表}
　　结构或联合 标识符

结构或联合：
　　struct
　　union

结构声明表是对结构或联合的成员进行声明的声明序列：

结构声明表：
　　结构声明
　　结构声明表 结构声明

结构声明：
　　说明符限定符表 结构声明符表；

说明符限定符表：
　　类型说明符 说明符限定符表$_{opt}$
　　类型限定符 说明符限定符表$_{opt}$

结构声明符表：
　　结构声明符
　　结构声明符表，结构声明符

通常，结构声明符就是结构或联合成员的声明符。结构成员也可能由指定数目的比特位组成，这种成员称为位字段，或仅称为字段，其长度由跟在声明符冒号之后的常量表达式指定。

结构声明符：
　　声明符
　　声明符$_{opt}$：常量表达式

下列形式的类型说明符将其中的标识符声明为结构声明表指定的结构或联合的标记：

结构或联合 标识符{结构声明表}

在同一作用域或内层作用域中的后续声明中，可以在说明符中使用标记（而不使用结构声明表）来引用同一类型，如下所示：

结构或联合 标识符

如果说明符中只有标记而无结构声明表，并且标记没有声明，则认为其为不完整类型。具有不完整结构或联合类型的对象可在不需要对象大小的上下文中引用，比如，在声明中（不是定义中），它可用于说明一个指针或创建一个typedef类型，其余情况则不允许。在引用之后，如果具有该标记的说明符再次出现并包含一个声明表，则该类型成为完整类型。即使是在包含结构声明表的说明符中，在该结构声明表内声明的结构或联合类型也是不完整的，一直到花括号“}”终止该说明符时，声明的类型才成为完整类型。

结构中不能包含不完整类型的成员。因此，不能声明包含自身实例的结构或联合。但是，除了可以命名结构或联合类型外，标记还可以用来定义自引用结构。由于可以声明指向不完整类型的指针，所以，结构或联合可包含指向自身实例的指针。 212

下列形式的声明适用一个非常特殊的规则：

结构或联合 标识符;

这种形式的声明声明了一个结构或联合，但它没有声明表和声明符。即使该标识符是外层作用域中已声明过的结构标记或联合的标记（参见A.11.1节），该声明仍将使该标识符成为当前作用域内一个新的不完整类型的结构标记或联合的标记。

说明：这是ANSI中一个新的比较难理解的规则。它旨在处理内层作用域中声明的相互递归调用的结构，但这些结构的标记可能已在外层作用域中声明。

具有结构声明表而无标记的结构说明符或联合说明符用于创建一个惟一的类型，它只能被它所在的声明直接引用。

成员和标记的名字不会相互冲突，也不会与普通变量冲突。一个成员名字不能在同一结构或联合中出现两次，但相同的成员名字可用在不同的结构或联合中。

说明：在本书的第1版中，结构或联合的成员名与其父辈无关联。但是，在ANSI标准制定前，这种关联在编译器中普遍存在。

除字段类型的成员外，结构成员或联合成员可以为任意对象类型。字段成员（它不需要声明符，因此可以不命名）的类型为int、unsigned int或signed int，并被解释为指定长度（用二进制位表示）的整型对象。int类型的字段是否看作为有符号数同具体的实现有关。结构的相邻字段成员以某种方式（同具体的实现有关）存放在某些存储单元中（同具体的实现有关）。如果某一字段之后的另一字段无法全部存入已被前面的字段部分占用的存储单元中，则它可能会被分割存放到多个存储单元中，或者是，存储单元中的剩余部分也可能被填充。我们可以用宽度为0的无名字段来强制进行这种填充，从而使得下一字段从下一分配单元的边界开始存储。

说明：在字段处理方面，ANSI标准比第1版更依赖于具体的实现。如果要按照与实现相关的方式存储字段，建议阅读一下该语言规则。作为一种可移植的方法，带字段的结构可用来节省存储空间（代价是增加了指令空间和访问字段的时间），同时，它还可以用来在位层次上描述存储布局，但该方法不可移植，在这种情况下，必须了解本地实现的一些规则。

结构成员的地址值按它们声明的顺序递增。非字段类型的结构成员根据其类型在地址边界上对齐，因此，在结构中可能存在无名空穴。若指向某一结构的指针被强制转换为指向该结构第一个成员的指针类型，则结果将指向该结构的第一个成员。

联合可以被看作为结构，其所有成员起始偏移量都为0，并且其大小足以容纳任何成员。任一时刻它最多只能存储其中的一个成员。如果指向某一联合的指针被强制转换为指向一个成员的指针类型，则结果将指向该成员。

213 如下所示是结构声明的一个简单例子：

```
struct tnode {
    char tword[20];
    int count;
    struct tnode *left;
    struct tnode *right;
};
```

该结构包含一个具有20个字符的数组、一个整数以及两个指向类似结构的指针。在给出这样的声明后，下列说明：

```
struct tnode s, *sp;
```

将把s声明为给定类型的结构，把sp声明为指向给定类型的结构的指针。在这些声明的基础上，表达式

```
sp->count
```

引用sp指向的结构的count字段，而

```
s.left
```

则引用结构s的左子树指针，表达式

```
s.right->tword[0]
```

引用s右子树中tword成员的第一个字符。

通常情况下，我们无法检查联合的某一成员，除非已用该成员给联合赋值。但是，有一个特殊的情况可以简化联合的使用：如果一个联合包含共享一个公共初始序列的多个结构，并且该联合当前包含这些结构中的某一个，则允许引用这些结构中任一结构的公共初始部分。例如，下面这段程序是合法的：

```
union {
    struct {
        int type;
    } n;
    struct {
        int type;
        int intnode;
    } ni;
```

```
    struct {
        int type;
        float floatnode;
    } nf;
} u;
...
u.nf.type = FLOAT;
u.nf.floatnode = 3.14;
...
if (u.n.type == FLOAT)
    ... sin(u.nf.floatnode) ...
```

A.8.4 枚举

枚举类型是一种特殊的类型，它的值包含在一个命名的常量集合中。这些常量称为枚举符。枚举说明符的形式借鉴了结构说明符和联合说明符的形式。 214

枚举说明符:
  enum 标识符$_{opt}$ {枚举符表}
  enum 标识符

枚举符表:
  枚举符
  枚举符表，枚举符

枚举符:
  标识符
  标识符 = 常量表达式

枚举符表中的标识符声明为int类型的常量，它们可以用在常量可以出现的任何地方。如果其中不包括带有=的枚举符，则相应常量值从0开始，且枚举常量值从左至右依次递增1。如果其中包括带有=的枚举符，则该枚举符的值由该表达式指定，其后的标识符的值从该值开始依次递增。

同一作用域中的各枚举符的名字必须互不相同，也不能与普通变量名相同，但其值可以相同。

枚举说明符中标识符的作用与结构说明符中结构标记的作用类似，它命名了一个特定的枚举类型。除了不存在不完整枚举类型之外，枚举说明符在有无标记、有无枚举符表的情况下的规则与结构或联合中相应的规则相同。无枚举符表的枚举说明符的标记必须指向作用域中另一个具有枚举符表的说明符。

说明：相对于本书第1版，枚举类型是一个新概念，但它作为C语言的一部分已有好多年了。

A.8.5 声明符

声明符的语法如下所示：

声明符:

指针$_{opt}$ 直接声明符

直接声明符:

标识符

(声明符)

直接声明符 [常量表达式$_{opt}$]

直接声明符(形式参数类型表)

直接声明符(标识表$_{opt}$)

指针:

* 类型限定符表$_{opt}$

* 类型限定符表$_{opt}$指针

类型限定符表:

类型限定符

类型限定符表 类型限定符

215 声明符的结构与间接指针、函数及数组表达式的结构类似，结合性也相同。

A.8.6 声明符的含义

声明符表出现在类型说明符和存储类说明符序列之后。每个声明符声明一个惟一的主标识符，该标识符是直接声明符产生式的第一个候选式。存储类说明符可直接作用于该标识符，但其类型由声明符的形式决定。当声明符的标识符出现在与该声明符形式相同的表达式中时，该声明符将被作为一个断言，其结果将产生一个指定类型的对象。

如果只考虑声明说明符（参见A.8.2节）的类型部分及特定的声明符，则声明可以表示为“T D”的形式，其中T代表类型，D代表声明符。在不同形式的声明中，标识符的类型可用这种形式来表述。

在声明T D中，如果D是一个不加任何限定的标识符，则该标识符的类型为T。

在声明T D中，如果D的形式为：

(D1)

则D1中标识符的类型与D的类型相同。圆括号不改变类型，但可改变复杂声明符之间的结合。

1. 指针声明符

在声明T D中，如果D具有下列形式：

* 类型限定符表$_{opt}$ D1

且声明T D1中的标识符的类型为“类型修饰符T”，则D中标识符的类型为“类型修饰符 类型限定符表指向T的指针”。星号*后的限定符作用于指针本身，而不是作用于指针指向的对象。

例如，考虑下列声明：

```
int *ap[];
```

其中，ap[]的作用等价于D1，声明“int ap[]”将把ap的类型声明为“int类型的数组”，类型限定符表为空，且类型修饰符为“……的数组”。因此，该声明实际上将把ap声明为“指向int类型的指针数组”类型。

我们来看另外一个例子。下列声明：

```
int i, *pi, *const cpi = &i;
const int ci = 3, *pci;
```

声明了一个整型i和一个指向整型的指针pi。不能修改常量指针cpi的值，该指针总是指向同一位置，但它所指之处的值可以改变。整型ci是常量，也不能修改（可以进行初始化，如本例中所示）。pci的类型是“指向const int的指针”，pci本身可以被修改以指向另一个地方，但它所指之处的值不能通过pci赋值来改变。

2. 数组声明符

在声明T D中，如果D具有下列形式：

D1[*常量表达式*$_{opt}$]

且声明T D1中标识符的类型是“*类型修饰符* T”，则D的标识符类型为“*类型修饰符* T类型的数组”。如果存在常量表达式，则该常量表达式必须为整型且值大于0。若缺少指定数组上界的常量表达式，则该数组类型是不完整类型。 216

数组可以由算术类型、指针类型、结构类型或联合类型构造而成，也可以由另一个数组构造而成（生成多维数组）。构造数组的类型必须是完整类型，绝对不能是不完整类型的数组或结构。也就是说，对于多维数组来说，只有第一维可以缺省。对于不完整数组类型的对象来说，其类型可以通过对该对象进行另一个完整声明（参见A.10.2节）或初始化（参见A.8.7节）来使其完整。例如：

```
float fa[17], *afp[17];
```

声明了一个浮点数数组和一个指向浮点数的指针数组，而

```
static int x3d[3][5][7];
```

则声明了一个静态的三维整型数组，其大小为3×5×7。具体来说，x3d是一个由3个项组成的数组，每个项都是由5个数组组成的一个数组，5个数组中的每个数组又都是由7个整型数组成的数组。x3d、x3d[i]、x3d[i][j]与x3d[i][j][k]都可以合法地出现在一个表达式中。前三者是数组类型，最后一个是int类型。更准确地说，x3d[i][j]是一个有7个整型元素的数组；x3d[i]则是有5个元素的数组，而其中的每个元素又是一个具有7个整型元素的数组。

根据数组下标运算的定义，E1[E2]等价于*(E1+E2)。因此，尽管表达式的形式看上去不对称，但下标运算是可交换的运算。根据适用于运算符+和数组的转换规则（参见A.6.6节、A.7.1节与A.7.7节），若E1是数组且E2是整数，则E1[E2]代表E1的第E2个成员。

在本例中，x3d[i][j][k]等价于*(x3d[i][j]+k)。第一个子表达式x3d[i][j]将按照A.7.1节中的规则转换为“指向整型数组的指针”类型，而根据A.7.7节中的规则，这里的加法运算需要乘以整型类型的长度。它遵循下列规则：数组按行存储（最后一维下标变动最快），且声明中的第一维下标决定数组所需的存储区大小，但第一维下标在下标计算时无其他作用。

3. 函数声明符

在新式的函数声明T D中，如果D具有下列形式：

D1(形式参数类型表)

并且，声明T D1中标识符的类型为“类型修饰符 T”，则D的标识符类型是“返回T类型值且具有‘形式参数类型表’中的参数的‘类型修饰符’类型的函数”。

形式参数的语法定义为：

形式参数类型表:
　　形式参数表
　　形式参数表,...

形式参数表:
　　形式参数声明
　　形式参数表, 形式参数声明

形式参数声明:
　　声明说明符 声明符
　　声明说明符 抽象声明符$_{opt}$

217 在这种新式的声明中，形式参数表指定了形式参数的类型。这里有一个特例，按照新式方式声明的无形式参数函数的声明符也有一个形式参数表，该表仅包含关键字void。如果形式参数表以省略号“, …”结尾，则该函数可接受的实际参数个数比显式说明的形式参数个数要多。详细信息参见A.7.3节。

如果形式参数类型是数组或函数，按照参数转换规则（参见A.10.1节），它们将被转换为指针。形式参数的声明中惟一允许的存储类说明符是register，并且，除非函数定义的开头包括函数声明符，否则该存储类说明符将被忽略。类似地，如果形式参数声明中的声明符包含标识符，且函数定义的开头没有函数声明符，则该标识符超出了作用域。不涉及标识符的抽象声明符将在A.8.8节中讨论。

在旧式的函数声明T D中，如果D具有下列形式：

D1(标识符表$_{opt}$)

并且声明T D1中的标识符的类型是“类型修饰符 T”，则D的标识符类型为“返回T类型值且未指定参数的‘类型修饰符’类型的函数”。形式参数（如果有的话）的形式如下：

```
标识符表:
        标识符
        标识符表, 标识符
```

在旧式的声明符中，除非在函数定义的前面使用了声明符，否则，标识符表必须空缺（参见A.10.1节）。声明不提供有关形式参数类型的信息。

例如，下列声明：

```
int f(), *fpi(), (*pfi)();
```

声明了一个返回整型值的函数`f`、一个返回指向整型的指针的函数`fpi`以及一个指向返回整型的函数的指针`pfi`。它们都没有说明形式参数类型，因此都属于旧式的声明。

在下列新式的声明中：

```
int strcpy(char *dest, const char *source), rand(void);
```

`strcpy`是一个返回`int`类型的函数，它有两个实际参数，第一个实际参数是一个字符指针，第二个实际参数是一个指向常量字符的指针。其中的形式参数名字可以起到注释说明的作用。第二个函数`rand`不带参数，且返回类型为`int`。

说明：到目前为止，带形式参数原型的函数声明符是ANSI标准中引入的最重要的一个语言变化。它们优于第1版中的“旧式”声明符，因为它们提供了函数调用时的错误检查和参数强制转换，但引入的同时也带来了很多混乱和麻烦，而且还必须兼容这两种形式。为了保持兼容，就不得不在语法上进行一些处理，即采用void作为新式的无形式参数函数的显式标记。

采用省略号“，…”表示函数变长参数表的做法也是ANSI标准中新引入的，并且，结合标准头文件`<stdarg.h>`中的一些宏，共同将这个机制正式化了。该机制在第1版中是官方上禁止的，但可非正式地使用。

这些表示法起源于C++。

A.8.7 初始化

声明对象时，对象的初始化声明符可为其指定一个初始值。初值紧跟在运算符=之后，它可以是一个表达式，也可以是嵌套在花括号中的初值序列。初值序列可以以逗号结束，这样可以使格式简洁美观。 218

```
初值:
        赋值表达式
        {初值表}
        {初值表,}
初值表:
        初值
        初值表,初值
```

对静态对象或数组而言，初值中的所有表达式必须是A.7.19节中描述的常量表达式。如果初值是用花括号括起来的初值表，则对auto或register类型的对象或数组来说，初值中的表达式也同样必须是常量表达式。但是，如果自动对象的初值是一个单个的表达式，则它不必是常量表达式，但必须符合对象赋值的类型要求。

说明：第1版不支持自动结构、联合或数组的初始化。而ANSI标准是允许的，但只能通过常量结构进行初始化，除非初值可以通过简单表达式表示出来。

未显式初始化的静态对象将被隐式初始化，其效果等同于它（或它的成员）被赋以常量0。未显式初始化的自动对象的初始值没有定义。

指针或算术类型对象的初值是一个单个的表达式，也可能括在花括号中。该表达式将赋值给对象。

结构的初值可以是类型相同的表达式，也可以是括在花括号中的按其成员次序排列的初值表。无名的位字段成员将被忽略，因此不被初始化。如果表中初值的数目比结构的成员数少，则后面余下的结构成员将被初始化为0。初值的数目不能比成员数多。

数组的初值是一个括在花括号中的、由数组成员的初值构成的表。如果数组大小未知，则初值的数目将决定数组的大小，从而使数组类型成为完整类型。若数组大小固定，则初值的数目不能超过数组成员的数目。如果初值的数目比数组成员的数目少，则尾部余下的数组成员将被初始化为0。

这里有一个特例：字符数组可用字符串字面值初始化。字符串中的各个字符依次初始化数组中的相应成员。类似地，宽字符字面值（参见A.2.6节）可以初始化wchar_t类型的数组。若数组大小未知，则数组大小将由字符串中字符的数目（包括尾部的空字符）决定。若数组大小固定，则字符串中的字符数（不计尾部的空字符）不能超过数组的大小。

联合的初值可以是类型相同的单个表达式，也可以是括在花括号中的联合的第一个成员的初值。

说明：第1版不允许对联合进行初始化。“第一个成员”规则并不很完美，但在没有新语法的情况下很难对它进行一般化。除了至少允许以一种简单方式对联合进行显式初始化外，ANSI规则还给出了非显式初始化的静态联合的精确语义。

聚集是一个结构或数组。如果一个聚集包含聚集类型的成员，则初始化时将递归使用初始化规则。在下列情况的初始化中可以省略括号：如果聚集的成员也是一个聚集，且该成员
219 的初始化符以左花括号开头，则后续部分中用逗号隔开的初值表将初始化子聚集的成员。初值的数目不允许超过成员的数目。但是，如果子聚集的初值不以左花括号开头，则只从初值表中取出足够数目的元素作为子聚集的成员，其他剩余的成员将用来初始化该子聚集所在的聚集的下一个成员。

例如：

```
int x[] = { 1, 3, 5 };
```

将x声明并初始化为一个具有3个成员的一维数组，这是因为，数组未指定大小且有3个初值。

下面的例子：

```
float y[4][3] = {
    { 1, 3, 5 },
    { 2, 4, 6 },
    { 3, 5, 7 },
};
```

是一个完全用花括号分隔的初始化：1、3和5这3个数初始化数组y[0]的第一行，即y[0][0]、y[0][1]和y[0][2]。类似地，另两行将初始化y[1]和y[2]。因为初值的数目不够，所以y[3]中的元素将被初始化为0。完全相同的效果还可以通过下列声明获得：

```
float y[4][3] = {
    1, 3, 5, 2, 4, 6, 3, 5, 7
};
```

y的初值以左花括号开始，但y[0]的初值则没有以左花括号开始，因此y[0]的初始化将使用表中的3个元素。同理，y[1]将使用后续的3个元素进行初始化，y[2]依此类推。另外，下列声明：

```
float y[4][3] = {
    { 1 }, { 2 }, { 3 }, { 4 }
};
```

将初始化y的第一列（将y看成为一个二维数组），其余的元素将默认初始化为0。

最后

```
char msg[] = "Syntax error on line %s\n";
```

声明了一个字符数组，并用一个字符串字面值初始化该字符数组的元素。该数组的大小包括尾部的空字符。

A.8.8 类型名

在某些上下文中（例如，需要显式进行强制类型转换、需要在函数声明符中声明形式参数类型、作为sizeof的实际参数等），我们需要提供数据类型的名字。使用类型名可以解决这个问题，从语法上讲，也就是对某种类型的对象进行声明，只是省略了对象的名字而已。

类型名：
　　说明符限定符表 抽象声明符$_{opt}$

抽象声明符： 220
　　指针
　　指针$_{opt}$ 直接抽象声明符

直接抽象声明符：
　　（抽象声明符）
　　直接抽象声明符$_{opt}$ [常量表达式$_{opt}$]
　　直接抽象声明符$_{opt}$ （形式参数类型表$_{opt}$）

如果该结构是声明中的一个声明符，就有可能惟一确定标识符在抽象声明符中的位置。命名的类型将与假设标识符的类型相同。例如：

```
int
int *
int *[3]
int (*)[]
int *()
int (*[])(void)
```

其中的6个声明分别命名了下列类型："整型"、"指向整型的指针"、"包含3个指向整型的指针的数组"、"指向未指定元素个数的整型数组的指针"、"未指定参数、返回指向整型的指针的函数"、"一个数组，其长度未指定，数组的元素为指向函数的指针，该函数没有参数且返回一个整型值"。

A.8.9 typedef

存储类说明符为typedef的声明不用于声明对象，而是定义为类型命名的标识符。这些标识符称为类型定义名。

类型定义名：
　　标识符

typedef声明按照普通的声明方式将一个类型指派给其声明符中的每个名字（参见A.8.6节）。此后，类型定义名在语法上就等价于相关类型的类型说明符关键字。

例如，在定义

```
typedef long Blockno, *Blockptr;
typedef struct { double r, theta; } Complex;
```

之后，下述形式：

```
Blockno b;
extern Blockptr bp;
Complex z, *zp;
```

都是合法的声明。b的类型为long，bp的类型为"指向long类型的指针"。z的类型为指定的结构类型，zp的类型为指向该结构的指针。

typedef类型定义并没有引入新的类型，它只是定义了数据类型的同义词，这样，就可以通过另一种方式进行类型声明。在本例中，b与其他任何long类型对象的类型相同。

类型定义名可在内层作用域中重新声明，但必须给出一个非空的类型说明符集合。例如，下列声明：

```
extern Blockno;
```

并没有重新声明Blockno，但下列声明：

```
extern int Blockno;
```

则重新声明了Blockno。

A.8.10 类型等价

如果两个类型说明符表包含相同的类型说明符集合（需要考虑类型说明符之间的蕴涵关系，例如，单独的long蕴含了long int），则这两个类型说明符表是等价的。具有不同标记的结构、不同标记的联合和不同标记的枚举是不等价的，无标记的联合、无标记的结构或无标记的枚举指定的类型也是不等价的。 221

在展开其中的任何typedef类型并删除所有函数形式参数标识符后，如果两个类型的抽象声明符（参见A.8.8节）相同，且它们的类型说明符表等价，则这两个类型是相同的。数组长度和函数形式参数类型是其中很重要的因素。

A.9 语句

如果不特别指明，语句都是顺序执行的。语句执行都有一定的结果，但没有值。语句可分为几种类型。

语句：
　　带标号语句
　　表达式语句
　　复合语句
　　选择语句
　　循环语句
　　跳转语句

A.9.1 带标号语句

语句可带有标号前缀。

带标号语句：
　　标识符：语句
　　case 常量表达式：语句
　　default：语句

由标识符构成的标号声明了该标识符。标识符标号的惟一用途就是作为goto语句的跳转目标。标识符的作用域是当前函数。因为标号有自己的名字空间，因此不会与其他标识符混淆，并且不能被重新声明。详细信息参见A.11.1节。

case标号和default标号用在switch语句中（参见A.9.4节）。case标号中的常量表达式必须为整型。

标号本身不会改变程序的控制流。

A.9.2 表达式语句

大部分语句为表达式语句，其形式如下所示：

表达式语句：
　　表达式$_{opt}$;

大多数表达式语句为赋值语句或函数调用语句。表达式引起的所有副作用在下一条语句执行前结束。没有表达式的语句称为空语句。空语句常常用来为循环语句提供一个空的循环体或设置标号。

A.9.3 复合语句

当需要把若干条语句作为一条语句使用时，可以使用复合语句（也称为“程序块”）。函
222 数定义中的函数体就是一个复合语句。

复合语句：
　　{声明表$_{opt}$　语句表$_{opt}$}

声明表：
　　声明
　　声明表 声明

语句表：
　　语句
　　语句表 语句

如果声明表中的标识符位于程序块外的作用域中，则外部声明在程序块内将被挂起（参见A.11.1节），在程序块之后再恢复其作用。在同一程序块中，一个标识符只能声明一次。此规则也适用于同一名字空间的标识符（参见A.11节），不同名字空间的标识符被认为是不同的。

自动对象的初始化在每次进入程序块的顶端时执行，执行的顺序按照声明的顺序进行。如果执行跳转语句进入程序块，则不进行初始化。static类型的对象仅在程序开始执行前初始化一次。

A.9.4 选择语句

选择语句包括下列几种控制流形式：

选择语句：
　　if(表达式) 语句
　　if(表达式) 语句 **else** 语句
　　switch(表达式) 语句

在两种形式的if语句中，表达式（必须为算术类型或指针类型）首先被求值（包括所有的副作用），如果不等于0，则执行第一个子语句。在第二种形式中，如果表达式为0，则执行第二个子语句。通过将else与同一嵌套层中碰到的最近的未匹配else的if相连接，可以解决else的歧义性问题。

switch语句根据表达式的不同取值将控制转向相应的分支。关键字switch之后用圆括号括起来的表达式必须为整型。此语句控制的子语句一般是复合语句。子语句中的任何语句可带一个或多个case标号（参见A.9.1节）。控制表达式需要进行整型提升（参见A.6.1节），

case常量将被转换为整型提升后的类型。同一switch语句中的任何两个case常量在转换后不能有相同的值。一个switch语句最多可以有一个default标号。switch语句可以嵌套，case或default标号与包含它的最近的switch相关联。

switch语句执行时，首先计算表达式的值及其副作用，并将其值与每个case常量比较，如果某个case常量与表达式的值相同，则将控制转向与该case标号匹配的语句。如果没有case常量与表达式匹配，并且有default标号，则将控制转向default标号的语句。如果没有case常量匹配，且没有default标号，则switch语句的所有子语句都不执行。

说明：在本书第1版中，switch语句的控制表达式与case常量都必须为int类型。 223

A.9.5 循环语句

循环语句用于指定程序段的循环执行。

```
循环语句:
        while(表达式) 语句
        do 语句 while(表达式);
        for(表达式opt;表达式opt;表达式opt)语句
```

在while语句和do语句中，只要表达式的值不为0，其中的子语句将一直重复执行。表达式必须为算术类型或指针类型。while语句在语句执行前测试表达式，并计算其副作用，而do语句在每次循环后测试表达式。

在for语句中，第一个表达式只计算一次，用于对循环初始化。该表达式的类型没有限制。第二个表达式必须为算术类型或指针类型，在每次开始循环前计算其值。如果该表达式的值等于0，则for语句终止执行。第三个表达式在每次循环后计算，以重新对循环进行初始化，其类型没有限制。所有表达式的副作用在计算其值后立即结束。如果子语句中没有continue语句，则语句

```
for(表达式1;表达式2;表达式3)语句
```

等价于

```
表达式1;
while(表达式2) {
        语句
        表达式3;
}
```

for语句中的3个表达式中都可以省略。第二个表达式省略时等价于测试一个非0常量。

A.9.6 跳转语句

跳转语句用于无条件地转移控制。

```
跳转语句:
        goto 标识符;
```

```
continue;
break;
return 表达式opt;
```

在goto语句中，标识符必须是位于当前函数中的标号（参见A.9.1节）。控制将转移到标号指定的语句。

continue语句只能出现在循环语句内，它将控制转向包含此语句的最内层循环部分。更准确地说，在下列任一语句中：

```
while (...) {         do {                   for (...) {
  ...                   ...                    ...
contin: ;             contin: ;              contin: ;
}                     } while (...);         }
```

如果continue语句不包含在更小的循环语句中，则其作用与goto contin语句等价。

break语句只能用在循环语句或switch语句中，它将终止包含该语句的最内层循环语句的执行，并将控制转向被终止语句的下一条语句。

224 return语句用于将控制从函数返回给调用者。当return语句后跟一个表达式时，表达式的值将返回给函数调用者。像通过赋值操作转换类型那样，该表达式将被转换为它所在的函数的返回值类型。

控制到达函数的结尾等价于一个不带表达式的return语句。在这两种情况下，返回值都是没有定义的。

A.10 外部声明

提供给C编译器处理的输入单元称为翻译单元。它由一个外部声明序列组成，这些外部声明可以是声明，也可以是函数定义。

翻译单元：
　　外部声明
　　翻译单元 外部声明

外部声明：
　　函数定义
　　声明

与程序块中声明的作用域持续到整个程序块的末尾类似，外部声明的作用域一直持续到其所在的翻译单元的末尾。外部声明除了只能在这一级上给出函数的代码外，其语法规则与其他所有声明相同。

A.10.1 函数定义

函数定义具有下列形式：

函数定义：
　　声明说明符$_{opt}$ 声明符 声明表$_{opt}$ 复合语句

声明说明符中只能使用存储类说明符extern或static。有关这两个存储类说明符之间的区别，参见A.11.2节。

函数可返回算术类型、结构、联合、指针或void类型的值，但不能返回函数或数组类型。函数声明中的声明符必须显式指定所声明的标识符具有函数类型，也就是说，必须包含下列两种形式之一（参见A.8.6节）：

直接声明符（形式参数类型表）

直接声明符（标识符表$_{opt}$）

其中，直接声明符可以为标识符或用圆括号括起来的标识符。特别是，不能通过typedef定义函数类型。

第一种形式是一种新式的函数定义，其形式参数及类型都在形式参数类型表中声明，函数声明符后的声明表必须空缺。除了形式参数类型表中只包含void类型（表明该函数没有形式参数）的情况外，形式参数类型表中的每个声明符都必须包含一个标识符。如果形式参数类型表以“，…”结束，则调用该函数时所用的实际参数数目就可以多于形式参数数目。va_arg宏机制在标准头文件<stdarg.h>中定义，必须使用它来引用额外的参数，我们将在附录B中介绍。带有可变形式参数的函数必须至少有一个命名的形式参数。

第二种形式是一种旧式的函数定义：标识符表列出了形式参数的名字，这些形式参数的 225
类型由声明表指定。对于未声明的形式参数，其类型默认为int类型。声明表必须只声明标识符表中指定的形式参数，不允许进行初始化，并且仅可使用存储类说明符register。

在这两种方式的函数定义中，可以这样理解形式参数：在构成函数体的复合语句的开始处进行声明，并且在该复合语句中不能重复声明相同的标识符（但可以像其他标识符一样在该复合语句的内层程序块中重新声明）。如果某一形式参数声明的类型为“*type*类型的数组”，则该声明将会被自动调整为“指向*type*类型的指针”。类似地，如果某一形式参数声明为“返回*type*类型值的函数”，则该声明将会被调整为“指向返回*type*类型值的函数的指针”。调用函数时，必要时要对实际参数进行类型转换，然后赋值给形式参数，详细信息参见A.7.3节。

说明：新式函数定义是ANSI标准新引入的一个特征。有关提升的一些细节也有细微的变化。第1版指定，float类型的形式参数声明将被调整为double类型。当在函数内部生成一个指向形式参数的指针时，它们之间的区别就显而易见了。

下面是一个新式函数定义的完整例子：

```
int max(int a, int b, int c)
{
    int m;

    m = (a > b) ? a : b;
    return (m > c) ? m : c;
}
```

其中，int是声明说明符；max(int a,int b,int c)是函数的声明符；{…}是函数代码的程序块。相应的旧式定义如下所示：

```
int max(a, b, c)
int a, b, c;
{
    /* ... */
}
```

其中，int max(a,b,c)是声明符，int a,b,c;是形式参数的声明表。

A.10.2 外部声明

外部声明用于指定对象、函数及其他标识符的特性。术语“外部”表明它们位于函数外部，并且不直接与关键字extern连接。外部声明的对象可以不指定存储类，也可指定为extern或static。

同一个标识符的多个外部声明可以共存于同一个翻译单元中，但它们的类型和连接必须保持一致，并且标识符最多只能有一个定义。

如果一个对象或函数的两个声明遵循A.8.10节中所述的规则，则认为它们的类型是一致的。并且，如果两个声明之间的区别仅仅在于：其中一个的类型为不完整结构、联合或枚举类型（参见A.8.3节），而另一个是对应的带同一标记的完整类型，则认为这两个类型是一致的。
226 此外，如果一个类型为不完整数组类型（参见A.8.6节），而另一个类型为完整数组类型，其他属性都相同，则认为这两个类型是一致的。最后，如果一个类型指定了一个旧式函数，而另一个类型指定了带形式参数声明的新式函数，二者之间其他方面都相同，则认为它们的类型也是一致的。

如果一个对象或函数的第一个外部声明包含static说明符，则该标识符具有*内部连接*，否则具有*外部连接*。有关连接的详细信息，参见A.11.2节中的讨论。

如果一个对象的外部声明带有初值，则该声明就是一个定义。如果一个外部对象声明不带有初值，并且不包含extern说明符，则它是一个*临时定义*。如果对象的定义出现在翻译单元中，则所有临时定义都将仅仅被认为是多余的声明；如果该翻译单元中不存在该对象的定义，则该临时定义将转变为一个初值为0的定义。

每个对象都必须有且仅有一个定义。对于具有内部连接的对象，该规则分别适用于每个翻译单元，这是因为，内部连接的对象对每个翻译单元是惟一的。对于具有外部连接的对象，该规则适用于整个程序。

> **说明**：虽然单一定义规则（one-definition rule）在表述上与本书第1版有所不同，但在效果上是等价的。某些实现通过将临时定义的概念一般化而放宽了这个限制。在另一种形式中，一个程序中所有翻译单元的外部连接对象的所有临时定义将集中进行考虑，而不是在各翻译单元中分别考虑，UNIX系统通常就采用这种方法，并且被认为是该标准的一般扩展。如果定义在程序中的某个地方出现，则临时定义仅被认为是声明，但如果没有定义出现，则所有临时定义将被转变为初值为0的定义。

A.11 作用域与连接

一个程序的所有单元不必同时进行编译。源文件文本可保存在若干个文件中，每个文件中可以包含多个翻译单元，预先编译过的例程可以从库中进行加载。程序中函数间的通信可以通过调用和操作外部数据来实现。

因此，我们需要考虑两种类型的作用域：第一种是标识符的词法作用域，它是体现标识符特性的程序文本区域；第二种是与具有外部连接的对象和函数相关的作用域，它决定各个单独编译的翻译单元中标识符之间的连接。

A.11.1 词法作用域

标识符可以在若干个名字空间中使用而互不影响。如果位于不同的名字空间中，即使是在同一作用域内，相同的标识符也可用于不同的目的。名字空间的类型包括：对象、函数、类型定义名和枚举常量；标号；结构标记、联合标记和枚举标记；各结构或联合自身的成员。

说明：这些规则与本手册第1版中所述的内容有几点不同。以前标号没有自己的名字空间；结构标记和联合标记分别有各自的名字空间，在某些实现中枚举标记也有自己的 227
名字空间；把不同种类的标记放在同一名字空间中是新增加的限制。与第1版之间最大的不同在于：每个结构和联合都为其成员建立不同的名字空间，因此同一名字可出现在多个不同的结构中。这一规则在最近几年使用得很多。

在外部声明中，对象或函数标识符的词法作用域从其声明结束的位置开始，到所在翻译单元结束为止。函数定义中形式参数的作用域从定义函数的程序块开始处开始，并贯穿整个函数；函数声明中形式参数的作用域到声明符的末尾处结束。程序块头部中声明的标识符的作用域是其所在的整个程序块。标号的作用域是其所在的函数。结构标记、联合标记、枚举标记或枚举常量的作用域从其出现在类型说明符中开始，到翻译单元结束为止（对外部声明而言）或到程序块结束为止（对函数内部声明而言）。

如果某一标识符显式地在程序块（包括构成函数的程序块）头部中声明，则该程序块外部中此标识符的任何声明都将被挂起，直到程序块结束再恢复其作用。

A.11.2 连接

在翻译单元中，具有内部连接的同一对象或函数标识符的所有声明都引用同一实体，并且，该对象或函数对这个翻译单元来说是惟一的。具有外部连接的同一对象或函数标识符的所有声明也引用同一实体，并且该对象或函数是被整个程序中共享的。

如A.10.2节所述，如果使用了`static`说明符，则标识符的第一个外部声明将使得该标识符具有内部连接，否则，该标识符将具有外部连接。如果程序块中对一个标识符的声明不包含`extern`说明符，则该标识符没有连接，并且在函数中是惟一的。如果这种声明中包含`extern`说明符，并且，在包含该程序块的作用域中有一个该标识符的外部声明，则该标识符与该外部声明具有相同的连接，并引用同一对象或函数。但是，如果没有可见的外部声明，则该连接是外部的。

A.12 预处理

预处理器执行宏替换、条件编译以及包含指定的文件。以#开头的命令行（“#”前可以有空格）就是预处理器处理的对象。这些命令行的语法独立于语言的其他部分，它们可以出现在任何地方，其作用可延续到所在翻译单元的末尾（与作用域无关）。行边界是有实际意义的；每一行都将单独进行分析（有关如何将行连结起来的详细信息参见A.12.4节）。对预处理器而言，记号可以是任何语言记号，也可以是类似于#include指令（参见A.12.4节）中表示文件名的字符序列。此外，所有未进行其他定义的字符都将被认为是记号。但是，在预处理器指令行中，除空格、横向制表符外的其他空白符的作用是没有定义的。

228 预处理过程在逻辑上可以划分为几个连续的阶段（在某些特殊的实现中可以缩减）。

1) 首先，将A.12.1节所述的三字符序列替换为等价字符。如果操作系统环境需要，还要在源文件的各行之间插入换行符。

2) 将指令行中位于换行符前的反斜杠符\删除掉，以把各指令行连接起来（参见A.12.2节）。

3) 将程序分成用空白符分隔的记号。注释将被替换为一个空白符。接着执行预处理指令，并进行宏扩展（参见A.12.3节~A.12.10节）。

4) 将字符常量和字符串字面值中的转义字符序列（参见A.2.5节与A.2.6节）替换为等价字符，然后把相邻的字符串字面值连接起来。

5) 收集必要的程序和数据，并将外部函数和对象的引用与其定义相连接，翻译经过以上处理得到的结果，然后与其他程序和库连接起来。

A.12.1 三字符序列

C语言源程序的字符集是7位ASCII码的子集，但它是ISO 646-1983不变代码集的超集。为了将程序通过这种缩减的字符集表示出来，下列所示的所有三字符序列都要用相应的单个字符替换，这种替换在进行所有其他处理之前进行。

```
??=   #          ??(   [          ??<   {
??/   \          ??)   ]          ??>   }
??'   ^          ??!   ¦          ??-   ~
```

除此之外不进行其他替换。

说明：三字符序列是ANSI标准新引入的特征。

A.12.2 行连接

通过将以反斜杠\结束的指令行末尾的反斜杠和其后的换行符删除掉，可以将若干指令行合并成一行。这种处理要在分隔记号之前进行。

A.12.3 宏定义和扩展

类似于下列形式的控制指令：

#define 标识符 记号序列

将使得预处理器把该标识符后续出现的各个实例用给定的记号序列替换。记号序列前后的空白符都将被丢弃掉。第二次用#define指令定义同一标识符是错误的，除非第二次定义中的标记序列与第一次相同（所有的空白分隔符被认为是相同的）。

类似于下列形式的指令行：

#define 标识符(标识符表$_{opt}$) 记号序列

是一个带有形式参数（由标识符表指定）的宏定义，其中第一个标识符与圆括号(之间没有空格。同第一种形式一样，记号序列前后的空白符都将被丢弃掉。如果要对宏进行重定义，则 229
必须保证其形式参数个数、拼写及记号序列都必须与前面的定义相同。

类似于下列形式的控制指令：

#undef 标识符

用于取消标识符的预处理器定义。将#undef应用于未知标识符（即未用#define指令定义的标识符）并不会导致错误。

按照第二种形式定义宏时，宏标识符（后面可以跟一个空白符，空白符是可选的）及其后用一对圆括号括起来的、由逗号分隔的记号序列就构成了一个宏调用。宏调用的实际参数是用逗号分隔的记号序列，用引号或嵌套的括号括起来的逗号不能用于分隔实际参数。在处理过程中，实际参数不进行宏扩展。宏调用时，实际参数的数目必须与定义中形式参数的数目匹配。实际参数被分离后，前导和尾部的空白符将被删除。随后，由各实际参数产生的记号序列将替换未用引号引起来的相应形式参数的标识符（位于宏的替换记号序列中）。除非替换序列中的形式参数的前面有一个#符号，或者其前面或后面有一个##符号，否则，在插入前要对宏调用的实际参数记号进行检查，并在必要时进行扩展。

两个特殊的运算符会影响替换过程。首先，如果替换记号序列中的某个形式参数前面直接是一个#符号（它们之间没有空白符），相应形式参数的两边将被加上双引号（"），随后，#和形式参数标识符将被用引号引起来的实际参数替换。实际参数中的字符串字面值、字符常量两边或内部的每个双引号（"）或反斜杠（\）前面都要插入一个反斜杠（\）。

其次，无论哪种宏的定义记号序列中包含一个##运算符，在形式参数替换后都要把##及其前后的空白符都删除掉，以便将相邻记号连接起来形成一个新记号。如果这样产生的记号无效，或者结果依赖于##运算符的处理顺序，则结果没有定义。同时，##也可以不出现在替换记号序列的开头或结尾。

对这两种类型的宏，都要重复扫描替换记号序列以查找更多的已定义标识符。但是，当某个标识符在某个扩展中被替换后，再次扫描并再次遇到此标识符时不再对其执行替换，而是保持不变。

即使执行宏扩展后得到的最终结果以#打头，也不认为它是预处理指令。

说明：有关宏扩展处理的细节信息，ANSI标准比第1版描述得更详细。最重要的变化是加入了#和##运算符，这就使得引用和连接成为可能。某些新规则（特别是与连接有关的规则）比较独特（参见下面的例子）。

例如，这种功能可用来定义“表示常量”，如下例所示：

```
#define TABSIZE 100
int table[TABSIZE];
```

定义

```
#define ABSDIFF(a, b)  ((a)>(b) ? (a)-(b) : (b)-(a))
```

定义了一个宏，它返回两个参数之差的绝对值。与执行同样功能的函数所不同的是，参数与
230 返回值可以是任意算术类型，甚至可以是指针。同时，参数可能有副作用，而且需要计算两次，一次进行测试，另一次则生成值。

假定有下列定义：

```
#define tempfile(dir)   #dir "/%s"
```

宏调用tempfile(/usr/tmp)将生成

```
"/usr/tmp" "/%s"
```

随后，该结果将被连接为一个单个的字符串。给定下列定义：

```
#define cat(x, y)    x ## y
```

那么，宏调用cat(var,123)将生成var 123。但是，宏调用cat(cat(1,2),3)没有定义：##阻止了外层调用的参数的扩展。因此，它将生成下列记号串：

```
cat  (  1  ,  2  )3
```

并且，)3不是一个合法的记号，它由第一个参数的最后一个记号与第二个参数的第一个记号连接而成。如果再引入第二层的宏定义，如下所示：

```
#define xcat(x,y)     cat(x,y)
```

我们就可以得到正确的结果。xcat(xcat(1,2),3)将生成123，因为xcat自身的扩展不包含##运算符。

类似地，ABSDIFF(ABSDIFF(a,b),c)将生成所期望的经完全扩展后的结果。

A.12.4 文件包含

下列形式的控制指令：

```
#include <文件名>
```

将把该行替换为文件名指定的文件的内容。文件名不能包含>或换行符。如果文件名中包含字符"、'、\或/* ，则其行为没有定义。预处理器将在某些特定的位置查找指定的文件，查找的位置与具体的实现相关。

类似地，下列形式的控制指令：

```
#include "文件名"
```

首先从源文件的位置开始搜索指定文件（搜索过程与具体的实现相关），如果没有找到指定的文件，则按照第一种定义的方式处理。如果文件名中包含字符'、\或/*，其结果仍然是没有

定义的，但可以使用字符>。

最后，下列形式的指令行：

#include 记号序列

同上述两种情况都不同，它将按照扩展普通文本的方式扩展记号序列进行解释。记号序列必须被解释为<…>或"…"两种形式之一，然后再按照上述方式进行相应的处理。

#include文件可以嵌套。

A.12.5 条件编译

对一个程序的某些部分可以进行条件编译。条件编译的语法形式如下： 231

预处理器条件：
　　*if*行 文本 *elif*部分$_{opt}$ *else*部分$_{opt}$ #endif

*if*行：
　　# **if** 常量表达式
　　# **ifdef** 标识符
　　# **ifndef** 标识符

*elif*部分：
　　*elif*行 文本 *elif*部分$_{opt}$

*elif*行：
　　#elif 常量表达式

*else*部分：
　　*else*行 文本

*else*行：
　　# else

其中，每个条件编译指令（if行、elif行、else行以及#endif）在程序中均单独占一行。预处理器依次对#if以及后续的#elif行中的常量表达式进行计算，直到发现某个指令的常量表达式为非0值为止，这时将放弃值为0的指令行后面的文本。常量表达式不为0的#if和#elif指令之后的文本将按照其他普通程序代码一样进行编译。在这里，“文本”是指任何不属于条件编译指令结构的程序代码，它可以包含预处理指令，也可以为空。一旦预处理器发现某个#if或#elif条件编译指令中的常量表达式的值不为0，并选择其后的文本供以后的编译阶段使用时，后续的#elif和#else条件编译指令及相应的文本将被放弃。如果所有常量表达式的值都为0，并且该条件编译指令链中包含一条#else指令，则将选择#else指令之后的文本。除了对条件编译指令的嵌套进行检查之外，条件编译指令的无效分支（即条件值为假的分支）控制的文本都将被忽略。

#if和#elif中的常量表达式将执行通常的宏替换。并且，任何下列形式的表达式：

defined 标识符

或

```
defined(标识符)
```

都将在执行宏扫描之前进行替换，如果该标识符在预处理器中已经定义，则用1替换它，否则，用0替换。预处理器进行宏扩展之后仍然存在的任何标识符都将用0来替换。最后，每个整型常量都被预处理器认为其后面跟有后缀L，以便把所有的算术运算都当作是在长整型或无符号长整型的操作数之间进行的运算。

进行上述处理之后的常量表达式（参见A.7.19节）满足下列限制条件：它必须是整型，并且其中不包含sizeof、强制类型转换运算符或枚举常量。

下列控制指令：

```
#ifdef 标识符
#ifndef 标识符
```

分别等价于：

```
#if defined 标识符
#if ! defined 标识符
```

232 说明：#elif是ANSI中新引入的条件编译指令，但此前它已经在某些预处理器中实现了。defined预处理器运算符也是ANSI中新引入的特征。

A.12.6 行控制

为了便于其他预处理器生成C语言程序，下列形式的指令行：

```
#line 常量 "文件名"
#line 常量
```

将使编译器认为（出于错误诊断的目的）：下一行源代码的行号是以十进制整型常量的形式给出的，并且，当前的输入文件是由该标识符命名的。如果缺少带双引号的文件名部分，则将不改变当前编译的源文件的名字。行中的宏将先进行扩展，然后再进行解释。

A.12.7 错误信息生成

下列形式的预处理器控制指令：

```
#error 记号序列opt
```

将使预处理器打印包含该记号序列的诊断信息。

A.12.8 pragma

下列形式的控制指令：

```
#pragma 记号序列opt
```

将使预处理器执行一个与具体实现相关的操作。无法识别的pragma（编译指示）将被忽略掉。

A.12.9 空指令

下列形式的预处理器行不执行任何操作：

```
#
```

A.12.10 预定义名字

某些标识符是预定义的，扩展后将生成特定的信息。它们同预处理器表达式运算符defined一样，不能取消定义或重新进行定义。

__LINE__　包含当前源文件行数的十进制常量。

__FILE__　包含正在被编译的源文件名字的字符串字面值。

__DATE__　包含编译日期的字符串字面值，其形式为“Mmm dd yyyy”。

__TIME__　包含编译时间的字符串字面值，其形式为“hh:mm:ss”。

__STDC__　整型常量1。只有在遵循标准的实现中该标识符才被定义为1。

说明：#error与#pragma是ANSI标准中新引入的特征。这些预定义的预处理器宏也是新引入的，其中的一些宏先前已经在某些编译器中实现。 233

A.13 语法

这一部分的内容将简要概述本附录前面部分中讲述的语法。它们的内容完全相同，但顺序有一些调整。

本语法没有定义下列终结符：整型常量、字符常量、浮点常量、标识符、字符串和枚举常量。以打字字体形式表示的单词和符号是终结符。本语法可以直接转换为自动语法分析程序生成器可以接受的输入。除了增加语法记号说明产生式中的候选项外，还需要扩展其中的“one of”结构，并（根据语法分析程序生成器的规则）复制每个带有*opt*符号的产生式：一个带有*opt*符号，一个没有*opt*符号。这里还有一个变化，即删除了产生式“类型定义名:标识符”，这样就使得其中的类型定义名成为一个终结符。该语法可被YACC语法分析程序生成器接受，但由于if-else的歧义性问题，还存在一处冲突。

翻译单元:
　　外部声明
　　翻译单元 外部声明

外部声明:
　　函数定义
　　声明

函数定义:
　　声明说明符$_{opt}$ 声明符 声明表$_{opt}$ 复合语句

声明:
　　声明说明符 初始化声明符表$_{opt}$;

声明表:
　　声明
　　声明表 声明

声明说明符:
　　存储类说明符 声明说明符$_{opt}$

类型说明符 声明说明符$_{opt}$
类型限定符 声明说明符$_{opt}$

存储类说明符：one of
`auto register static extern tyedef`

类型说明符：one of
`void char short int long float double signed`
`unsigned` 结构或联合说明符 枚举说明符 类型定义名

类型限定符：one of
`const volatile`

结构或联合说明符：
结构或联合 标识符$_{opt}$ {结构声明表}
结构或联合 标识符

结构或联合：one of
`struct union`

结构声明表：
结构声明
234 结构声明表 结构声明

初始化声明符表：
初始化声明符
初始化声明符表，初始化声明符

初始化声明符：
声明符
声明符=初始化符

结构声明：
说明符限定符表 结构声明符表；

说明符限定符表：
类型说明符 说明符限定符表$_{opt}$
类型限定符 说明符限定符表$_{opt}$

结构声明符表：
结构声明符
结构声明符表，结构声明符

结构声明符：
声明符
声明符$_{opt}$：常量表达式

枚举说明符：
enum 标识符$_{opt}$ {枚举符表}
enum 标识符

枚举符表:
　　枚举符
　　枚举符表,枚举符

枚举符:
　　标识符
　　标识符=常量表达式

声明符:
　　指针$_{opt}$ 直接声明符

直接声明符:
　　标识符
　　(声明符)
　　直接声明符[常量表达式$_{opt}$]
　　直接声明符(形式参数类型表)
　　直接声明符(标识符表$_{opt}$)

指针:
　　* 类型限定符表$_{opt}$
　　* 类型限定符表$_{opt}$ 指针

类型限定符表:
　　类型限定符
　　类型限定符表 类型限定符

形式参数类型表:
　　形式参数表
　　形式参数表,…

形式参数表:
　　形式参数声明
　　形式参数表,形式参数声明 235

形式参数声明:
　　声明说明符 声明符
　　声明说明符 抽象声明符$_{opt}$

标识符表:
　　标识符
　　标识符表, 标识符

初值:
　　赋值表达式
　　{初值表}
　　{初值表,}

初值表:
　　初值
　　初值表,初值

类型名：
　　说明符限定符表 抽象声明符$_{opt}$

抽象声明符：
　　指针
　　指针$_{opt}$ 直接抽象声明符

直接抽象声明符：
　　(抽象声明符)
　　直接抽象声明符$_{opt}$ [常量表达式$_{opt}$]
　　直接抽象声明符$_{opt}$ (形式参数类型表$_{opt}$)

类型定义名：
　　标识符

语句：
　　带标号语句
　　表达式语句
　　复合语句
　　选择语句
　　循环语句
　　跳转语句

带标号语句：
　　标识符：语句
　　case 常量表达式：语句
　　default：语句

表达式语句：
　　表达式$_{opt}$;

复合语句：
　　{声明表$_{opt}$ 语句表$_{opt}$}

语句表：
　　　语句
　　　语句表 语句

选择语句：
　　if(表达式) 语句
　　if(表达式) 语句 else 语句
236 　　**switch**(表达式) 语句

循环语句：
　　while(表达式) 语句
　　do 语句 while(表达式);
　　for(表达式$_{opt}$; 表达式$_{opt}$; 表达式$_{opt}$)语句

跳转语句：
　　goto 标识符;
　　continue;

break;
return 表达式$_{opt}$;

表达式:
赋值表达式
表达式,赋值表达式

赋值表达式:
条件表达式
一元表达式 赋值运算符 赋值表达式

赋值运算符: one of
= *= /= %= += -= <<= >>= &= ^= |=

条件表达式:
逻辑或表达式
逻辑或表达式?表达式:条件表达式

常量表达式:
条件表达式

逻辑或表达式:
逻辑与表达式
逻辑或表达式||逻辑与表达式

逻辑与表达式:
按位或表达式
逻辑与表达式&&按位或表达式

按位或表达式:
按位异或表达式
按位或表达式|按位异或表达式

按位异或表达式:
按位与表达式
按位异或表达式^按位与表达式

按位与表达式:
相等类表达式
按位与表达式&相等类表达式

相等类表达式:
关系表达式
相等类表达式==关系表达式
相等类表达式!=关系表达式

关系表达式:
移位表达式
关系表达式<移位表达式
关系表达式>移位表达式
关系表达式<=移位表达式
关系表达式>=移位表达式

移位表达式:
  加法类表达式
  移位表达式<<加法类表达式
  移位表达式>>加法类表达式

加法类表达式:
  乘法类表达式
  加法类表达式+乘法类表达式
  加法类表达式-乘法类表达式

乘法类表达式:
  强制类型转换表达式
  乘法类表达式*强制类型转换表达式
  乘法类表达式/强制类型转换表达式
  乘法类表达式%强制类型转换表达式

强制类型转换表达式:
  一元表达式
  (类型名)强制类型转换表达式

一元表达式:
  后缀表达式
  ++一元表达式
  --一元表达式
  一元运算符强制类型转换表达式
  sizeof一元表达式
  sizeof(类型名)

一元运算符: one of
  & * + - ~ !

后缀表达式:
  初等表达式
  后缀表达式[表达式]
  后缀表达式(参数表达式表$_{opt}$)
  后缀表达式.标识符
  后缀表达式->标识符
  后缀表达式++
  后缀表达式--

初等表达式:
  标识符
  常量
  字符串
  (表达式)

参数表达式表:
  赋值表达式
  参数表达式表,赋值表达式

常量:

整型常量
字符常量
浮点常量
枚举常量

下列预处理器语法总结了控制指令的结构，但不适合于机械化的语法分析。其中包含符号“文本”(即通常的程序文本)、非条件预处理器控制指令或完整的预处理器条件结构。 238

控制指令:
define 标识符 记号序列
define 标识符(标识符表$_{opt}$) 记号序列
undef 标识符
include<文件名>
include"文件名"
include 记号序列
line 常量 "文件名"
line 常量
error 记号序列$_{opt}$
pragma 记号序列$_{opt}$
#
预处理器条件指令

预处理器条件指令:
*if*行 文本*elif*部分$_{opt}$ *else*部分$_{opt}$ #endif

*if*行:
if 常量表达式
ifdef 标识符
ifndef 标识符

*elif*部分:
*elif*行 文本 *elif*部分$_{opt}$

*elif*行:
elif 常量表达式

*else*部分:
*else*行 文本 239

*else*行:
else

附录B 标 准 库

本附录总结了ANSI标准定义的函数库。标准库不是C语言本身的构成部分，但是支持标准C的实现会提供该函数库中的函数声明、类型以及宏定义。在这部分内容中，我们省略了一些使用比较受限的函数以及一些可以通过其他函数简单合成的函数，也省略了多字节字符的内容，同时，也不准备讨论与区域相关的一些属性，也就是与本地语言、国籍或文化相关的属性。

标准库中的函数、类型以及宏分别在下面的标准头文件中定义：

```
<assert.h>  <float.h>   <math.h>    <stdarg.h>  <stdlib.h>
<ctype.h>   <limits.h>  <setjmp.h>  <stddef.h>  <string.h>
<errno.h>   <locale.h>  <signal.h>  <stdio.h>   <time.h>
```

可以通过下列方式访问头文件：

```
#include <头文件>
```

头文件的包含顺序是任意的，并可包含任意多次。头文件必须被包含在任何外部声明或定义之外，并且，必须在使用头文件中的任何声明之前包含头文件。头文件不一定是一个源文件。

以下划线开头的外部标识符保留给标准库使用，同时，其他所有以一个下划线和一个大写字母开头的标识符以及以两个下划线开头的标识符也都保留给标准库使用。

B.1 输入与输出：<stdio.h>

头文件`<stdio.h>`中定义的输入和输出函数、类型以及宏的数目几乎占整个标准库的三分之一。

流（stream）是与磁盘或其他外围设备关联的数据的源或目的地。尽管在某些系统中（如在著名的UNIX系统中），文本流和二进制流是相同的，但标准库仍然提供了这两种类型的流。文本流是由文本行组成的序列，每一行包含0个或多个字符，并以`'\n'`结尾。在某些环境中，可能需要将文本流转换为其他表示形式（例如把`'\n'`映射成回车符和换行符），或从其他表示形式转换为文本流。二进制流是由未经处理的字节构成的序列，这些字节记录着内部数据，并具有下列性质：如果在同一系统中写入二进制流，然后再读取该二进制流，则读出和写入的内容完全相同。

打开一个流，将把该流与一个文件或设备连接起来，关闭流将断开这种连接。打开一个文件将返回一个指向`FILE`类型对象的指针，该指针记录了控制该流的所有必要信息。在不引 241

起歧义的情况下，我们在下文中将不再区分“文件指针”和“流”。

程序开始执行时，stdin、stdout和stderr这3个流已经处于打开状态。

B.1.1 文件操作

下列函数用于处理与文件有关的操作。其中，类型size_t是由运算符sizeof生成的无符号整型。

```
FILE *fopen(const char *filename, const char *mode)
```

fopen函数打开filename指定的文件，并返回一个与之相关联的流。如果打开操作失败，则返回NULL。

访问模式mode可以为下列合法值之一：

"r"　打开文本文件用于读

"w"　创建文本文件用于写，并删除已存在的内容（如果有的话）

"a"　追加；打开或创建文本文件，并向文件末尾追加内容

"r+"　打开文本文件用于更新（即读和写）

"w+"　创建文本文件用于更新，并删除已存在的内容（如果有的话）

"a+"　追加；打开或创建文本文件用于更新，写文件时追加到文件末尾

后3种方式（更新方式）允许对同一文件进行读和写。在读和写的交叉过程中，必须调用fflush函数或文件定位函数。如果在上述访问模式之后再加上b，如"rb"或"w+b"等，则表示对二进制文件进行操作。文件名filename限定最多为FILENAME_MAX个字符。一次最多可打开FOPEN_MAX个文件。

```
FILE *freopen(const char *filename, const char *mode,
              FILE *stream)
```

freopen函数以mode指定的模式打开filename指定的文件，并将该文件关联到stream指定的流。它返回stream；若出错则返回NULL。freopen函数一般用于改变与stdin、stdout和stderr相关联的文件。

```
int fflush(FILE *stream)
```

对输出流来说，fflush函数将已写到缓冲区但尚未写入文件的所有数据写到文件中。对输入流来说，其结果是未定义的。如果在写的过程中发生错误，则返回EOF，否则返回0。fflush(NULL)将清洗所有的输出流。

```
int fclose(FILE *stream)
```

fclose函数将所有未写入的数据写入stream中，丢弃缓冲区中的所有未读输入数据，并释放自动分配的全部缓冲区，最后关闭流。若出错则返回EOF，否则返回0。

```
int remove(const char *filename)
```

remove函数删除filename指定的文件，这样，后续试图打开该文件的操作将失败。如果删除操作失败，则返回一个非0值。

```
int rename(const char *oldname, const char *newname)
```

rename函数修改文件的名字。如果操作失败，则返回一个非0值。 242

```
FILE *tmpfile(void)
```

tmpfile函数以模式"wb+"创建一个临时文件，该文件在被关闭或程序正常结束时将被自动删除。如果创建操作成功，该函数返回一个流；如果创建文件失败，则返回NULL。

```
char *tmpnam(char s[L_tmpnam])
```

tmpnam(NULL)函数创建一个与现有文件名不同的字符串，并返回一个指向一内部静态数组的指针。tmpnam(s)函数把创建的字符串保存到数组s中，并将它作为函数值返回。s中至少要有L_tmpnam个字符的空间。tmpnam函数在每次被调用时均生成不同的名字。在程序执行的过程中，最多只能确保生成TMP_MAX个不同的名字。注意，tmpnam函数只是用于创建一个名字，而不是创建一个文件。

```
int setvbuf(FILE *stream, char *buf, int mode, size_t size)
```

setvbuf函数控制流stream的缓冲。在执行读、写以及其他任何操作之前必须调用此函数。当mode的值为_IOFBF时，将进行完全缓冲。当mode的值为_IOLBF时，将对文本文件进行行缓冲，当mode的值为_IONBF时，表示不设置缓冲。如果buf的值不是NULL，则setvbuf函数将buf指向的区域作为流的缓冲区，否则将分配一个缓冲区。size决定缓冲区的长度。如果setvbuf函数出错，则返回一个非0值。

```
void setbuf(FILE *stream, char *buf)
```

如果buf的值为NULL，则关闭流stream的缓冲；否则setbuf函数等价于(void) setvbuf(stream,buf,_IOFBF,BUFSIZ)。

B.1.2 格式化输出

printf函数提供格式化输出转换。

```
int fprintf(FILE *stream, const char *format, ...)
```

fprintf函数按照format说明的格式对输出进行转换，并写到stream流中。返回值是实际写入的字符数。若出错则返回一个负值。

格式串由两种类型的对象组成：普通字符（将被复制到输出流中）与转换说明（分别决定下一后续参数的转换和打印）。每个转换说明均以字符%开头，以转换字符结束。在%与转换字符之间可以依次包括下列内容：

- 标志（可以以任意顺序出现），用于修改转换说明

  - 指定被转换的参数在其字段内左对齐

  + 指定在输出的数前面加上正负号

  空格 如果第一个字符不是正负号，则在其前面加上一个空格

0 对于数值转换，当输出长度小于字段宽度时，添加前导0进行填充

\# 指定另一种输出形式。如果为o转换，则第一个数字为零；如果为x或X转换，则指定在输出的非0值前加0x或0X；对于e、E、f、g或G转换，指定输出总包括一个小数点；对于g或G转换，指定输出值尾部无意义的0将被保留

- 一个数值，用于指定最小字段宽度。转换后的参数输出宽度至少要达到这个数值。如果参数的字符数小于此数值，则在参数左边（如果要求左对齐的话则为右边）填充一些字
243 符。填充字符通常为空格，但是，如果设置了0填充标志，则填充字符为0。
- 点号，用于分隔字段宽度和精度。
- 表示精度的数。对于字符串，它指定打印的字符的最大个数；对于e、E或f转换，它指定打印的小数点后的数字位数；对于g或G转换，它指定打印的有效数字位数；对于整型数，它指定打印的数字位数（必要时可加填充位0以达到要求的宽度）。
- 长度修饰符h、l或L。h表示将相应的参数按short或unsigned short类型输出。l表示将相应的参数按long或unsigned long类型输出；“L”表示将相应的参数按long double类型输出。

宽度和精度中的任何一个或两者都可以用*指定，这种情况下，该值将通过转换下一个参数计算得到（下一个参数必须为int类型）。

表B-1中列出了这些转换字符及其意义。如果%后面的字符不是转换字符，则其行为没有定义。

表B-1 printf函数的转换字符

转换字符	参数类型；转换结果
d, i	int；有符号十进制表示
o	unsigned int；无符号八进制表示（无前导0）
x, X	unsigned int；无符号十六进制表示（无前导0x和0X）。如果是0x，则使用abcdef，如果是0X，则使用ABCDEF
u	int；无符号十进制表示
c	int；转换为unsigned char类型后为一个字符
s	char *；打印字符串中的字符，直到遇到'\0'或者已打印了由精度指定的字符数
f	double；形式为[-]*mmm.ddd*的十进制表示，其中，*d*的数目由精度确定，默认精度为6。精度为0时不输出小数点
e, E	double；形式为[-]*m.dddddd* e±*xx*或[-]*m.dddddd* E±*xx*的十进制表示。*d*的数目由精度确定，默认精度为6。精度为0时不输出小数点
g, G	double；当指数小于-4或大于等于精度时，采用%e或%E的格式，否则采用%f的格式。尾部的0与小数点不打印
p	void *；打印指针值（具体表示方式与实现有关）
n	int *；到目前为止，此printf调用输出的字符的数目将被写入到相应参数中。不进行参数转换
%	不进行参数转换；打印一个符号%

```
int printf(const char *format, ...)
```

244 printf(…)函数等价于fprintf(stdout,…)。

```
int sprintf(char *s, const char *format, ...)
```

sprintf函数与printf函数基本相同，但其输出将被写入到字符串s中，并以'\0'结束。s必须足够大，以足够容纳下输出结果。该函数返回实际输出的字符数，不包括'\0'。

```
int vprintf(const char *format, va_list arg)
int vfprintf(FILE *stream, const char *format, va_list arg)
int vsprintf(char *s, const char *format, va_list arg)
```

vprintf、vfprintf、vsprintf这3个函数分别与对应的printf函数等价，但它们用arg代替了可变参数表。arg由宏va_start初始化，也可能由va_arg调用初始化。详细信息参见B.7节中对<stdarg.h>头文件的讨论。

B.1.3 格式化输入

scanf函数处理格式化输入转换。

```
int fscanf(FILE *stream, const char *format, ...)
```

fscanf函数根据格式串format从流stream中读取输入，并把转换后的值赋值给后续各个参数，其中的每个参数都必须是一个指针。当格式串format用完时，函数返回。如果到达文件的末尾或在转换输入前出错，该函数返回EOF；否则，返回实际被转换并赋值的输入项的数目。

格式串format通常包括转换说明，它用于指导对输入进行解释。格式字符串中可以包含下列项目：

- 空格或制表符
- 普通字符（%除外），它将与输入流中下一个非空白字符进行匹配
- 转换说明，由一个%、一个赋值屏蔽字符*（可选）、一个指定最大字段宽度的数（可选）、一个指定目标字段宽度的字符（h、l或L）（可选）以及一个转换字符组成。

转换说明决定了下一个输入字段的转换方式。通常结果将被保存在由对应参数指向的变量中。但是，如果转换说明中包含赋值屏蔽字符*，例如%*s，则将跳过对应的输入字段，并不进行赋值。输入字段是一个由非空白符字符组成的字符串，当遇到下一个空白符或达到最大字段宽度（如果有的话）时，对当前输入字段的读取结束。这意味着，scanf函数可以跨越行的边界读取输入，因为换行符也是空白符（空白符包括空格、横向制表符、纵向制表符、换行符、回车符和换页符）。

转换字符说明了对输入字段的解释方式。对应的参数必须是指针。合法的转换字符如表B-2所示。

如果参数是指向short类型而非int类型的指针，则在转换字符d、i、n、o、u和x之前可以加上前缀h。如果参数是指向long类型的指针，则在这几个转换字符前可以加上字母l。如果参数是指向double类型而非float类型的指针，则在转换字符e、f和g前可以加上字母l。如果参数是指向long double类型的指针，则在转换字符e、f和g前可以加上字母L。 245

表B-2 Scanf函数的转换字符

转换字符	输入数据；参数类型
d	十进制整型数；int*
i	整型数；int*。该整型数可以是八进制数（以0打头）或十六进制数（以0x或0X打头）
o	八进制整型数（可以带或不带前导0）；int *
u	无符号十进制整型数；unsigned int *
x	十六进制整型数（可以带或不带前导0x或0X）；int *
c	字符；char*，按照字段宽度的大小把读取的字符保存到指定的数组中，不增加字符'\0'字段宽度的默认值为1。在这种情况下，读取输入时将不跳过空白符。如果要读取下一个非空白符字符，可以使用%1s
s	由非空白符组成的字符串（不包含引号）；char*。它指向一个字符数组，该字符数组必须有足够空间，以保存该字符串以及在尾部添加的'\0'字符
e、f、g	浮点数；float*。float类型浮点数的输入格式为：一个可选的正负号、一个可能包含小数点的数字串、一个可选的指数字段（字母e或E后跟一个可能带正负号的整型数）
p	printf("%p")函数调用打印的指针值；void*
n	将到目前为止该函数调用读取的字符数写入对应的参数中；int*。不读取输入字符。不增加已转换的项目计数
[⋯]	与方括号中的字符集合匹配的输入字符中最长的非空字符串；char*。末尾将添加字符'\0'。[]⋯]表示集合中包含字符"]"
[^⋯]	与方括号中的字符集合不匹配的输入字符中最长的非空字符串；char*。末尾将添加字符'\0'。[^]⋯]表示集合中不包含字符"]"
%	表示"%"，不进行赋值

int scanf(const char *format, ...)

scanf(⋯)函数与fscanf(stdin, ⋯)相同。

int sscanf(const char *s, const char *format, ...)

sscanf(s, ⋯)函数与scanf(⋯)等价，所不同的是，前者的输入字符来源于字符串s。

B.1.4 字符输入/输出函数

int fgetc(FILE *stream)

246 fgetc函数返回stream流的下一个字符，返回类型为unsigned char（被转换为int类型）。如果到达文件末尾或发生错误，则返回EOF。

char *fgets(char *s, int n, FILE *stream)

fgets函数最多将下n-1个字符读入到数组s中。当遇到换行符时，把换行符读入到数组s中，读取过程终止。数组s以'\0'结尾。fgets函数返回数组s。如果到达文件的末尾或发生错误，则返回NULL。

int fputc(int c, FILE *stream)

fputc函数把字符c（转换为unsigned char类型）输出到流stream中。它返回写入的字符，若出错则返回EOF。

int fputs(const char *s, FILE *stream)

fputs函数把字符串s（不包含字符'\n'）输出到流stream中；它返回一个非负值，

若出错则返回EOF。

`int getc(FILE *stream)`

getc函数等价于fgetc，所不同的是，当getc函数定义为宏时，它可能多次计算stream的值。

`int getchar(void)`

getchar函数等价于getc(stdin)。

`char *gets(char *s)`

gets函数把下一个输入行读入到数组s中，并把末尾的换行符替换为字符'\0'。它返回数组s，如果到达文件的末尾或发生错误，则返回NULL。

`int putc(int c, FILE *stream)`

putc函数等价于fputc，所不同的是，当putc函数定义为宏时，它可能多次计算stream的值。

`int putchar(int c)`

putchar(c)函数等价于putc(c,stdout)。

`int puts(const char *s)`

puts函数把字符串s和一个换行符输出到stdout中。如果发生错误，则返回EOF；否则返回一个非负值。

`int ungetc(int c, FILE *stream)`

ungetc函数把c（转换为unsigned char类型）写回到流stream中，下次对该流进行读操作时，将返回该字符。对每个流只能写回一个字符，且此字符不能是EOF。ungetc函数返回被写回的字符；如果发生错误，则返回EOF。

B.1.5 直接输入/输出函数

`size_t fread(void *ptr, size_t size, size_t nobj, FILE *stream)`

fread函数从流stream中读取最多nobj个长度为size的对象，并保存到ptr指向的数组中。它返回读取的对象数目，此返回值可能小于nobj。必须通过函数feof和ferror获得结果执行状态。

```
size_t fwrite(const void *ptr, size_t size, size_t nobj,
                    FILE *stream)
```

fwrite函数从ptr指向的数组中读取nobj个长度为size的对象，并输出到流stream中。它返回输出的对象数目。如果发生错误，返回值会小于nobj的值。 247

B.1.6 文件定位函数

`int fseek(FILE *stream, long offset, int origin)`

fseek函数设置流stream的文件位置，后续的读写操作将从新位置开始。对于二进制文件，此位置被设置为从origin开始的第offset个字符处。origin的值可以为SEEK_SET（文件开始处）、SEEK_CUR（当前位置）或SEEK_END（文件结束处）。对于文本流，

offset必须设置为0，或者是由函数ftell返回的值（此时origin的值必须是SEEK_SET）。fseek函数在出错时返回一个非0值。

long ftell(FILE *stream)

ftell函数返回stream流的当前文件位置。出错时该函数返回-1L。

void rewind(FILE *stream)

rewind(fp)函数等价于语句fseek(fp,0L,SEEK_SET)；clearerr(fp)的执行结果。

int fgetpos(FILE *stream, fpos_t *ptr)

fgetpos函数把stream流的当前位置记录在*ptr中，供随后的fsetpos函数调用使用。若出错则返回一个非0值。

int fsetpos(FILE *stream, const fpos_t *ptr)

fsetpos函数将流stream的当前位置设置为fgetpos记录在*ptr中的位置。若出错则返回一个非0值。

B.1.7 错误处理函数

当发生错误或到达文件末尾时，标准库中的许多函数都会设置状态指示符。这些状态指示符可被显式地设置和测试。另外，整型表达式errno（在<errno.h>中声明）可以包含一个错误编号，据此可以进一步了解最近一次出错的信息。

void clearerr(FILE *stream)

clearerr函数清除与流stream相关的文件结束符和错误指示符。

int feof(FILE *stream)

如果设置了与stream流相关的文件结束指示符，feof函数将返回一个非0值。

int ferror(FILE *stream)

如果设置了与stream流相关的错误指示符，ferror函数将返回一个非0值。

void perror(const char *s)

perror(s)函数打印字符串s以及与errno中整型值相应的错误信息，错误信息的具体内容与具体的实现有关。该函数的功能类似于执行下列语句：

fprintf(stderr, "%s: %s\n", s, "*error message*")

有关函数strerror的信息，参见B.3节中的介绍。

B.2 字符类别测试：<ctype.h>

头文件<ctype.h>中声明了一些测试字符的函数。每个函数的参数均为int类型，参数
248 的值必须是EOF或可用unsigned char类型表示的字符，函数的返回值为int类型。如果参数c满足指定的条件，则函数返回非0值（表示真），否则返回0（表示假）。这些函数包括：

isalnum(c)	函数isalpha(c)或isdigit(c)为真
isalpha(c)	函数isupper(c)或islower(c)为真
iscntrl(c)	c为控制字符
isdigit(c)	c为十进制数字
isgraph(c)	c是除空格外的可打印字符
islower(c)	c是小写字母
isprint(c)	c是包括空格的可打印字符
ispunct(c)	c是除空格、字母和数字外的可打印字符
isspace(c)	c是空格、换页符、换行符、回车符、横向制表符或纵向制表符
isupper(c)	c是大写字母
isxdigit(c)	c是十六进制数字

在7位ASCII字符集中，可打印字符是从0x20（' '）到0x7E（'~'）之间的字符；控制字符是从0（NUL）到0x1F（US）之间的字符以及字符0x7F（DEL）。

另外，下面两个函数可用于字母的大小写转换：

int tolower(int c)	将c转换为小写字母
int toupper(int c)	将c转换为大写字母

如果c是大写字母，则tolower(c)返回相应的小写字母，否则返回c。如果c是小写字母，则toupper(c)返回相应的大写字母，否则返回c。

B.3 字符串函数：<string.h>

头文件<string.h>中定义了两组字符串函数。第一组函数的名字以str开头；第二组函数的名字以mem开头。除函数memmove外，其他函数都没有定义重叠对象间的复制行为。比较函数将把参数作为unsigned char类型的数组看待。

在下表中，变量s和t的类型为char *；cs和ct的类型为const char *；n的类型为size_t；c的类型为int（将被转换为char类型）。

char *strcpy(s,ct)	将字符串ct（包括'\0'）复制到字符串s中，并返回s
char *strncpy(s,ct,n)	将字符串ct中最多n个字符复制到字符串s中，并返回 s。如果ct中少于n个字符，则用'\0'填充
char *strcat(s,ct)	将字符串ct连接到s的尾部，并返回s
char *strncat(s,ct,n)	将字符串ct中最多前n个字符连接到字符串s的尾部，并以'\0'结束；该函数返回s
int strcmp(cs,ct)	比较字符串cs和ct；当cs<ct时，返回一个负数；当cs==ct时,返回0；当cs>ct时，返回0
int strncmp(cs,ct,n)	将字符串cs中至多前n个字符与字符串ct相比较。当cs<ct时，返回一个负数；当cs==ct时,返回0；当cs>ct时，返回0
char *strchr(cs,c)	返回指向字符c在字符串cs中第一次出现的位置的指针；如果cs中不包含c，则该函数返回NULL　249
char *strrchr(cs,c)	返回指向字符c在字符串cs中最后一次出现的位置的指针；如果

cs中不包含c，则该函数返回NULL

size_t strspn(cs,ct)	返回字符串cs中包含ct中的字符的前缀的长度
size_t strcspn(cs,ct)	返回字符串cs中不包含ct中的字符的前缀的长度
char *strpbrk(cs,ct)	返回一个指针，它指向字符串ct中的任意字符第一次出现在字符串cs中的位置；如果cs中没有与ct相同的字符，则返回NULL
char *strstr(cs,ct)	返回一个指针，它指向字符串ct第一次出现在字符串cs中的位置；如果cs中不包含字符串ct，则返回NULL
size_t strlen(cs)	返回字符串cs的长度
char *strerror(n)	返回一个指针，它指向与错误编号n对应的错误信息字符串（错误信息的具体内容与具体实现相关）
char *strtok(s,ct)	strtok函数在s中搜索由ct中的字符界定的记号。详细信息参见下面的讨论

对strtok(s,ct)进行一系列调用，可以把字符串s分成许多记号，这些记号以ct中的字符为分界符。第一次调用时，s为非空。它搜索s，找到不包含ct中字符的第一个记号，将s中的下一个字符替换为'\0'，并返回指向记号的指针。随后，每次调用strtok函数时(由s的值是否为NULL指示)，均返回下一个不包含ct中字符的记号。当s中没有这样的记号时，返回NULL。每次调用时字符串ct可以不同。

以mem开头的函数按照字符数组的方式操作对象，其主要目的是提供一个高效的函数接口。在下表列出的函数中，s和t的类型均为void *，cs和ct的类型均为const void *，n的类型为size_t，c的类型为int（将被转换为unsigned char类型）。

void *memcpy(s,ct,n)	将字符串ct中的n个字符拷贝到s中，并返回s
void *memmove(s,ct,n)	该函数的功能与memcpy相似，所不同的是，当对象重叠时，该函数仍能正确执行
int memcmp(cs,ct,n)	将cs的前n个字符与ct进行比较，其返回值与strcmp的返回值相同
void *memchr(cs,c,n)	返回一个指针，它指向c在cs中第一次出现的位置。如果在cs的前n个字符中找不到匹配，则返回NULL
void *memset(s,c,n)	将s中的前n个字符替换为c，并返回s

B.4 数学函数：<math.h>

头文件<math.h>中声明了一些数学函数和宏。

宏EDOM和ERANGE（在头文件<error.h>中声明）是两个非0整型常量，用于指示函数的定义域错误和值域错误；HUGE_VAL是一个double类型的正数。当参数位于函数定义的作用域之外时，就会出现定义域错误。在发生定义域错误时，全局变量errno的值将被设置为EDOM，函数的返回值与具体的实现相关。如果函数的结果不能用double类型表示，则会发生值域错误。当结果上溢时，函数返回HUGE_VAL，并带有正确的正负号，errpo的值将被设置为ERANGE。当结果下溢时，函数返回0，而errno是否设置为ERANGE要视具体的实现而定。

在下表中，x和y的类型为double，n的类型为int，所有函数的返回值的类型均为
250 double。三角函数的角度用弧度表示。

`sin(x)`	x的正弦值
`cos(x)`	x的余弦值
`tan(x)`	x的正切值
`asin(x)`	$\sin^{-1}(x)$，值域为$[-\pi/2, \pi/2]$，其中$x\in[-1, 1]$
`acos(x)`	$\cos^{-1}(x)$，值域为$[0, \pi]$，其中$x\in[-1, 1]$
`atan(x)`	$\tan^{-1}(x)$，值域为$[-\pi/2, \pi/2]$
`atan2(y,x)`	$\tan^{-1}(y/x)$，值域为$[-\pi, \pi]$
`sinh(x)`	x的双曲正弦值
`cosh(x)`	x的双曲余弦值
`tanh(x)`	x的双曲正切值
`exp(x)`	幂函数e^x
`log(x)`	自然对数$\ln(x)$，其中$x>0$
`log10(x)`	以10为底的对数$\log_{10}(x)$，其中$x>0$
`pow(x,y)`	x^y。如果$x=0$且$y\leqslant 0$，或者$x<0$且y不是整型数，将产生定义域错误
`sqrt(x)`	x的平方根，其中$x\geqslant 0$
`ceil(x)`	不小于x的最小整型数，其中x的类型为double
`floor(x)`	不大于x的最大整型数，其中x的类型为double
`fabs(x)`	x的绝对值$\lvert x\rvert$
`ldexp(x,n)`	计算$x\cdot 2^n$的值
`frexp(x,int *exp)`	把x分成一个在[1/2，1]区间内的真分数和一个2的幂数。结果将返回真分数部分，并将幂数保存在*exp中。如果x为0，则这两部分均为0
`modf(x,double *ip)`	把x分成整数和小数两部分，两部分的正负号均与x相同。该函数返回小数部分，整数部分保存在*ip中
`fmod(x,y)`	求x/y的浮点余数，符号与x相同。如果y为0，则结果与具体的实现相关

B.5 实用函数：<stdlib.h>

头文件<stdlib.h>中声明了一些执行数值转换、内存分配以及其他类似工作的函数。

`double atof(const char *s)`

atof函数将字符串s转换为double类型。该函数等价于strtod(s,(char**)NULL)。

`int atoi(const char *s)`

atoi函数将字符串s转换为int类型。该函数等价于(int)strtol(s,(char**)NULL,10)。

`long atol(const char *s)`

atol函数将字符串s转换为long类型。该函数等价于strtol(s,(char**)NULL,10)。

`double strtod(const char *s, char **endp)`

strtod函数将字符串s的前缀转换为double类型，并在转换时跳过s的前导空白符。除非endp为NULL，否则该函数将把指向s中未转换部分（s的后缀部分）的指针保存在*endp中。如果结果上溢，则函数返回带有适当符号的HUGE_VAL；如果结果下溢，则返回0。在这两种情况下，errno都将被设置为ERANGE。

251

long strtol(const char *s, char **endp, int base)

strtol函数将字符串s的前缀转换为long类型，并在转换时跳过s的前导空白符。除非endp为NULL，否则该函数将把指向s中未转换部分（s的后缀部分）的指针保存在*endp中。如果base的取值在2~36之间，则假定输入是以该数为基底的；如果base的取值为0，则基底为八进制、十进制或十六进制。以0为前缀的是八进制，以0x或0X为前缀的是十六进制。无论在哪种情况下，字母均表示10~base−1之间的数字。如果base值是16，则可以加上前导0x或0X。如果结果上溢，则函数根据结果的符号返回LONG_MAX或LONG_MIN，同时将errno的值设置为ERANGE。

unsigned long strtoul(const char *s, char **endp, int base)

strtoul函数的功能与strtol函数相同，但其结果为unsigned long类型，错误值为ULONG_MAX。

int rand(void)

rand函数产生一个0～RAND_MAX之间的伪随机整数。RAND_MAX的取值至少为32767。

void srand(unsigned int seed)

srand函数将seed作为生成新的伪随机数序列的种子数。种子数seed的初值为1。

void *calloc(size_t nobj, size_t size)

calloc函数为由nobj个长度为size的对象组成的数组分配内存，并返回指向分配区域的指针；若无法满足要求，则返回NULL。该空间的初始长度为0字节。

void *malloc(size_t size)

malloc函数为长度为size的对象分配内存，并返回指向分配区域的指针；若无法满足要求，则返回NULL。该函数不对分配的内存区域进行初始化。

void *realloc(void *p, size_t size)

realloc函数将p指向的对象的长度修改为size个字节。如果新分配的内存比原内存大，则原内存的内容保持不变，增加的空间不进行初始化。如果新分配的内存比原内存小，则新分配内存单元不被初始化。realloc函数返回指向新分配空间的指针；若无法满足要求，则返回NULL，在这种情况下，原指针p指向的单元内容保持不变。

void free(void *p)

free函数释放p指向的内存空间。当p的值为NULL时，该函数不执行任何操作。p必须指向先前使用动态分配函数malloc、realloc或calloc分配的空间。

```
void abort(void)
```

abort函数使程序非正常终止。其功能与raise(SIGABRT)类似。

```
void exit(int status)
```

exit函数使程序正常终止。atexit函数的调用顺序与登记的顺序相反，这种情况下，所有已打开的文件缓冲区将被清洗，所有已打开的流将被关闭，控制也将返回给环境。status的值如何返回给环境要视具体的实现而定，但0值表示终止成功。也可使用值EXIT_SUCCESS和EXIT_FAILURE作为返回值。 252

```
int atexit(void (*fcn)(void))
```

atexit函数登记函数fcn，该函数将在程序正常终止时被调用。如果登记失败，则返回非0值。

```
int system(const char *s)
```

system函数将字符串s传递给执行环境。如果s的值为NULL，并且有命令处理程序，则该函数返回非0值。如果s的值不是NULL，则返回值与具体的实现有关。

```
char *getenv(const char *name)
```

getenv函数返回与name有关的环境字符串。如果该字符串不存在，则返回NULL。其细节与具体的实现有关。

```
void *bsearch(const void *key, const void *base,
      size_t n, size_t size,
      int (*cmp)(const void *keyval, const void *datum))
```

bsearch函数在base[0]…base[n-1]之间查找与*key匹配的项。在函数cmp中，如果第一个参数（查找关键字）小于第二个参数（表项），它必须返回一个负值；如果第一个参数等于第二个参数，它必须返回零；如果第一个参数大于第二个参数，它必须返回一个正值。数组base中的项必须按升序排列。bsearch函数返回一个指针，它指向一个匹配项，如果不存在匹配项，则返回NULL。

```
void qsort(void *base, size_t n, size_t size,
           int (*cmp)(const void *, const void *))
```

qsort函数对base[0]…base[n-1]数组中的对象进行升序排序，数组中每个对象的长度为size。比较函数cmp与bsearch函数中的描述相同。

```
int abs(int n)
```

abs函数返回int类型参数n的绝对值。

```
long labs(long n)
```

labs函数返回long类型参数n的绝对值。

```
div_t div(int num, int denom)
```

div函数计算num/denom的商和余数，并把结果分别保存在结构类型div_t的两个int

类型的成员quot和rem中。

`ldiv_t ldiv(long num, long denom)`

ldiv函数计算num/denom的商和余数，并把结果分别保存在结构类型ldiv_t的两个long类型的成员quot和rem中。

B.6 诊断：<assert.h>

assert宏用于为程序增加诊断功能。其形式如下：

```
void  assert(int 表达式)
```

如果执行语句

```
assert (表达式)
```

时，表达式的值为0，则assert宏将在stderr中打印一条消息，比如：

```
Assertion failed: 表达式，file源文件名，line行号
```

253 打印消息后，该宏将调用abort终止程序的执行。其中的源文件名和行号来自于预处理器宏__FILE__及__LINE__。

如果定义了宏NDEBUG，同时又包含了头文件<assert.h>，则assert宏将被忽略。

B.7 可变参数表：<stdarg.h>

头文件<stdarg.h>提供了遍历未知数目和类型的函数参数表的功能。

假定函数f带有可变数目的实际参数，lastarg是它的最后一个命名的形式参数。那么，在函数f内声明一个类型为va_list的变量ap，它将依次指向每个实际参数：

```
va_list ap;
```

在访问任何未命名的参数前，必须用va_start宏初始化ap一次：

```
va_start(va_list ap, lastarg);
```

此后，每次执行宏va_arg都将产生一个与下一个未命名的参数具有相同类型和数值的值，它同时还修改ap，以使得下一次执行va_arg时返回下一个参数：

```
类型 va_arg(va_list ap,类型);
```

在所有的参数处理完毕之后，且在退出函数f之前，必须调用宏va_end一次，如下所示：

```
void va_end(va_list ap);
```

B.8 非局部跳转：<setjmp.h>

头文件<setjmp.h>中的声明提供了一种不同于通常的函数调用和返回顺序的方式，特别是，它允许立即从一个深层嵌套的函数调用中返回。

`int setjmp(jmp_buf env)`

setjmp宏将状态信息保存到env中，供longjmp使用。如果直接调用setjmp，则返回

值为0；如果是在longjmp中调用setjmp，则返回值为非0。setjmp只能用于某些上下文中，如用于if语句、switch语句、循环语句的条件测试中以及一些简单的关系表达式中。例如：

```
if (setjmp(env) == 0)
    /*  直接调用setjmp时，转移到这里  */
else
    /*  调用longjmp时，转移到这里  */
```

```
void longjmp(jmp_buf env, int val)
```

longjmp通过最近一次调用setjmp时保存到env中的信息恢复状态，同时，程序重新恢复执行，其状态等同于setjmp宏调用刚刚执行完并返回非0值val。包含setjmp宏调用的函数的执行必须还没有终止。除下列情况外，可访问对象的值同调用longjmp时的值相同：在调用setjmp宏后，如果调用setjmp宏的函数中的非volatile自动变量改变了，则它们将变成未定义状态。 254

B.9 信号：<signal.h>

头文件<signal.h>提供了一些处理程序运行期间引发的各种异常条件的功能，比如来源于外部的中断信号或程序执行错误引起的中断信号。

```
void (*signal(int sig, void (*handler)(int)))(int)
```

signal决定了如何处理后续的信号。如果handler的值是SIG_DFL，则采用由实现定义的默认行为；如果handler的值是SIG_IGN，则忽略该信号；否则，调用handler指向的函数（以信号作为参数）。有效的信号包括：

SIGABRT	异常终止，例如由abort引起的终止
SIGFPE	算术运算出错，如除数为0或溢出
SIGILL	非法函数映像，如非法指令
SIGINT	用于交互式目的信号，如中断
SIGSEGV	非法存储器访问，如访问不存在的内存单元
SIGTERM	发送给程序的终止请求

对于特定的信号，signal将返回handler的前一个值；如果出现错误，则返回值SIG_ERR。

当随后碰到信号sig时，该信号将恢复为默认行为，随后调用信号处理程序，就好像由(*handler)(sig)调用的一样。信号处理程序返回后，程序将从信号发生的位置重新开始执行。

信号的初始状态由具体的实现定义。

```
int raise(int sig)
```

raise向程序发送信号sig。如果发送不成功，则返回一个非0值。

B.10 日期与时间函数：<time.h>

头文件<time.h>中声明了一些处理日期与时间的类型和函数。其中的一些函数用于处理当地时间，因为时区等原因，当地时间与日历时间可能不相同。clock_t和time_t是两个表示时间的算术类型，struct tm用于保存日历时间的各个构成部分。结构tm中各成员的用途及取值范围如下所示：

int tm_sec;	从当前分钟开始经过的秒数(0，61)
int tn_min;	从当前小时开始经过的分钟数(0，59)
int tm_hour;	从午夜开始经过的小时数(0，23)
int tm_mday;	当月的天数(1，31)
int tm_mon;	从1月起经过的月数(0，11)
int tm_year;	从1900年起经过的年数
int tm_wday;	从星期天起经过的天数(0，6)
int tm_yday;	从1月1日起经过的天数(0，365)
int tm_isdst;	夏令时标记

使用夏令时，tm_isdst的值为正，否则为0。如果该信息无效，则其值为负。

`clock_t clock(void)`

clock函数返回程序开始执行后占用的处理器时间。如果无法获取处理器时间，则返回
255 值为-1。clock()/CLOCKS_PER_SEC是以秒为单位表示的时间。

`time_t time(time_t *tp)`

time函数返回当前日历时间。如果无法获取日历时间，则返回值为-1。如果tp不是NULL，则同时将返回值赋给 *tp。

`double difftime(time_t time2, time_t time1)`

difftime函数返回time2-time1的值（以秒为单位）。

`time_t mktime(struct tm *tp)`

mktime函数将结构*tp中的当地时间转换为与time表示方式相同的日历时间。结构中各成员的值位于上面所示范围之内。mktime函数返回转换后得到的日历时间；如果该时间不能表示，则返回-1。

下面4个函数返回指向可被其他调用覆盖的静态对象的指针。

`char *asctime(const struct tm *tp)`

asctime函数将结构*tp中的时间转换为下列所示的字符串形式：

```
Sun Jan  3 15:14:13 1988\n\0
```

`char *ctime(const time_t *tp)`

ctime函数将结构*tp中的日历时间转换为当地时间。它等价于下列函数调用：

```
asctime(localtime(tp))
```

```
struct tm *gmtime(const time_t *tp)
```

gmtime函数将*tp中的日历时间转换为协调世界时（UTC）。如果无法获取UTC，则该函数返回NULL。函数名字gmtime有一定的历史意义。

```
struct tm *localtime(const time_t *tp)
```

localtime函数将结构*tp中的日历时间转换为当地时间。

```
size_t strftime(char *s, size_t smax, const char *fmt,
                const struct tm *tp)
```

strftime函数根据fmt中的格式把结构*tp中的日期与时间信息转换为指定的格式，并存储到s中，其中fmt类似于printf函数中的格式说明。普通字符（包括终结符'\0'）将复制到s中。每个%c将按照下面描述的格式替换为与本地环境相适应的值。最多smax个字符写到s中。strftime函数返回实际写到s中的字符数（不包括字符'\0'）；如果字符数多于smax，该函数将返回值0。

fmt的转换说明及其含义如下所示：

%a	一星期中各天的缩写名
%A	一星期中各天的全名
%b	缩写的月份名
%B	月份全名
%c	当地时间和日期表示
%d	一个月中的某一天（01-31）
%H	小时（24小时表示）（00-23）
%I	小时（12小时表示）（01-12）
%j	一年中的各天（001-366）
%m	月份（01-12）
%M	分钟（00-59）
%p	与AM与PM相应的当地时间等价表示方法
%S	秒（00-61）
%U	一年中的星期序号（00-53，将星期日看作是每周的第一天）
%w	一周中的各天（0-6，星期日为0）
%W	一年中的星期序号（00-53，将星期一看作是每周的第一天）
%x	当地日期表示
%X	当地时间表示
%y	不带世纪数目的年份（00-99）
%Y	带世纪数目的年份
%Z	时区名（如果有的话）
%%	%本身

256

B.11 与具体实现相关的限制：<limits.h> 和 <float.h>

头文件<limits.h>定义了一些表示整型大小的常量。以下所列的值是可接受的最小值，在实际系统中可以使用更大的值。

CHAR_BIT	8	char类型的位数
CHAR_MAX	UCHAR_MAX或SCHAR_MAX	char类型的最大值
CHAR_MIN	0或SCHAR_MIN	char类型的最小值
INT_MAX	+32767	int类型的最大值
INT_MIN	-32767	int类型的最小值
LONG_MAX	+2147483647	long类型的最大值
LONG_MIN	-2147483647	long类型的最小值
SCHAR_MAX	+127	signed char类型的最大值
SCHAR_MIN	-127	signed char类型的最小值
SHRT_MAX	+32767	short类型的最大值
SHRT_MIN	-32767	short类型的最小值
UCHAR_MAX	255	unsigned char类型的最大值
UINT_MAX	65535	unsigend int类型的最大值
ULONG_MAX	4294967295	unsigned long类型的最大值
USHRT_MAX	65535	unsigned short类型的最大值

下表列出的名字是<float.h>的一个子集，它们是与浮点算术运算相关的一些常量。给出的每个值代表相应量的最小取值。各个实现可以定义适当的值。

	FLT_RADIX	2	指数表示的基数，例如2、16
	FLT_ROUNDS		加法的浮点舍入模式
	FLT_DIG	6	表示精度的十进制数字
	FLT_EPSILON	1E-5	最小的数x，x满足：$1.0 + x \neq 1.0$
	FLT_MANT_DIG		尾数中的数（以FLT_RADIX为基数）
	FLT_MAX	1E+37	最大的浮点数
	FLT_MAX_EXP		最大的数n，n满足：FLT_RADIX^n-1仍是可表示的
	FLT_MIN	1E-37	最小的规格化浮点数
257	FLT_MIN_EXP		最小的数n，n满足：10^n是一个规格化数
	DBL_DIG	10	表示精度的十进制数字
	DBL_EPSILON	1E-9	最小的数x，x满足：$1.0 + x \neq 1.0$
	DBL_MANT_DIG		尾数中的数（以FLT_RADIX为基数）
	DBL_MAX	1E+37	最大的双精度浮点数
	DBL_MAX_EXP		最大的数n，n满足：FLT_RADIX^n-1仍是可表示的
	DBL_MIN	1E-37	最小的规格化双精度浮点数
258	DBL_MIN_EXP		最小的数n，n满足：10^n是一个规格化数

附录C 变更小结

自本书第1版出版以来，C语言的定义已经发生了一些变化。几乎每次变化都是对原语言的一次扩充，同时每次扩充都是经过精心设计的，并保持了与现有版本的兼容性；其中的一些修改修正了原版本中的歧义性描述；某些修改是对已有版本的变更。许多新增功能都是随AT&T提供的编译器的文档一同发布的，并被此后的其他C编译器供应商采纳。前不久，ANSI标准化协会在对C语言进行标准化时采纳了其中绝大部分的修改，并进行了其他一些重要修正。甚至在正式的C标准发布之前，ANSI的报告就已经被一些编译器提供商部分地先期采用了。

本附录总结了本书第1版定义的C语言与ANSI新标准之间的差别。我们在这里仅讨论语言本身，不涉及环境和库。尽管环境和库也是标准的重要组成部分，但它们与第1版几乎无可比之处，因为第1版并没有试图规定一个环境或库。

- 与第1版相比，标准C中关于预处理的定义更加细致，并进行了扩充：明确以记号为基础；增加了连接记号的运算符（`##`）和生成字符串的运算符（`#`）；增加了新的控制指令（如`#elif`和`#pragma`）；明确允许使用相同记号序列重新声明宏；字符串中的形式参数不再被替换。允许在任何地方使用反斜杠字符“\”进行行的连接，而不仅仅限于在字符串和宏定义中。详细信息参见A.12节。
- 所有内部标识符的最小有效长度增加为31个字符；具有外部连接的标识符的最小有效长度仍然为6个字符（很多实现中允许更长的标识符）。
- 通过双问号“`??`”引入的三字符序列可以表示某些字符集中缺少的字符。定义了`#`、`\`、`^`、`[`、`]`、`{`、`}`、`|`、`~`等转义字符，参见A.12.1节。注意，三字符序列的引入可能会改变包含“`??`”的字符串的含义。
- 引入了一些新关键字（`void`、`const`、`volatile`、`signed`和`enum`）。关键字`entry`将不再使用。
- 定义了字符常量和字符串字面值中使用的新转义字符序列。如果`\`及其后字符构成的不是转义序列，则其结果是未定义的。参见A.2.5节。 259
- 所有人都喜欢的一个小变化：`8`和`9`不用作八进制数字。
- 新标准引入了更大的后缀集合，使得常量的类型更加明确：`U`或`L`用于整型，`F`或`L`用于浮点数。它同时也细化了无后缀常量类型的相关规则（参见A.2.5节）。
- 相邻的字符串将被连接在一起。
- 提供了宽字符字符串字面值和字符常量的表示方法，参见A.2.6节。
- 与其他类型一样，对字符类型也可以使用关键字`signed`或`unsigned`显式声明为带符号类型或无符号类型。放弃了将long float作为double的同义词这种独特的用法，但可以用long double声明更高精度的浮点数。

- 有段时间，C语言中可以使用unsigned char类型。新标准引入了关键字signed，用来显式表示字符和其他整型对象的符号。
- 很多编译器在几年前就实现了void类型。新标准引入了void *类型，并作为一种通用指针类型；在此之前char *扮演着这一角色。同时，明确地规定了在不进行强制类型转换的情况下，指针与整型之间以及不同类型的指针之间运算的规则。
- 新标准明确指定了算术类型取值范围的最小值，并在两个头文件（<limits.h>和<float.h>）中给出了各种特定实现的特性。
- 新增加的枚举类型是第1版中所没有的。
- 标准采用了C++中的类型限定符的概念，如const（参见A.8.2节）。
- 字符串不再是可以修改的，因此可以放在只读内存区中。
- 修改了“普通算术类型转换”，特别地，“整型总是转换为unsigned类型，浮点数总是转换为double类型”已更改为“提升到最小的足够大的类型”。参见A.6.5节。
- 旧的赋值类运算符（如=+）已不再使用。同时，赋值类运算符现在是单个记号；而在第1版中，它们是两个记号，中间可以用空白符分开。
- 在编译器中，不再将数学上可结合的运算符当做计算上也是可结合的。
- 为了保持与一元运算符-的对称，引入了一元运算符+。
- 指向函数的指针可以作为函数的标志符，而不需要显式的*运算符。参见A.7.3节。
- 结构可以被赋值、传递给函数以及被函数返回。
- 允许对数组应用地址运算符，其结果为指向数组的指针。
- 在第1版中，sizeof运算符的结果类型为int，但随后很多编译器的实现将此结果作为unsigned类型。标准明确了该运算符的结果类型与具体的实现有关，但要求将其类型
260 size_t在标准头文件<stddef.h>中定义。关于两个指针的差的结果类型(ptrdiff_t）也有类似的变化。参见A.7.4节与A.7.7节。
- 地址运算符&不可应用于声明为register的对象，即使具体的实现未将这种对象存放在寄存器中也不允许使用地址运算符。
- 移位表达式的类型是其左操作数的类型，右操作数不能提升结果类型。参见A.7.8节。
- 标准允许创建一个指向数组最后一个元素的下一个位置的指针，并允许对其进行算术和关系运算。参见A.7.7节。
- 标准（借鉴于C++）引入了函数原型声明的表示法，函数原型中可以声明变元的类型。同时，标准中还规定了显式声明带可变变元表的函数的方法，并提供了一种被认可的处理可变形式参数表的方法。参见A.7.3节、A.8.6节和B.7节。旧式声明的函数仍然可以使用，但有一定限制。
- 标准禁止空声明，即没有声明符，且没有至少声明一个结构、联合或枚举的声明。另一方面，仅仅只带结构标记或联合标记的声明是对该标记的重新声明，即使该标记声明在

外层作用域中也是这样。

- 禁止没有任何说明符或限定符（只是一个空的声明符）的外部数据说明。
- 在某些实现中，如果内层程序块中包含一个extern声明，则该声明对该文件的其他部分可见。ANSI标准明确规定，这种声明的作用域仅为该程序块。
- 形式参数的作用域扩展到函数的复合语句中，因此，函数中最顶层的变量声明不能与形式参数冲突。
- 标识符的名字空间有一些变化。ANSI标准将所有的标号放在一个单独的名字空间中，同时也为标号引入了一个单独的名字空间，参见A.11.1节。结构或联合的成员名将与其所属的结构或联合相关联（这已经是许多实现的共同做法了）。
- 联合可以进行初始化，初值引用其第一个成员。
- 自动结构、联合和数组可以进行初始化，但有一些限制。
- 显式指定长度的字符数组可以用与此长度相同的字符串字面值初始化（不包括字符\0）。
- switch语句的控制表达式和case标号可以是任意整型。 261

索　引

索引中的页码为英文原书的页码，与书中边栏的页码一致。

A

D

E

F

J

K

L

M

S

T

U

V

推荐阅读

作者：Abraham Silberschatz 著
中文翻译版：978-7-111-37529-6，99.00元
英文精编版：978-7-111-40086-8，69.00元
本科教学版：978-7-111-40085-1，59.00元

作者：Jiawei Han 等著
英文版：978-7-111-37431-2，118.00元
中文版：978-7-111-39140-1，79.00元

作者：Ian H.Witten 等著
英文版：978-7-111-37417-6，108.00元
中文版：978-7-111-45381-9，79.00元

作者：Andrew S. Tanenbaum 著
书号：978-7-111-35925-8，99.00元

作者：Behrouz A. Forouzan 著
英文版：978-7-111-37430-5，79.00元
中文版：978-7-111-40088-2，99.00元

作者：James F. Kurose 著
书号：978-7-111-45378-9，79.00元

作者：Thomas H. Cormen 等著
书号：978-7-111-40701-0，128.00元

作者：John L. Hennessy 著
书号：978-7-111-36458-0，138.00元

作者：Edward Ashford Lee 著
书号：978-7-111-36021-6，55.00元

推荐阅读

Java编程思想（第4版）

作者：Bruce Eckel

ISBN：978-7-111-21382-6　定价：108.00元

Java并发编程实战

作者：Brian Goetz 等

ISBN：978-7-111-37004-8　定价：69.00元

Effective Java中文版（第2版）

作者：Joshua Bloch

ISBN：978-7-111-25583-3　定价：52.00元

深入理解Java虚拟机：JVM高级特性与最佳实践（第2版）

作者：周志明

ISBN：978-7-111-42190-0　定价：79.00元

推荐阅读

计算机组成基础（原书第2版）

作者：孙德文 等 ISBN：978-7-111-53347-4 定价：39.00元

本书系统地介绍了计算机的基本组成原理和内部工作机制，包括计算机系统概论、运算基础、数值的机器运算、存储系统和结构、指令系统、中央处理器、I/O接口、外围设备和总线。在此基础上，为了加强理论与应用实践的联系，反映计算机技术的新发展——新的处理器芯片和控制芯片组层出不穷，计算机的应用遍地开花，应用技术更有了长足的进步，第2版新加了一章“计算机硬件系统举例——PC主板和CPU”。

针对我国高等教育进入大众化的现实以及计算机学科迅速发展的特点，本书在内容组织和编写过程中尽可能做到深入浅出、贴近实际，在保证基本体系和基础内容的前提下，有选择地介绍学科的新发展和新技术。

数据结构与算法：Python语言描述

作者：裘宗燕 ISBN：978-7-111-52118-1 定价：45.00元

本书基于Python语言介绍了数据结构与算法的基本知识，主要内容包括抽象数据类型和 Python 面向对象程序设计、线性表、字符串、栈和队列、二叉树和树、集合、排序以及算法的基本知识。本书延续问题求解的思路，从解决问题的目标来组织教学内容，注重理论与实践的并用。

计算机科学导论：基于机器人的实践方法

作者：陈以农 等 ISBN：978-7-111-43588-4 定价：35.00元

这是一本基于机器人的计算机科学入门课程教材/实验教学教材，既介绍原理又要实现原理，分为原理和实验两部分。这样学生在学完一个原理之后，就要动手实践这个原理。该课程的实验部分主要基于微软的机器人开发环境MRDS、VPL可视化编程语言以及乐高机器人。